W0389137

Tourenübersicht

1. Am Brennerpaß
2. Von Sterzing nach Meran
3. Von Sterzing nach Bozen
4. Von Sterzing ins Pfitschtal
5. Meransen und Fanealm
6. Die Pustertaler Sonnenstraße
7. Tauferer Tal und Ahrntal
8. Durch das Antholzer Tal
9. Das Gsieser Tal
10. Über die Plätzwiese ins Höhlensteintal
11. Innerfeldtal und Fischleinboden
12. Aus dem Gadertal zum Würzjoch
13. Valparola – Falzarego – Campolongo
14. Von Brixen nach Rodeneck
15. Die Brixener Dolomitenstraße
16. Die Brixener Höhenstraße
17. Kennen Sie das Villnößtal?
18. Schleichwege ins Grödnertal
19. Die Sella-Runde
20. Auf der Seiser Alm
21. Rosengarten-Straße
22. Am Latemar
23. Um den Reschensee und Haidersee
24. Das romanische Mals
25. Kostbarkeiten bei Glurns
26. Stilfser Joch und Umbrailpaß
27. Im Martelltal
28. Schnalstaler »Schmankerl«
29. In den Passeier
30. Von Meran nach Bozen
31. Das Ultental
32. Das Tisenser Mittelgebirge
33. Nach St. Pauls in Eppan
34. Der Kaiserweg über den Ritten
35. Die Große Dolomitenstraße
36. Südtiroler Weinstraße
37. Mendelpaß und Gampenpaß
38. Um den Kalterer See
39. Über den Regglberg
40. Das Unterland

Helmut Dumler

Radtouren in Südtirol

40 Touren

Genußvolle Radwanderungen in den Tälern, erlebnisreiche Strecken auf Bergstraßen und über die Pässe der Dolomiten sowie Mountainbike-Unternehmungen

Mit 83 Fotos, davon 72 in Farbe, 40 Kartenskizzen zu den Touren und einer Übersichtskarte

Bruckmann

Umschlag-Titel:
Das hintere Villnößtal wird überragt von den Geislerspitzen mit (von links) Wasserkofel, Furchetta, Sass Rigais und den Odlen (Tour 17).

Umschlag-Rückseite:
Die weiten, sonnengesegneten Rebfluren um den Kalterer See an der Südtiroler Weinstraße. Im Mittelgrund die Ruine der Leuchtenburg auf dem Mitterberg (Tour 36 und 38).

Innentitel:
Ausschau über die Seiser Alm zum wiesenüberzogenen Puflatsch und zur Geislergruppe im Hintergrund (Tour 20).

Bildnachweis
Farbdia-Archiv Gunda Amberg, Gröbenzell: 150, 151, 170, 171, 174; Willy Dondio, Bozen: 139; Bildagentur Mauritius, Mittenwald: Umschlag-Titel, Umschlag-Rückseite; Bildagentur Transglobe, Hamburg: Umschlag-Titel, kleines Bild; alle übrigen Fotos: Helmut Dumler, Augsburg.

Die Kartenskizzen zu den Touren wurden erstellt von: Rehage Creativ Design, Heike Rehage, München; die Übersichtskarte durch das Ingenieurbüro für Kartographie Heidi Schmalfuß, München. Die Grafiken für die »Allgemeine Radkunde« fertigte Georg Sojer, Ruhpolding, an.

Layout: Gaby Herbrecht, München

Gedruckt auf chlorarm gebleichtem Papier

Die Deutsche Bibliothek – CIP-Einheitsaufnahme

Dumler, Helmut:
Radtouren in Südtirol : 40 Touren ; genussvolle Radwanderungen in den Tälern, erlebnisreiche Strecken auf Bergstrassen und über Pässe der Dolomiten sowie Mountainbike-Unternehmungen / Helmut Dumler. –
München : Bruckmann, 1995
(Erlebnis Rad)
ISBN 3-7654-2752-7

Gesamtherstellung: Bruckmann, München
Printed in Germany
ISBN 3-7654-2752-7

Inhaltsverzeichnis

Einführung 7

Geographie 8
Geologie 8
Sammeln von Mineralien 9
Landschaftsbild 9
Die besten Radtourengebiete 9
Klima 9
Flora 9
Pilzesammeln 10
Geschichte 10
Land und Verwaltung 13
Wirtschaft 14
Bevölkerungs- und Sprachgruppen 14

Radtouren

1 Am Brennerpaß 15
In das Pflerschtal und Ridnauntal

2 Von Sterzing nach Meran 19
Über den Jaufenpaß und durch das Passeiertal

3 Von Sterzing nach Bozen 23
Über das Penser Joch und durch das Sarntal

4 Von Sterzing ins Pfitschtal 27
... und auf das Pfitscher Joch

5 Meransen und Fanealm 31
Von Mühlbach im Pustertal

6 Die Pustertaler Sonnenstraße 35
Zwischen Terenten und Bruneck

7 Tauferer Tal und Ahrntal 39
In den hintersten Winkel

8 Durch das Antholzer Tal 46
Gar auf den Staller Sattel?

9 Das Gsieser Tal 50
Muster für sanften Tourismus

10 Über die Plätzwiese ins Höhlensteintal 54
»Bergtour« aus dem Pustertal

11 Innerfeldtal und Fischleinboden 59
Glanzlichter der Sextener Dolomiten

12 Aus dem Gadertal zum Würzjoch 62
An den Pforten Ladiniens

13 Valparola – Falzarego – Campolongo 66
Drei Pässe von Corvara

14 Von Brixen nach Rodeneck 70
Über die Lüsener Alpe

15 Die Brixener Dolomitenstraße 75
Auf das Würzjoch und ins Lüsental

16 Die Brixener Höhenstraße 78
Zwischen Brixen und Latzfons

17 Kennen Sie das Villnößtal? 81
Im Banne der Geislerspitzen

18 Schleichwege ins Grödnertal 86
Durch das Lajener Ried

19 Die Sella-Runde 90
Giro di Dolomiti

20 Auf der Seiser Alm 94
Blumenparadies Südtirols

21 Rosengarten-Straße 98
Aus dem Tierser Tal

22 Am Latemar 102
Vom Eggental ins Reiterjoch

23 Um den Reschensee und Haidersee 105
Und ins Langtauferer Tal

24 Das romanische Mals 110
Nach Marienberg, ins Planeil- und Matscher Tal

25 Kostbarkeiten bei Glurns 116
Churburg und Münstertal

26 Stilfser Joch und Umbrailpaß 120
Die Königstour

27 Im Martelltal 124
Vielleicht bis zur Zufallhütte

28 Schnalstaler »Schmankerl« 128
Karthaus und Pfossental

29 In den Passeier 133
Zum Sonnenbalkon Stuls

30 Von Meran nach Bozen 138
Über Hafling und den Salten

31 Das Ultental 142
Bergbauerntum in Reinkultur

32 Das Tisenser Mittelgebirge 145
Von Lana auf der Gampenpaßstraße

33 Nach St. Pauls in Eppan 149
Durch die Obstgärten

34 Der Kaiserweg über den Ritten 153
Von Bozen nach Klausen

35 Die Große Dolomitenstraße 159
Zwischen Bozen und dem Pustertal

36 Südtiroler Weinstraße 164
Durch das weinselige Überetsch

37 Mendelpaß und Gampenpaß 169
In die »Teutschgegent« am Nonsberg

38 Um den Kalterer See 173
Radeln und Baden

39 Über den Regglberg 176
Aldein – Deutschnofen – Maria Weißenstein

40 Das Unterland 179
An der Etsch zwischen Salurn und Bozen

Allgemeine Radkunde **183**
von Rudolf von Bitter

Das richtige Rad 183

Pflege und Reparaturen 183
Das richtige Fahrrad – richtig eingestellt 183 – Werkzeug und Ersatzteile 183 – Ein platter Reifen 184 – Rad abmontieren 185 Eine Bremse versagt 186 Die Kette 186 – Schaltung 186 Das Licht fällt aus 187

Fahrtechniken 187

Gepäck/Zubehör 187

Anhang **188**

Allgemeine nützliche Reiseinformationen 188

Empfehlungen des Autors zum Rad 189

Nützliche Informationen für Radfahrer 189

Kartenmaterial 190

Literatur 190

Register 191

Einführung

Die Pluspunkte Südtirols sind unterschiedlicher Art. Sie beruhen auf einem Konglomerat aus Monumentalem, Lieblichkeit und Extravagantem, was letztlich eine harmonische Landschaft ausmacht. Gipfel-Spektakel und wahre Schatztruhen der Kultur, Blumen und Seen, Bauernhöfe, Dörfer und Städte, Geschichte, Menschen in ihrer Vergangenheit und Gegenwart, Gaumengenüsse aus Küche und Keller bilden dekorative Kontraste und sind verankert in den Erlebnisqualitäten von Radtouren in einer unvergleichbaren Alpenregion.

Aber: Je schneller wir uns fortbewegen, desto mehr flüchten die Bilder um uns herum. Sie werden zunehmend flacher, farbloser, um schließlich ganz zu verkümmern, weil das Auge und die Sinne keinen Halt mehr finden. Deshalb möchte ich mit diesem Buch nicht den Rennsportler begeistern, sondern den sportlichen Radfahrer sowie den gemütlich Tretenden. Vergessen Sie ruhig auch einmal Ihren Zeit- und Kilometermesser. Lassen Sie sich inspirieren von natürlicher Schönheit und Pracht, von Eigenartigkeit.

Die »Enrosadira«, das Alpenglühen des Rosengartens (Laurinswand und Rosengartenspitze) vom Nigerpaß aus.

Geographie

Südtirol bzw. die italienische Provinz Bolzano in der Region Trentino–Alto Adige (=Hoch Etsch, für Südtirol) stößt in ihren 1919 nach dem Ersten Weltkrieg fixierten Grenzen, die über die Alpenkämme verlaufen, an die Länder Schweiz und Österreich, im Landesinneren an die Provinzen Sondrio, Trento und Belluno.

Fläche: 7400,43 km^2. 116 Gemeinden. Hauptstadt Bozen: 97924 Einwohner; zweitgrößte Stadt Meran: 33833 Einwohner. Höchster Gipfel: Ortler 3905 Meter (laut italienischer Vermessung, deutsch-österreichische Vermessung 3899 Meter). Längste Flüsse: Etsch 410 km, Eisack 95 km, Rienz 90 km.

Geologie

Die Geologie und somit auch die Morphologie sind von starken Kontrasten geprägt, von oftmals in geringen Entfernungen wechselnden Strukturen. Der Zentralalpenkamm mit den Stubaier, Ötztaler und Zillertaler Alpen besteht überwiegend aus Schiefergneisen und Glimmerschiefer, das heißt aus kristallinem, durch Metamorphose entstandenen Schiefer. Im Pustertal bildet mittelkörniger, sogenannter Brixener Granit die Basis, auf der eiszeitliche Geröllablagerungen und jüngere, moränenbedeckte Schotterböden ruhen. Der Talverlauf entspricht der »Pustertaler Linie« als Abschnitt einer langen alpinen Zerstörungslinie. Ihre Fuge trennt geologisch die Zentralalpen (Zillertaler Alpen) von den Südalpen (Dolomiten). Bei dieser Verwerfungslinie handelt es sich um eine peradriatische Naht: dort drangen um die Mitte des Tertiärs, ungefähr vor 30 Millionen Jahren, tiefenvulkanische Magmamassen hauptsächlich granitischer Zusammensetzung stockförmig in das ältere Gestein ein.

Die Dolomiten bestehen im Gegensatz zum überwiegenden Teil der Alpen nicht aus »Falten«, das heißt, nicht aus übereinandergeschobenen und durcheinandergekneteten Schichten, sondern aus mehrheitlich ungestörten Schichtfolgen »vom kristallinen Untergrund bis hinauf zu den jüngsten erhaltenen Gesteinen« (Prof. Dr. Werner Heißel). Das Bergland »entstand« vor rund 300 Jahrmillionen während der variszitischen Gebirgsbildung. Gegen Ende der Triaszeit – im Erdmittelalter – und zu Beginn der Juraepoche (vor 180 Millionen Jahren) traten Meeresüberflutungen ein. Das Gebiet war teils Flachsee, teils Küstenland. Mit der ausklingenden Kreidezeit machte sich die alpidische Gebirgsbildung bemerkbar – ein globales Ereignis – und somit die Herausbildung und eigentliche Entstehung der Dolomiten. Das gehobene Land war von nun an den Einflüssen des Klimas ausgesetzt, das mit all seinen Kräften an die Erosion, die Zerstörung bzw. Gliederung der riesigen Platte ging. Die Eiszeiten, deren Dauer man, einschließlich der zwischengelagerten Warmzeiten, auf insgesamt einige hunderttausend Jahre schätzt und deren letzte ungefähr vor zehntausend Jahren endete, gaben dem Land den Schliff der großen Formen; das fließende Wasser schuf die Ziselierung.

Eine zentrale Stellung in der Geologie Südtirols nimmt die Bozener Porphyrplatte ein: größte derartige Formation Europas. Es handelt sich, plausibel formuliert, um ein Vulkangestein, bis 1400 Meter mächtig. Dieser Quarzporphyr gehört nicht zur Europäischen Erdkrustenplatte, sondern bildet den Nordrand der Afrikanischen Platte, rekonstruierten 1991 Wissenschaftler der Universität Innsbruck. Vor etwa 300 Millionen Jahren war in der Erde eine Wärmequelle entstanden. Ihre Hitze schmolz zunächst das Material des oberen Erdmantels, dann weichte der untere Teil der Erdkruste auf. Die heiße Schmelze drang nach oben, erstarrte aber vorerst 10 bis 15 Kilometer unter der Erdkruste. Später stieß sie drei bis fünf Kilometer hoch und schuf eine riesige Magmakammer, von der aus die Schmelze vor rund 280 Millionen Jahren durch Schlote die Erdoberfläche erreichte, wo sie erstarrte. Infolge des Einbrechens der leeren Magmakammer lösten sich durch heißes Wasser aus tieferen vulkanischen Gesteinen verschiedene Elemente und reicherten die Oberfläche an. Dieser Ablauf verdeutlicht, weshalb Quarzporphyr chemisch und mineralogisch fast dem Granit entspricht. Porphyr, das rötlichbraune oder graugrüne, dichte, feinkörnige Ergußgestein – je Tonne ein bis drei Gramm Goldanteil – ist wegen seiner günstigen Spaltbarkeit als Bau- und Pflasterstein geschätzt. Abbau in Südtirol pro Jahr rund 160000 Tonnen.

Sammeln von Mineralien

Aufgrund des Landesgesetzes von Südtirol, vom 12.8.1977, Nummer 33, ist der Abbau von Mineralien und Fossilien nur mit einer Ermächtigung der Landesregierung gestattet. Diese Ermächtigung wird alleine Mitgliedern von Sammlervereinen für die Dauer von maximal 6 Monaten erteilt. Das entsprechende Ansuchen ist an den Landesverband der Mineralien- und Fossiliensammlervereine Südtirols, Obstmarkt 9, I-39100 Bozen, zu stellen.

Landschaftsbild

Zwischen Ortler und Drei Zinnen, zwischen Brennerpaß und Salurner Klause treten dem Radfahrer ausschließlich Mittelgebirge und Hochgebirge entgegen. Abgesehen natürlich von den Haupttälern entlang der Etsch, des Eisack, und der Rienz sowie ihren Seitentälern, von denen mehrere in Pässen kulminieren.

Die prozentuale Höhenstufen-Gliederung sieht folgendermaßen aus: Bis 500 Meter 3,9 Prozent der Gesamtfläche, 500 bis 700 Meter 2,8 Prozent, 700 bis 800 Meter 1,7 Prozent, 800 bis 1000 Meter 5,7 Prozent, 1000 bis 1200 Meter 7,1 Prozent, 1200 bis 1500 Meter 14,4 Prozent, mehr als 1500 Meter 64,4 Prozent.

Fläche nach Hauptnutzungsarten: Landwirtschaftlich 36,8 Prozent (2725 km^2), Wald 39,3 Prozent (2911 km^2), betrieblich nicht genutzte land- und forstwirtschaftliche Fläche 1,7 Prozent (123 km^2), unproduktiv 22,2 Prozent (1641 km^2).

Die besten Radtourengebiete

Die Landschaftsformen bedingen die idealen oder weniger günstigen Radtourengebiete. Im flachen Land bieten sich infolge der vorhandenen Räume Ausweichmöglichkeiten. Dagegen sind die erwähnten Haupttäler sowie einige der Nebentäler verkehrsmäßig überlastet und deswegen sehr gefährlich. Denn: »In Südtirol ist die Unfallquote doppelt so hoch wie auf gesamtstaatlicher Ebene«, alarmierte vor einigen Jahren die Tageszeitung »Dolomiten«. Diesen Zuständen Rechnung tragend, verlaufen die beschriebenen Touren überwiegend auf Nebenstrecken oder verkehrsarmen Straßen, teilweise auf Forstfahr- und Almgüterwegen mit mehr oder weniger großen Höhendifferenzen. Hilfe bei der Überwindung von Steigungen können Seilbahnen und öffentliche Busse vermitteln, die, wenn nicht vollbesetzt, auch Fahrräder transportieren!

Klima

Die klimatischen Bedingungen sind durch diesbezügliche Werte von Orten verschiedener Höhenlagen und Position zu ersehen. Als Beispiel dient 1992: mittlere Jahresdurchschnittstemperaturen in °C, Niederschläge in Millimeter, Regentage.

St. Valentin/Reschen (1474 m)	5	707	97
St. Leonhard/Passeier (693 m)	10,5	1169	108
Sterzing (948 m)	8,6	795	107
St. Magdalena/Gsies (1398 m)	7,5	841	105
Vernagt/Schnals (1700 m)	5	781	100
Brixen (560 m)	10,8	618	89
Bozen (262 m)	12,6	760	83

Der Vinschgau übrigens ist das niederschlagsärmste Tal des gesamten Alpenraumes!

Flora

Der im Südtiroler Landesgesetz vom 28.6.1972 statuierte Pflanzenschutz gibt zugleich Auskunft über die Flora und die damit verbundenen Schutzbestimmungen:

Artikel 1
Alle kraut- und strauchartigen Pflanzen, die in der Provinz Bozen von Natur aus verbreitet sind und wild wachsen, gelten als charakteristisch für den alpinen Raum und sind daher geschützt.

Artikel 2
Verboten ist das Pflücken und Aufbewahren von Pflanzen und Pflanzenteilen folgender Arten:
• Kuhschelle, alle einheimischen Arten; z.B. Schwefelgelbe Anemone, Schwefelgelbe Kuhschelle, Frühlingskuhschelle, Pelzanemone. • Dolomiten-Akelei bzw. Einseles Akelei. • Großes Schneeglöckchen bzw. Frühlingsknotenblume. • Türkenbund. • Feuerlilie. • Orchideen, alle einheimischen Arten; z.B. Waldhyazinthe, Schwarzes Kohlröschen, Braunelle, Frauenschuh. • Seidelbast und Steinröserl, alle einheimischen Arten. • Karthäuser Nelke. • Gemeine Spechtwurz. • Primeln, Schlüsselblumen, alle einheimischen Arten; z.B. Blauer Speik, Felsaurikel, Platenigl mit Ausnahme der Frühlingsschlüsselblume. • Alpenveilchen bzw. Erdscheibe. • Schlernhexe bzw. Alpengrasnelke. • Enzian, alle einheimischen Arten. • Gelbe Schwertlilie. • Weiße Seerosen. • Rohrkolben, alle einheimischen Arten. • Gelbe Teichrose. • Schopf-Rapunzel bzw. Teufelskralle. • Himmelsherold. • Dolomitenschafgarbe. • Edelweiß. • Echte Edelraute. • Mäusedorn.

Von allen anderen wildwachsenden Pflanzenarten dürfen insgesamt je Person und Tag höchstens zehn Blütenstände (Blütenstengel) gepflückt werden.

Pilzesammeln

Laut Landesgesetz vom 19.6.1991 dürfen Pilze von Auswärtigen oder Ausländern nur mit einer Genehmigung der jeweiligen Gemeinde gesammelt werden, an geraden Tagen im Monat von 7 bis 19 Uhr, höchstens 1 Kilogramm pro Person (über 14 Jahre) und Tag. Die Bewilligung ist während des Sammelns gut sichtbar zu tragen!

Wer ohne Bewilligung sammelt unterliegt einer Geldbuße von 70000 Lire sowie 40000 Lire je Kilogramm gesammelter Pilze. Wer mehr sammelt als erlaubt, bezahlt 40000 Lire je überzähliges Kilogramm. Wer die Kontrolle seitens des Aufsichtspersonales verweigert, muß 200000 Lire zahlen.

In einigen Wäldern und Gebieten besteht generelles Sammelverbot, was aus Hinweistafeln zu ersehen ist.

Geschichte

Älteste menschliche Spuren reichen in die Zeit um 7000 v.Chr., Zeugnisse von seßhaftem Ackerbau und Viehzucht bis etwa 2000 v.Chr. Daten ab der Zeitenwende:

15 v. Chr.
Beim Feldzug des Drusus integriert Rom das Gebiet in sein Imperium.

46/47 n.Chr.
Die römische Fernstraße »Via Claudia« vom Po zur Donau durchzieht das Land auf der Strecke Salurner Klause – Bozen – Meran – Algund – Rabland – Vinschgau – Reschenpaß.

4./5./6. Jahrhundert
Nach dem Untergang des Weströmischen Reiches lassen sich Ostgoten nieder. Während der ersten Hälfte des 6. Jahrhunderts dringen Franken ein. Sie werden ab 568 von den Langobarden, die sich von der Poebene nach Norden ausbreiten, vorläufig zurückgeworfen. Es folgten Bajuwaren. Letztere behaupten sich schließlich im Gebiet südlich über Bozen hinaus, die Franken im Vinschgau, die Langobarden am rechtsseitigen Etschufer ab Lana.

Jene Bevölkerung, die bereits zur Zeit der römischen Eroberung ansässig war (von den Römern »Räter« genannt) und die lateinische Sprache übernommen hatte, ging in den eindringenden Stämmen auf. Im Obervinschgau verschwand die räto-romanische Sprache während des 17. Jahrhunderts. Hingegen überlebte sie in den ladinischen Tälern um den Sellastock.

778
Der Südtiroler Raum wird dem Frankenreich angegliedert, ausgenommen die rechte Etschtalseite (Königreich Italien).

11. Jahrhundert
Das deutsche Kaiserreich belehnt den Bischof von Trient mit der Grafschaft Bozen und dem Vinschgau, den Bischof von Brixen mit dem Eisacktal.

12./13. Jahrhundert
Die Grafen von Tirol erwerben um 1170 die Grafschaft Bozen und setzen sich im 13. Jahrhundert auch im Bistum Brixen fest.

1248
Graf Albert III. von Tirol hält die trentinischen und brixnerischen Grafschaften sowie

Der Wein bildet seit Menschengedenken das belebende Element des Überetsch an der Südtiroler Weinstraße.

die Vogtei (mit Halsgerichtsbarkeit) über beide Hochstifte in seinen Händen. Geburtsjahr Tirols!

1363

Landesfürstin Margarethe übergibt Tirol ihrem Verwandten Rudolf IV. von Habsburg, Herzog von Österreich. Die Union Tirols mit Habsburg, dem mächtigsten Fürstenhaus Süddeutschlands, eröffnet vollkommen neue Perspektiven. Für Österreich bedeutet es u.a. die Kontrolle der Alpenübergänge zwischen Italien und Deutschland bzw. des Handels.

1420

Meran wird durch Innsbruck als Hauptstadt Tirols abgelöst.

16. Jahrhundert

Landesfürst Maximilian, der spätere Kaiser, vergrößert Tirol durch den Krieg mit Venedig (1509–1516) südlich bis Ala, südöstlich bis Cortina.

Bauernkrieg 1525; die Reformation berührt Tirol nur am Rande. 1545 bis 1563 Wiederherstellung der Glaubenseinheit durch das Konzil zu Trient.

18. Jahrhundert

Den Säkularisierungsmaßnahmen (1780–1790) Kaiser Josephs II., erwachsen aus reinem Aufklärertum, fallen in Tirol die meisten Klöster zum Opfer. Sein Toleranzpatent, das die Freiheit der Religionsausübung garantiert, stößt auf heftigsten Widerstand. 1797 vertreibt der Landsturm gemeinsam mit dem österreichischen Heer die Franzosen aus Tirol.

19. Jahrhundert

1805 verliert Österreich sein Land Tirol. Die Bevölkerung erhebt sich gegen die Eingliederung in das Königreich Bayern, kann sie aber nicht verhindern. Den Zwangsrekrutierungen zum bayerischen Militär entziehen sich die Männer häufig durch Flucht in die Berge sowie nach Österreich.

Als Österreich 1809 einen neuerlichen Krieg gegen Napoleon wagt, bricht in Tirol eine Volkserhebung unter Führung des Gast-

Auf einer schmalen Geländezunge hoch über dem Tal der Rienz thront seit Mitte des 12. Jahrhunderts die wehrhafte Burg Rodeneck.

wirtes und Viehhändlers Andreas Hofer aus. Er fügt den bayerisch-französischen Truppen empfindliche Niederlagen zu und befreit die Landeshauptstadt Innsbruck dreimal aus der Hand der Feinde. Nachdem Österreich geschlagen im Oktober 1809 den Frieden von Schönbrunn mit Frankreich schließt, scheint auch das Schicksal Tirols besiegelt. Doch die Landesschützen Hofers kapitulieren nicht bis zur entscheidenden, verlustreichen Niederlage am 1. November in der Bergisel-Schlacht. Hofer gerät in Gefangenschaft und wird am 20. April 1810 in Mantua hingerichtet.

1810 Teilung Tirols. Der nördliche Teil bis Meran und Klausen wird Bayern zugeschlagen, der südliche dem von Napoleon gegründeten Regno d'Italia. Durch die Befreiung Europas von Napoleon 1813 kommt Tirol wieder zu Österreich, das es zur Provinz degradiert.

1915 bis 1918

Im Mai 1915 erklärt Italien der k.u.k. Monarchie den Krieg. Tirol ist ohne militärischen Schutz, da die regulären Truppen an der russischen und serbischen Front kämpfen. Kaum 20000 Mann militärischer und paramilitärischer Einheiten stehen im Lande. So formiert sich nochmals aus den unter Einundzwanzig- und über Dreiundvierzigjährigen – die Jahrgänge dazwischen waren schon einberufen – der Landsturm. Er sichert die Grenze Tirols, bis von anderen Fronten Truppen herangezogen werden. Trotz erfolgreicher Verteidigung scheitern die Versuche Österreichs nach dem Abgesang der Donaumonarchie 1918, Tirol vor der Zweiteilung zu bewahren.

1919

Der Friedensvertrag vom 10. September diktiert das Tirol südlich des Brenners an Italien. England und Frankreich hatten bereits im Londoner Vertrag 1915 Italien für dessen Kriegseintritt die Brennergrenze zugesichert.

1922 bis 1945

Am 28. Oktober 1922 marschieren die Faschisten in Rom ein. Anderntags übergibt der König dem »Duce« Benito Mussolini die Regierung und die Macht im Lande. In Südtirol sollen Italiener angesiedelt, die Einheimischen ausgesiedelt werden. 1935 erteilt Mussolini der Großindustrie den Auftrag, Niederlassungen um Bozen zu errichten. Etwa drei Millionen Quadratmeter am Südrand der Stadt werden enteignet, um die Industriezone einzurichten. Hitler versichert am 7. Mai 1938 Mussolini: »Es ist mein unerschütterlicher Wille und mein Vermächtnis an das deutsche Volk, daß es die von der Natur uns beiden aufgerichtete Alpengrenze immer als eine unantastbare ansieht.«

1939 wird in Berlin das Deutsch-Italienische Abkommen zur Umsiedelung der Südtiroler geschlossen. Sie könnten bis 31. Dezember für die deutsche Staatsbürgerschaft optieren und müssen auswandern oder für die Beibehaltung der italienischen Nationalität ohne Schutz ihres Volkstumes. Laut Dr. Friedl Volgger (Südtirol-Handbuch) haben sich von den Optionsberechtigten der heutigen Provinz Bozen 211 799 für die deutsche Staatsbürgerschaft entschieden, 34 237 für Italien. Rund 75 000 wandern nach Deutschland aus. Den weiteren Exodus stoppt am 8. September 1943 der Waffenstillstand Italiens mit den Alliierten bzw. die Besetzung Italiens bis Neapel durch die Deutsche Wehrmacht. In ihren Reihen fallen 8025 rekrutierte Südtiroler.

Im Mai 1945 unterzeichnet der deutsche Oberbefehlshaber in Italien ohne Wissen Hitlers einen Waffenstillstandsvertrag, der Südtirol vor vollständiger Zerstörung durch die alliierte Luftwaffe verschont.

1946
30. April. Die Außenminister der Vereinigten Staaten, Englands, Frankreichs und Sowjetrußlands weisen die Forderung Österreichs nach einer Volksabstimmung in Südtirol ab.

Am 5. September 1946 schließen der italienische Ministerpräsident Alcide De Gaspari und der österreichische Außenminister Dr. Karl Gruber am Rande der Pariser Friedenskonferenz einen Vertrag, der Südtirol die Autonomie garantieren soll.

1948
Schaffung der autonomen Region Trentino-Alto Adige aus den Provinzen Trient und Bozen mit einem regionalen Parlament und einer Regionalregierung in Trient. Dieser Region, in der die deutschsprachigen Südtiroler eine Minderheit sind, macht die römische Regierung zwar wesentliche autonome Zugeständnisse, nicht aber der Provinz Bozen.

1957
Am 17. November demonstrieren 35 000 Südtiroler auf Schloß Sigmundskron friedlich gegen die Nichterfüllung des Pariser Vertrages durch Italien. Hauptforderung: »Los von Trient« bzw. eigene Autonomie für die Provinz Bozen.

1961
In der »Feuernacht« des 11. Juni sprengen Patrioten aus Protest gegen die bis dahin nicht realisierte Autonomie Dutzende von Masten elektrischer Leitungen in die Luft. Einige der »Terroristen« – so die italienische Lesart – sitzen noch in Gefängnissen.

1972
Am 20. Januar tritt ein Autonomiestatut in Kraft, das im Dezember 1969 vom italienischen Parlament und dem österreichischen Nationalrat gebilligt wurde.

1992
Die römische Regierung unter Ministerpräsident Giulio Andreotti genehmigt schließlich die noch ausstehenden vier wichtigen Durchführungsbestimmungen des Autonomiestatutes. Wenige Stunden später erklärt Andreotti in seiner Rücktrittserklärung vor dem römischen Parlament das »Paket« für erfüllt. Änderungen dürfen nur mit Zustimmung der Südtiroler Bevölkerung vorgenommen werden.

1993
Österreichs Außenminister Alois Mock erklärt vor der UNO-Vollversammlung in New York, daß in Südtirol auch nach der Streitbeilegungserklärung Österreichs gegenüber Italien »noch einige Probleme offengeblieben sind und mit der Dynamik der Entwicklung neue Probleme hinzutreten«. Insgesamt habe aber – so Mock – die Streitbeilegung dazu verholfen, die Spannungen zwischen den einzelnen Volksgruppen in Südtirol abzubauen.

Land und Verwaltung

Die erste Wahl des Südtiroler Landtags, des gesetzgebenden Organes (zunächst für vier, ab 1968 für fünf Jahre) fand am 28. November 1948 statt, wobei die Südtiroler Volkspartei (SVP) mit 67,60 Prozent eine deutliche Mehrheit errang, gefolgt (10,78%) von der Democrazia Cristiana (DC). 1993: 52,04 Prozent für die SVP, gefolgt (11,64%) vom rechtsgerichteten Movimento Sociale Italiano (MSI), den Grünen (6,92%) und den Freiheitlichen (6,06%). – Wahlberechtigt sind alle Bürger ab 18 Jahren, die mindestens vier Jahre ununterbrochen in der Region ansässig sind.

Die Wahlen zum Südtiroler Landtag erfolgen zusammen mit den Wahlen zum Trentiner Landtag im Rahmen der Regionalratswahlen. Die insgesamt 70 Gewählten sind Abgeordnete des Südtiroler bzw. des Trentiner Landtages und zugleich Abgeordnete des Regionalrates, des obersten beschließenden Organes.

Südtiroler Landesgesetze werden vom Landtag beschlossen. Vorgelegt werden können Gesetzesinitiativen von einzelnen Landtagsabgeordneten, von der Landesregierung oder vom Volke (mindestens 2000 Unterschriften). Gesetzentwürfe werden beim Landtagspräsidium eingereicht, das sie an eine der vier dafür zuständigen Landesgesetzgebungskommissionen – ihnen gehören jeweils sieben Landtagsabgeordnete an – zur Vorbereitung weiterleitet. Letztendlich erfolgt über die Gesetzesvorlage eine geheime Abstimmung. Bei positivem Ergebnis hat die Regierung in Rom 30 Tage Zeit, um zu prüfen, ob das Gesetz der Rechtsordnung entspricht. Sagt die nein, kann der Landtag den vorgebrachten Einwänden Rechnung tragen und den Gesetzesvorschlag in geänderter Form neuerlich genehmigen oder auf dem ursprünglichen Schriftsatz beharren und versuchen, ihn mit absoluter Mehrheit zu verabschieden. In diesem Falle wird das Landesgesetz erst rechtskräftig, wenn es die römische Regierung nicht innerhalb von 15 Tagen beim Verwaltungsgerichtshof anficht oder vor die Abgeordnetenkammer bringt.

Das Landtagspräsidium besteht aus dem Landtagspräsidenten, dem Vizepräsidenten und weiteren drei Landtagsabgeordneten als Sekretäre. Im Sinne des Autonomiestatutes findet zur Halbzeit der Gesetzgebungsperiode ein Präsidentenwechsel statt. In der ersten Hälfte stellt die deutsche Volksgruppe den Landtagspräsidenten, die italienische Volksgruppe den Vizepräsidenten; in der zweiten Hälfte gehört der Präsident der italienischen Volksgruppe an, sein Vize der deutschen.

Die Landesregierung als ausführendes Organ sorgt für die Verwirklichung der Gesetze und ist für die Verwaltung zuständig. Den Landeshauptmann – zur Zeit Dr. Luis Durnwalder – und die Regierungsmitglieder wählt der Landtag aus den Reihen seiner Abgeordneten, die ihren Status beibehalten.

Wirtschaft

Ausgehend von den Erhebungen 1991 sind von den insgesamt 178053 Beschäftigten 51082 im produzierenden Gewerbe, 61974 im Handel und 64997 anderweitig tätig.

Diese Zahlen verdeutlichen die wirtschaftlichen Schwerpunkte des Landes, wobei aber zum Beispiel im industriereichen Bozen die Werte anders aussehen als in der Kurstadt Meran oder in den ausgesprochenen Tourismusgebieten.

Bevölkerungs- und Sprachgruppen

Dieser Betrachtung liegt die Volkszählung im Jahr 1991 zugrunde. Anteil der deutschen Sprachgruppe 58,27 Prozent, der italienischen 27,42 Prozent, der ladinischen 4,30 Prozent sowie 10,01 Prozent ansässige Inländer ohne gültige Erklärung der Sprachgruppenzugehörigkeit und ansässige Ausländer.

Der Proporz in den Gebieten und Städten sieht teilweise ganz anders aus (Stand 1991), zum Beispiel:

	Deutsche	Italiener	Ladiner
Abtei	2,38%	2,07%	95,55%
Ahrntal	99,34%	0,52%	0,14%.
Sarntal	97,98%	1,92%	0,10%
Sexten	97,42%	2,41%	0,17%
Tramin	97,11%	2,75%	0,14%
Meran	50,46%	49,01%	0,53%
Bozen	26,62%	72,59%	0,79%
Brixen	71,68%	27,03%	1,29%
Bruneck	81,59%	16,07%	2,35%
St. Ulrich	11,07%	4,98%	83,94%
Franzensfeste	53,81%	44,11%	2,08%
Salurn	37,90%	61,31%	0,78%
Klausen	91,52%	8,07%	0,41%
Leifers	30,16%	69,34%	0,50%
Lüsen	98,95%	0,83%	0,23%
Corvara	4,36%	2,85%	92,80%
Martell	99,38%	0,62%	0,00%

Südtirol hat eine mehr als doppelt so hohe Selbstmordrate und eine durchschnittlich geringere Lebenserwartung als das übrige Italien!

1 Am Brennerpaß

In das Pflerschtal und Ridnauntal

Tourencharakter: Verhältnismäßig wenig befahrene Straßen. Auf der Brennerstraße anhaltendes Gefälle. Größere Steigungen (8–10 %) im Pflerschtal von St. Anton (1245 m) nach Stein (1569 m) sowie im Ridnauntal ab Mareit (1039 m) nach Ridnaun (1342 m). Rückkehr von Sterzing zum Brenner per Eisenbahn.

Länge der Tour: 72 km.

Brenner – Ortschaft und Paß im zentralen Alpenkamm, seit 1919 Staatsgrenze zwischen Italien und Österreich. Niemand weiß so recht, woher der Name stammt. Indes wurde die Senke, welche die Stubaier Alpen von den Zillertaler Alpen trennt, schon in prähistorischen Epochen überschritten. Eine Dauersiedlung entstand im 13. Jahrhundert. Hundert Jahre später weihte man die *Kirche St. Valentin.*

Vier Kilometer südlich der Staatsgrenze verkommt offenbar das 1603 gegründete **Brennerbad.** Die 23 Grad warmen, eisenhaltigen Mineralquellen, vermutlich bereits von den Römern geschätzt, entspringen in 800 bis 1000 m Tiefe. Wiederbelebungsmaßnahmen der Gemeinde Sterzing, die das Bad 1969 erworben hatte, scheiterten.

Das erste Städtchen im obersten Eisacktal auf der Fahrt gen Süden ist **Gossensaß,** Markt seit 1908, in alter Bergwerkstradition, wovon die Wappen am Portal der spätbarocken *Pfarrkirche Maria Empfängnis* sprechen. Ihre Deckenfresken gelten als beste Arbeit des Hohenpeißenbergers Matthäus Günther in Südtirol. Daneben steht die zweistöckige, 1515 vollendete *Barbarakapelle* mit einem holzgeschnitzten, spätgotischen Flügelaltar im Obergeschoß. Am Sporthotel gedenkt eine Tafel der Aufenthalte des norwegischen Schriftstellers und Dramatikers Henrik Ibsen (1828–1906).

Die Brücke über den Pflerschbach beim Weiler Stein im hintersten Pflerschtal zu Füßen der Stubaier Alpen.

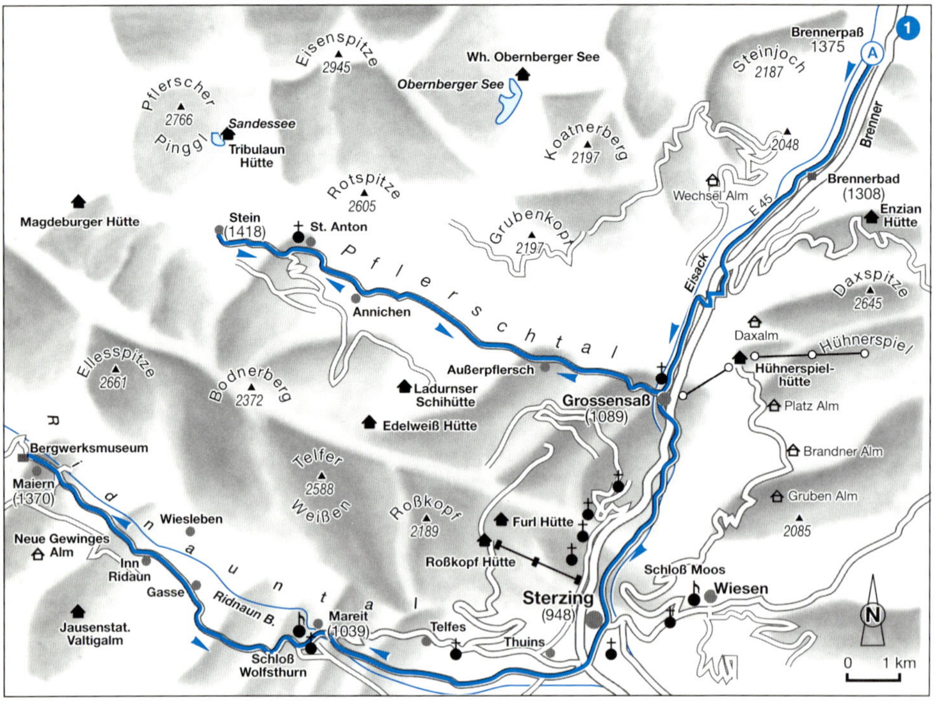

Von Gossensaß dringt westwärts das **Pflerschtal** auf eine Länge von 16 Kilometern in die Stubaier Alpen ein. Nördlich wird das Tal von den mächtigen Felsgipfeln des Tribulaunkamms abgeschirmt. Die südliche Einrahmung ist niedriger, wodurch warme Luftströmungen aus dem Mittelmeerraum einströmen können. Beide geographischen Faktoren sind die Ursache für relativ mildes Klima. Die Ortschaften entwickelten sich auf dem schmalen Talboden und zogen sich späterhin an den Sonnenhängen hoch. Früher einmal waren Bären heimisch. Während des 15. und 16. Jahrhunderts blühte im »Bärental« der Bergbau. Man förderte kostbares Rohmaterial für Werkzeuge, Arbeitsgeräte und Waffen. Dadurch wurde zeitweise die Landwirtschaft vernachlässigt. An die montane Ära erinnern vielerorts noch überwachsene Stollen. Der Bau der Brennerbahn brachte später neue Erwerbsmöglichkeiten; schließlich setzte auch der Tourismus ein. Die Gletscher im Talschluß – Feuersteinferner, Gwingesferner, Stubenferner – gingen zurück, was die Großartigkeit des Tales nur geringfügig beeinträchtigte. Die neuromanische *Pfarrkirche* in **St. Anton** steht oberhalb der Landesstraße. Der »Pfarrwirt« wurde früher, wie in Südtirol vielfach üblich, vom jeweiligen Pfarrer geführt.

Hinterste Dauersiedlung ist das nachweislich im 13. Jahrhundert gerodete **Stein.** Auf der Nordseite der dortigen *Pflerschbachbrücke* führen unmittelbar hinter dem Geländer links überwachsene Pfadspuren am Steilhang 20 Meter zu einem halbverschütteten Stollenloch. Davor entdecken wir auf einer Felsplatte zwei geritzte Hakenkreuze sowie ein Sonnenrad, wahrscheinlich von Bergleuten angebracht. Keine Nazi-Embleme! Das Hakenkreuz ist als Kultursymbol seit mehr als 4000 Jahren bekannt und galt beispielsweise im Altindischen als Zeichen des Wohlseins: »Swastika«.

Das betriebsame **Sterzing,** die römische Station »Vipitenum«, breitet sich in einem weiten Kessel des oberen Eisacktales aus, an der Mündung des Ridnaun- und Pfitschtales. Rund 5600 Menschen leben dort, wo einst deutsche Kaiser und Könige auf ihren Italienzügen nächtigten. Das heutige Stadtbild erwuchs im 15. und 16. Jahrhundert, als die

Ausblick von Norden über das Ridnauntal, in dem die Radtour von Sterzing zur Erz-Aufbereitungsanlage beim Talschluß verläuft.

Bergwerke der Umgebung unter den Augsburger Fuggern florierten. Diese Glanzzeit dokumentiert das *Landesbergbau-Museum* in dem um einen mittelalterlichen Stadtturm errichteten *Ansitz Jöchlsthurn.* Spätgotische Bürgerhäuser und »Lauben« prägen das »Fuggerstädtchen«; die *Neustadt* gehört zu den schönsten Straßenzügen Südtirols. Der *Zwölferturm* trennt die Neustadt von der Altstadt. Im Lichthof des *Rathauses* erzählen ein römischer Mithrasstein sowie ein Meilenstein aus der Zeit des Kaisers Septimius Severus (193–211 n.Chr.). Am *Stadtplatz* steht die zweischiffige gotische, reich freskierte ehemalige *Spitalkirche zum Heiligen Geist:* ältestes Gotteshaus Sterzings. Am südlichen Stadtrand entstand um 1450 der Chor der *Pfarrkirche Unserer Lieben Frau im Moos,* dem im frühen 16. Jahrhundert das dreischiffige Langhaus folgte. Nahebei wurden im einstigen Haus des Deutschen Ordens das *Stadtmuseum* und das *Multscher Museum* untergebracht. Es birgt die größte kunsthistorische Sehenswürdigkeit der Stadt, den berühmten, 1456 bis 1458 gearbeiteten Hochaltar der Pfarrkirche von Hans Multscher, das reifste Werk des Schwaben, genau gesagt Teile dieses spätgotischen Altares bzw. dessen bemalte Flügel eines Multscher-Mitarbeiters. Sie zeigen außen die Passion (Ölberg, Geißelung, Dornenkrönung, Kreuztragung), innen das Marienleben (Verkündigung, Geburt Christi, Anbetung der Könige, Tod Mariens).

Das **Ridnauntal,** von Sterzing in westlicher Richtung, über dessen obersten hinteren Böden Gletscher der Stubaier Alpen schimmern, stellt ein typisches Südtiroler Bauernland dar. Es bildet einen Teil der Gemeinde Ratschings. Ridnaun erscheint erstmals 1253 in der vorrömischen Form »Ridenowe«. Weiler und ansehnliche Einzelhöfe beleben den Talboden. Der Tourismus hält sich in wohltuendem Rahmen. Früher spielte der Bergbau eine enorme wirtschaftliche Rolle. Die **Erz-Aufbereitungsanlage** im Talschluß, die das am Schneeberg gewonnene Metall vom wertlosen Nebengestein trennte, war von 1870 bis 1978 in Betrieb. Seit 1993 können ein 200 Meter langer *Schaustollen* sowie das *Bergwerksmuseum* im einstigen Knappen-Wohnhaus besichtigt werden.

Maiern, der letzte Ort vor der Erz-Aufbereitungsanlage, ging aus fünf, 1288 erwähnten Schwaighöfen hervor. Auf einem von Gletschern geschliffenen Felshügel sitzt anmutig das 1480 umgestaltete *Lorenzikirchlein.* Sein Altarbild verdeutlicht das Leiden des Patrones der Schmiede und Hüttenleute; er wurde auf einem Rost über dem Feuer gemartert.

Talzentrum ist **Mareit,** bereits 400 Meter höher gelegen als Sterzing. Es entstand als »Moricht« im frühen 12. Jahrhundert am Urweg über den Jaufen. Der Turm der ursprünglich spätgotischen *Pfarrkirche St. Pankraz* mißt 53 Meter. Die barocke *Friedhofskapelle* wartet mit der ungewöhnlichen Darstellung »Tod und Tödin« auf. An der Südseite des Friedhofs die neugotische *Sternbachsche Grabkapelle.* Das freiherrliche Geschlecht der Sternbachs besitzt *Schloß Wolfsthurn* in hervorragender Position über dem Ort. Wolfsthurn ist neben der Ehrenburg im Pustertal das einzige Barockschloß Südtirols.

In **Gasse** thront nördlich der Häuser auf einem Hügel die spätgotische Knappen- und Wallfahrtskirche *St. Magdalena* mit einem »der besten spätgotischen Schnitzaltäre Tirols«, wie Josef Weingartner schreibt, geschaffen 1509 vom Meister Mathais Stöberl. Schlüssel im Mareiter Pfarrhaus. Das Hotel Sonklar zu **Ridnaun** lockt mit einer Mineraliensammlung.

Streckenbeschreibung

Ab der italienischen Seite der **Brennergrenze** (1375 m) durch die Ortschaft mit ihren Verkaufsständen, Geschäften und Wechselstuben. Gegenüber dem Hotel Post stürzt der *Eisackfall,* gewissermaßen die Quelle des Flusses, 32 Meter über Felsen. Wir radeln, vorbei am **Brennerbad** (1308 m), etwa 7 Kilometer durch die leicht geneigte Brennermulde. Beiderseits schützen in der Höhe starke eiserne Zäune die für Lawinen anfällige Straße. Unter der Autobahn hindurch und in den engen Ortsschlauch von **Gossensaß** (1089 m).

Tafeln erklären unmißverständlich die Rechtsabzweigung **»Pflersch/Fleres«**. Unübersehbar rückt der Pflerscher Tribulaun in

In der ehemaligen Erz-Aufbereitungsanlage am Talschluß von Ridnaun können ein 200 Meter langer Schaustollen und das Bergwerksmuseum im einstigen Knappen-Wohnhaus besichtigt werden.

den Gesichtskreis, links davon die kecke Weißwandspitze und weiter links die Gletscher der Zillertaler Hochgipfel. Vorerst gemütlich am *Pflerschbach* entlang. *Vallming* (1092 m), übrigens ein Wort der rätischen Sprache, markiert den Mittelpunkt von **Außerpflersch;** die neugotische *Kapelle Maria Hilf* wurde 1713 geweiht. In der Höhe von Kieserengern sieht man rechts den Tunnel einer Schleife der Brennerbahn. Von *Ladurns* schaukelt im August ein Sessellift zur Ladurnser Skihütte.

Ab Gossensaß sind es 8,5 Kilometer nach **St. Anton** (1245 m), dem Hauptort des **Innerpflersch.** Am Ortseingang links über die hölzerne *Pflerschbachbrücke* und rechts auf der asphaltierten, schmalen Straße knapp 3 Kilometer bergan zur nächsten *Brücke* über den rauschenden, klammähnlichen *Pflerschbach* und nach **Stein.** Es besteht aus den Höfegruppen Außerstein (1418 m) und Hinterstein (1569 m). An der Nordostecke des »Steinhofer« (Nr. 193), der aus einem Knappenhof hervorging, befindet sich ein geheimnisvoller Schalenstein mit neun »Näpfchen«; außerdem zwei »Näpfchen« vor der Haustüre in einer Felsplatte.

Bei der Rückfahrt erscheint im Vorblick der Hühnerspiel (Sender), rechts die Weißspitze, dann links des Hühnerspiels die Rollspitze.

Die weitere Strecke von **Gossensaß** parallel zum *Eisack* beschert uns drei kurze Tunnels. Licht einschalten! Links oberhalb spitzt der Bergfried der einstigen Burg Straßberg über die Baumwipfel. Ebenfall links der Straße verstecken sich die Häuser von Ried mit einem Stephanskirchlein des 12. Jahrhunderts. Nach der Talstation der Roßkopf-Seilbahn, beim *Café Steindl,* fährt man geradewegs durch die *Altstadtstraße* in das Zentrum von **Sterzing** (948 m).

Vom *Untertorplatz* auf dem Radweg der *Gänsbacherstraße.* Dann rechts halten (Deutschhausstraße), vorbei am *Deutschordenshaus* (Museen). Nach der *Pfarrkirche* links zur Kreuzung. Nun westwärts Richtung Ridnaun (Radweg). Nach dem Restaurant Fischadler nicht links über den Ridnaunbach, sondern vor der Brücke gerade, also orographisch links des Baches, ehe man in **Mareit** (1039 m) auf dem Hängesteg die Ufer wechselt.

Von der Kirche 400 Meter zur Talstraße. Weiter spürbar bergauf, schattig durch Wald, mit der 1874 angelegten »Unteren Erzstraße«, zu deren beiden Seiten der Weiler **Gasse** (1357 m) liegt. Von **Ridnaun** (1342 m) sind es dann 2,5 Kilometer bis **Maiern** (1372 m). Abschließend zu der 1 Kilometer entfernten **Erz-Aufbereitungsanlage** (1417 m); Informationstafel.

Nützliche Informationen

Entfernungen: Insgesamt 72 km. Brennerpaß – Gossensaß 10 km; Gossensaß – Pflerschtal 22 km (hin und zurück); Gossensaß – Sterzing 6 km; Sterzing – Mareit 8 km; Mareit – Maiern 9 km; Maiern – Sterzing 17 km.
Steigungen: Pflerschtal 500 m; Ridnauntal 500 m.
Unterkunft: In den Orten und an der Strecke.
Camping: • Bei Sterzing in *Ratschings:* Gilfenklamm, 1.4.–31.10., Tel. (0472) 764132 oder 765901. • Bei Bozen in *Moritzing:* Moosbauer, ganzjährig, Tel. (0471) 918492, Fax 204894.
Besichtigungen: • *Sterzing:* Landesbergbaumuseum Jöchlsthurn, Dienstag bis Samstag 10–12 Uhr, 14–17 Uhr, Sonntag 10–12 Uhr; Multscher Museum-Stadtmuseum, Montag bis Samstag 10–12 Uhr, 14–17 Uhr.
• *Ridnauntal*: Erz-Aufbereitungsanlage, außer Montag 9.30–16 Uhr, Führungen im Schaustollen 9.30, 11, 13.30 Uhr, 15 Uhr.
Fahrradverleih: • *Gossensaß:* Sport Wurzer. • *Sterzing:* Walters Radlklinik (Walter Bauer).
Auskunft: • Tourismusverein, I-39040 Gossensaß, Tel. (0472) 62372, Fax 62580. • Tourismusverein, I-39042 Sterzing, Tel. (0472) 765325, Fax 765441. • Tourismusverein, I-39040 Ratschings, Tel. (0472) 756666, Fax 756889.
In den Tourismusvereinen ist kostenlos die Broschüre »Mountainbike im Wipptal« erhältlich.

2 Von Sterzing nach Meran

Über den Jaufenpaß und durch das Passeiertal

Tourencharakter: Paßstrecke im August stark befahren. Höchststeigungen der Nordrampe 7–9%. Luftige Südrampe (Abfahrt), unterhalb der Häusergruppe Walten bis 14%. Im Passeiertal durchgehend leichtes Gefälle; streckenweise schmale, in den Sommermonaten verkehrsreiche Straße.
Rückreise mit dem Zug von Meran (Bahnhof westlich des Zentrums) über Bozen nach Sterzing.
Verlängerungen, siehe Tour 30 über Hafling nach Bozen.
Länge der Tour:
58 km.

Der **Jaufenpaß** stellt seit jeher die kürzeste Straßenverbindung von **Sterzing** (siehe Tour 1) nach Meran her. Deshalb verwundert es nicht, daß über die Paßhöhe bereits vor 4000 Jahren ein Saumpfad führte, was bronzezeitliche Funde beweisen. Jaufen leitet sich ab vom lateinischen »iugum« bzw. vom rätoromanischen »yuf«, womit ein Joch gemeint ist. Erste Nachricht eines Verkehrsweges aus dem Jahr 1186. Er führte vom Mittelalter bis 1912 entgegen dem aktuellen Verlauf aus dem Ridnauntal ab Stange, der Zollstation des Hochstifts Brixen, vorbei an der Burg Reifenegg (Ruine). Sie war 1210 durch Brixens Bischof Konrad von Rodank zum Schutz des Übergangs gegründet worden. Demselben Zweck diente jenseits, bei St. Leonhard, die Jaufenburg. 1241 schufen Bischof Egno von Brixen und Graf Albert von Tirol in beiderseitigem Einvernehmen eine Zollstätte am Paßscheitel. Um 1300 erwuchs daraus ein privilegiertes Hospiz. Ihm oblag die Aufgabe, »Säumpferden und anderen Reisenden über den wilden Berg und Joch Jaufen bei einfallender Witterung und Kälte Beispringen und Herberg geben«. Der Unterschlupf war beileibe keine übertriebene Vorsichtsmaßnahme, denn der »Mons Juven«, so eine Urkunde von 1302, wurde sogar im Winter begangen. Zum Beispiel am 2. Februar 1342 von Kaiser Ludwig IV. mit prunkvollem Gefolge und mit seinem dreißigjährigen, verwitweten Sohn Ludwig dem Brandenburger, Herzog von Bayern, um den Filius mit der noch verheirateten Tiroler Landesfürstin Margarethe auf Schloß Tirol zu vermählen. Dabei kam das Pferd des Bischofs von Freising ins Straucheln und riß den Reiter mit in die todbringende Tiefe, so daß er die Annullierung der ersten und die Schließung der zweiten Ehe nicht vornehmen konnte. Die mitgereisten Bischöfe von Augsburg und Regensburg deuteten den Unfall als Gottesgericht und weigerten sich, einzuspringen.

Bei der Fahrt vom »Jaufen« kommen wir durch **Walten.** Es liegt beiderseits der Straße am Sonnenhang des Wannsertales. Mehrere Höfe sind aus dem 13. Jahrhundert.

Im Passeiertal begrüßt uns **St. Leonhard,** der Hauptort des Passeier. Hier erblickte am 8. Dezember 1783 der in diesem Buch öfter zitierte Jurist und Topograph Dr. Johann Jakob Staffler das Licht der Welt. Sein Hauptwerk »Tirol und Vorarlberg statistisch und topographisch mit geschichtlichen Bemerkungen« gilt als fundamentalste Publikation dieser Art für Tirol. Auf dem *Franzosenfriedhof* am Westrand des Ortes ruhen 230 französische Soldaten, die im November 1809 gegen die Tiroler fielen. Das Haupt des Tiroler Freiheitskampfes war Andreas Hofer, geboren 1767 im **Sandwirtshaus.** Es steht talauswärts, links an der Straße. Neben dem historischen Gasthof (Dienstag geschlossen) ist ein *Andreas-Hofer-Gedenkraum* eingerichtet. Nach dem Zusammenbruch des Tiroler Widerstandes floh Andreas Hofer zunächst in den Bergweiler Prantach und am 27. Januar 1810 auf die nahe Pfandleralm, wo ihn seine Häscher dann anderntags um 4 Uhr früh festnahmen.

Zum besagten Bergweiler *Prantach* und dem *Gasthaus Pfandlerhof* (1040 m) über dem Passeiertal windet sich östlich von **St. Martin,** das man als nächsten Ort erreicht, ein asphaltiertes Sträßchen (5 km). St. Martin zählt 2743 Einwohner. Das *Heimatmuseum* ist im Keller der Raiffeisenbank an der Durchgangsstraße untergebracht. Oberhalb verläuft die malerische *Dorfstraße.* An der *Pfarrkirche St. Martin* ist das Turmuntergeschoß romanischen Ursprungs. Die heutige Gestalt stammt jedoch aus der Mitte des 16. Jahrhunderts. Später erfolgte barocke Ausstattung und kunstvolle Stuckierung. Im Chorfenster sind die berühmtesten Söhne des Passeier dargestellt: Andreas Hofer und Kardinal Johannes Haller (1825–1900). Neben der Kirche die *Michaelskapelle* von 1508. Herausragende profane Bauwerke: das freskengeschmückte Haus der *Passeier Malerschule* (1719–1845), die den Nazarenerstil vertrat, sowie der *Schildhof Steinhaus.* Schildhöfe, von denen es noch elf gibt im Passeier, sind eine Eigenart des Tales. Es handelt sich um stattliche Gebäude des frühen 13. Jahrhunderts. Die »Schildhöfler«, dem niederen Adel angehörend, genossen u. a. Steuerfreiheit, Fischerei- und Jagdrechte. Als Gegenleistung mußten sie im Kriegsfall ihrem Landesfürsten innerhalb der Tiroler Grenzen mit Pferd und Waffen zur Seite stehen.

Auch in **Saltaus** begegnet uns ein Schildhof (Hotel), links an der Straße. Er wird 1230 erwähnt. Seilbahngondeln schweben in Richtung Hirzer in den Sarntaler Alpen. Rechts der Straße erheben sich die Gipfel der Texelgruppe.

Die Südrampe des Jaufenpasses senkt sich mit langen Schleifen ins Passeiertal. Im Hintergrund die Jaufenspitze.

Der Verkehr nimmt zu, je mehr wir uns Meran nähern. **Riffian** markiert die nördliche Rebengrenze des Tales. Es ist im Burggrafenamt (Umgebung Merans) der älteste Wallfahrtsort, diesbezüglich erstmals 1310 erwähnt. Jahr für Jahr kommen 15 000 Pilger zum Gnadenbild, einer Pietà aus der Zeit um 1420, im Hochaltar der *Pfarr- und Wallfahrtskirche Zur Schmerzhaften Muttergottes.* Die meisten übersehen dabei die kunsthistorisch anspruchsvollere zweigeschossige *Friedhofskapelle.* Ihren überreichen spätgotischen, böhmisch und oberitalienisch beeinflußten Freskenschmuck schuf 1415 Meister Wenzeslaus, bischöflich-trentinischer Hofmaler.

Kulinarisch deftig verwöhnt in **Kuens** der 600 Jahre alte *Hilberhof* ab 16 Uhr mit Schweinshax'n und Hendl frisch vom Grill. Die kleinste Gemeinde Südtirols (1,66 km^2) verehrt den hl. Korbinian (geb. 675) im Wappen, denn der bischöfliche Vater des oberbayerischen Bistums Freising hatte sich nach Streitigkeiten mit Herzog Grimoald im frühen 8. Jahrhundert an die Mündung des Sponser Tales zurückgezogen und Kuens gegründet.

Der Schlußakkord ertönt in **Meran** unter Palmen im Kurgarten und in den stimmungsvollen »Lauben« der Metropole des Burggrafenamtes, einst Zentrum des ganzen Landes Tirol; siehe Tour 29.

Streckenbeschreibung

Am Südrand **Sterzings** (948 m) erläutern blaue Schilder die Anfahrt *»Jaufenpaß/Passo del Giovo«*. Die Steigungen beginnen in **Gasteig** (970 m), im vordersten Ridnauntal. **Kalch** (1443 m), eine Hotelsiedlung, ist ungefähr »Halbweg«. Am *Gasthaus Jägerhof* erinnert eine Tafel an den Aufenthalt Andreas Hofers am 9. Mai 1809, dem Vorabend des siegreichen Gefechtes bei Sterzing. Er habe in der *Antoniuskapelle* gebetet, so, wie auf dem Altarbild der hl. Antonius von Padua zu Füßen des Jesuskindes.

Die Straße kurvt durch Lärchen- und Fichtenwälder und gewinnt die Baumgrenze und damit aussichtsreiches Gelände. Zweite Einkehrmöglichkeit 9 Kilometer nach Kalch im **Sterzinger Jaufenhaus** an der 2000-Meter-Marke. Schon 1302 ist hier eine *Kapelle* verbürgt. Die heutige, »Maria Heimsuchung«, war 1660 fertiggestellt; in der Altarnische Maria und Elisabeth, flankiert von Joseph und Joachim. Südlich beeindruckt das glimmerreiche, kühne Schiefergneishorn der Jaufenspitze, links davon die ihrem Namen gerecht werdende Hochplattspitze.

Wenig später haben wir den **Jaufenpaß'** (2094 m) »in der Tasche«, die Verbindungsstelle zwischen Stubaier Alpen und Sarntaler Alpen. Bei Nebel und Kälte – nicht selten der Fall – gewährt die *Bar Edelweiß* willkommenen Unterschlupf, ehe man die Bremsen zieht für die streckenweise exponierte südseitige Abfahrt. Westlich leuchten Firnfelder aus der Texelgruppe. An der sogenannten *»Römerkehre«* (1966 m), zwei Kilometer unterhalb der Paßhöhe, zweigt rechts ein Fahrweg ab zur *Flecknerhütte* (2100 m).

Die Straße führt über den *Leitebenerboden*. Südöstlich ist das Wannsertal in den Sarntaler Alpen eingelagert, deren Gipfel einen mächtigen Wall bilden. Erfrischungen im Kiosk an der *»Glaitenkehre«*. Jetzt trennen uns nur mehr 5,5 Kilometer bzw. vier enge Kehren von **St. Leonhard** (693 m) im **Passeiertal,** durch das wir leichtfüßig radeln. Mittagessen vielleicht nach 1,5 Kilometern im Garten oder in der behaglichen holzgetäfelten Stube des **Sandwirtshauses** (638 m). Anschließend rechts der Passer die letzten 19 Kilometer hinaus nach **Meran** (320 m).

Nützliche Informationen

Entfernungen: Insgesamt 58 km. Sterzing – Jaufenpaß 19 km; Jaufenpaß – St. Leonhard im Passeiertal 19 km; St. Leonhard – Meran 20 km.

Steigung: 1150 Meter.

Unterkunft: In den Orten und an der Strecke.

Camping: • Bei Sterzing in *Ratschings:* Gilfenklamm, 1.4.–31.10., Tel. (0472) 764132 oder 765901. • *Meran*: Meran, 3.4.–2.11., Tel. (0473) 31249, Fax 35524.

Besichtigungen: • *Sterzing,* siehe Tour 1. • Beim *Sandwirt:* Andreas-Hofer-Gedenkraum, Führungen von Ostern bis Anfang September 9–12 Uhr, 13.30–18 Uhr. • *St. Martin:* Heimatmuseum, Mittwoch 17–18 Uhr, Sonntag 10–11 Uhr. • *Meran,* siehe Tour 29.

Fahrradverleih: *Sterzing:* Walters Radlklinik (Walter Bauer).

Auskunft: • Tourismusverein, I-39049 Sterzing, Tel. (0472) 765325, Fax 765441. • Tourismusverein, I-39015 St. Leonhard, Tel. (0473) 656188, Fax 656624. • Tourismusverein, I-39010 St. Martin, Tel. (0473) 641210, Fax 641596. • Tourismusverein, I-39010-Riffian, Tel. (0473) 241076, Fax 241422. • Kurverwaltung, I-39012 Meran, Tel. (0473) 235223, Fax 235524.

Beim Tourismusverein Sterzing ist kostenlos die Broschüre »Mountainbike im Wipptal« erhältlich. Sie enthält zahlreiche mehr oder weniger lange Tourenvorschläge.

3 Von Sterzing nach Bozen

Über das Penser Joch und durch das Sarntal

Tourencharakter: Geringes Verkehrsaufkommen. Ab Elzenbaum durchgehend Steigungen bis 13 %. An der Südrampe (Abfahrt) des Penser Jochs bis 12 %. In den Tunnels vor Bozen Licht anschalten!
Von Bozen regelmäßige Zugverbindungen mit Sterzing.
Verlängerungen, z. B.: • Tour 34 über den Ritten nach Klausen, von dort Zugverbindungen mit Sterzing. • Auf der Südtiroler Weinstraße (Tour 36) nach Salurn; Zugverbindungen mit Sterzing. • Große Dolomitenstraße (Tour 35) nach Toblach; Zugverbindungen mit Sterzing.

Länge der Tour:
64 km.

Höhendifferenz exakt 1263 Meter von **Sterzing** (siehe Tour 1) zum Penser Joch. Fürwahr nicht ohne! Doch ist der Paß alleine der Ruhe und des landschaftlichen Reizes wegen der vier Kilometer längeren, flachen Eisacktalstraße nach Bozen vorzuziehen, ganz zu schweigen vom stinkenden Verkehr dort, der am Radler oftmals haarscharf vorbeizischt, wobei sich vor allem Lkw-Lenker rücksichtslos hervortun.

Unsere Route durchzieht als *Staatsstraße 508* die Sarntaler Alpen, jene ostalpine Gruppe, die hufeisenförmig um das Talsystem der Talfer gruppiert ist. Der Autor erinnert sich noch sehr gut an den holprigen Trip auf der alten Penser-Joch-Straße. Der Ausbau von Sterzing bis Sarnthein war 1937 vollendet, aus strategischen Gründen des Mussolini-Regimes. Erst seit 1969 trägt die Straße eine Asphaltdecke.

Sprechenstein und Reifenstein südöstlich von Sterzing bilden eine »Burgenpforte« Südtirols. *Sprechenstein,* 1241 errichtet, trutzt links des Eisack auf felsiger Warte. Der 24 Meter hohe Bergfried ist einer der sieben Rundtürme des Landes. Die Anlage ist Eigentum des im Salzburger Land ansässigen adeligen Geschlechts Auersperg. Sie darf nicht besichtigt werden. Ganz anders **Burg Reifenstein** der gräflichen Familie Thurn-Valsassina-Taxis, auf einem inselartigen Rücken des 1877 trockengelegten Sterzinger Mooses. In keiner anderen Burg Südtirols begegnet uns das Mittelalter unverfälschter; Führungen. Im benachbarten Dorf **Elzenbaum** saßen die 1365 ausgestorbenen bischöflichen Ministerialen Zant von Elzenbaum im gleichnamigen, um 1300 errichteten Turm.

Auf dem **Penser Joch** sollte man nach der Stärkung im preiswerten *Gasthaus Alpenrose* einige Minuten östlich zum Aussichtsplatz schlendern, um in Ruhe die Rundschau zu genießen. Schwach südöstlich besticht das formschöne Weißhorn, nordwärts der scheinbar unüberwindbare Zentralalpenkamm. Im Süden weckt das Sarntal neue Wünsche und Hoffnungen. Es trennt die Sarntaler Alpen in einen westlichen und östlichen Kamm. Die Bajuwaren ließen sich im 7. und 8. Jahrhundert nieder. Allerdings sprechen vordeutsche Namen wie Talfer, Sarnthein oder Pens für eine frühere Besiedelung; Fundgegenstände weisen sogar in die Bronze- und Eisenzeit (ca. 1800 bis 1815 v. Chr.). Obwohl verkehrsmäßig tadellos erschlossen, konnte Urwüchsigkeit überdauern, hinsichtlich der Natur wie der Bewohner, die Mutterwitz, Schlagfertigkeit und unerschütterliches Festhalten an Traditionen charakterisieren. Das Tal ist Heimat für 6400 Menschen.

Zunächst kommen wir nach **Pens,** das trotz seiner scheinbaren Weltentlegenheit bereits 1177 als »Bennis« in einer Urkunde erscheint und bis 1818 dem Hochstift Brixen unterstand. Die spätgotische *Kirche St. Peter und Paul* trägt 1517 als Weihedatum, dürfte aber älter sein, zumindest sind an der Westmauer über der Empore zwei romanische Steinreliefs eingemauert. **Astfeld** entspricht dem Ortsnamen: Astgabel, Mündung des Durnholzer Tales ins Sarntal. Die Malereien im *Erasmuskirchlein* stammen aus der Gründerzeit (um 1760). Über dem steingefaßten Spitzbogenportal der *Nikolauskirche* in **Nordheim** liest man die Jahreszahl 1555. Damals existierte die Siedlung »Orthain« schon 200 Jahre.

Die »Metropole« bildet **Sarnthein:** 1300 Einwohner, politischer und kirchlicher Mittelpunkt einer Gemeinde mit 27 Fraktionen. Ins »Dorf« kommt man Sonntagvormittag trachtgekleidet zum Kirchgang von den entlegensten Höfen, die mittlerweile größtenteils alle eine Auto-Zufahrt haben. Besonders bunt und turbulent, kirmesähnlich ist die Stimmung während des Sarner Kirchtages am ersten September-Sonntag, zu dem auch ein Viehmarkt gehört. Die Messe liest der Pfarrer in *»Maria Himmelfahrt«* – wie vor 800 Jahren. Seitdem sind viele gekommen und gegangen, u.a. der Sekretär des Tiroler Landesfürsten Sigmund, Hans von Northeim (gest. 1475), dessen Grabstein an der Friedhofsmauer angebracht ist. Am linken Talferufer besuchen Kunstkenner die gotische *Cypriankirche* (Schlüssel im Pfarramt). Großartige Fresken der Bozener Schule aus dem Ende des 14. Jahrhunderts. An der nördlichen Langhauswand, obere Reihe, die Leidensgeschichte Christi; untere Reihe: Motive der Cyprian- und Justina-Legende, Jüngstes Gericht. An der überdachten Fassade das Motiv »St. Cyprian und St. Sebastian« von 1687. Über allem wacht am östlichen Talhang die 1230 unter den Grafen von Eppan errichtete Burg Reinegg mit ihrem 28 Meter hohen Bergfried. Historisches Ereignis: 1263 Hochzeit der Sophie, Tochter der Elisabeth von Eppan und des Hugo von Velthurns, mit Albert Vogt von Matsch, genannt der »Vielfraß«. Es war der Verbund dreier mächtiger Tiroler Geschlechter. Reinegg ist im Besitz der römischen Aristokratenfamilie Cesana.

Bis 1937 endete die Straße von Bozen in Sarnthein. Sie wurde im Laufe der Zeit erheblich verbessert, was vor allem für die 17 Tunnels der Sarner Schlucht gilt. Der mittelalterliche Weg führte rechts oberhalb der Schlucht über Afing und die Burg Rafenstein. Man erinnerte sich seiner wieder, als die Talstraße 1757 unpassierbar geworden war. Erst hundert Jahre später entstand ein neuer Schluchtweg auf dem Talfergrund, den 1957 die Tunneltrasse ablöste.

Und so wie im Eisacktal bei Sterzing zwei Burgen den Auftakt bilden, sind es am Talferbett vor Bozen ebenfalls zwei Burgen. Zunächst die niemals eroberte Wasserburg *Ried,* gekrönt von einem 40 Meter hohen Bergfried aus Porphyrquadern. Danach **Runkelstein** aus der Zeit um 1240, »Glanz des Etschlandes und der Künste«, wie der Reiseschriftsteller Heinrich Noë vor einem Jahrhundert schwärmte. Am besten schiebt man das Fahrrad die 5 Minuten hoch zum wehrhaften Torbau; unten auf dem Parkplatz Diebstahlgefahr! Die Führungen beginnen im romantischen Burghof.

»Noch heute freut's mich, o Runglstein,
Daß einstmals zu guter Stunden
In der Talfer felsenges Bett herein
Zu dir den Weg ich gefunden«

Pflichten auch Sie jetzt dem Dichter Victor von Scheffel (1826–1886) bei?

Streckenbeschreibung

Von **Sterzing** auf der *Staatsstraße 12* etwa 2 Kilometer Richtung Brixen-Bozen. Zu Füßen der Burg Sprechenstein zweigt vor der Eisenbahnüberführung rechts ein Sträßchen an die Basis des Burgberges von **Reifenstein** ab, von der ein Pfad in 5 Minuten zum Eingang hochführt.

Anschließend steil und gewunden durch **Elzenbaum** (983 m). Vorbei am *Gasthaus Goldener Löwe,* in dem Erzherzog Ferdinand Karl von Österreich 1896 weilte, stößt man auf die **Penser-Joch-Straße.** Energisches Pedaletreten im Wald auf langer Geraden, die von einem Tobel unterbrochen wird. Das exponierte, malerische Hofensemble **Egg** (1498 m) liegt 50 Meter abseits der Straße, auf halber Strecke der Nordrampe. Sie durchzieht nun in den Flanken des Egger Obertales die Südhänge der Weißen Wand, des Zinseler und des Hühnerspieles. Südlich bereichert die massige Tatschspitze das Blickfeld.

Die Penser Alm an der bis zu 12 Prozent steilen Südrampe der Penser-Joch-Straße ins Sarntal. Im Hintergrund die Tatschspitze.

Im urwilden »Maggnerkessel« der Sarner Schlucht öffnet sich wie mit einem Schlag der Blick auf den Johanniskofel, dessen Gipfel Scherbenfunde aus der Steinzeit freigab.

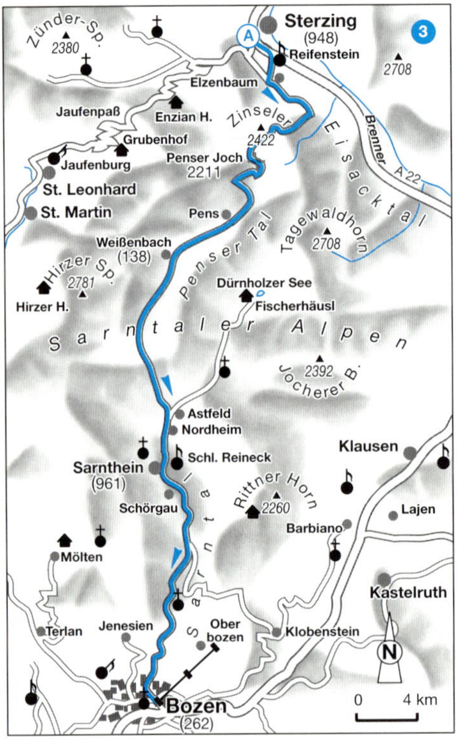

Die »Qual« endet auf dem **Penser Joch** (2211 m). Kühler Wind streicht durch den Sattel, aus dem sich die Straße ins **Sarntal** senkt, nach **Pens** (1450 m). **Weißenbach** (1338 m) breitet sich an der Mündung des gleichnamigen Baches auf einer Talweitung aus. *Rabenstein* bleibt rechts liegen, ebenso das hochgelegene *Aberstückl* (1,5 km). In **Astfeld** (1021 m) haben wir das hauptsächliche Gefälle hinter uns. Mühelos beschwingtes Rollen! Bei der Kirche in **Nordheim** (980 m) nimmt man die Straße rechts direkt nach **Sarnthein** (961 m).

Vom *Kirchplatz* mit der *Andreas-Hofer-Straße* bergan, vorbei an der Apotheke (früher Pfarrhaus). Kurz danach links und parallel zur Talfer in das ehemalige **Bad Schörgau** (930 m). Anschließend, jenseits der *Talfer*, sind wir wieder auf die *Staatsstraße* angewiesen, **Bundschen** (923 m) passierend. Die Wirtschaft **Halbweg** (601 m), einst Umspannstation der Stellwagen von Bozen, markiert seit Menschengedenken die Hälfte der Strecke Sarnthein – Bozen. Abermals über die *Talfer.* Das *Moarhäusl,* 2,5 Kilometer nach Halbweg, war eine beliebte Einkehr. Die Landschaft gewinnt an Dramatik. Es folgt der erste Tunnel. Dunkelheit und Licht alternieren im Gewirr der sich türmenden Porphyrwände! Unmittelbar nach Tunnel 14 überspannt links eine 33 Meter lange Hängebrücke (zur Jausenstation Steinmannhof, ¾ Std.) den sogenannten *»Maggnerkessel«,* den atemberaubendsten Abschnitt der **Sarner Schlucht,** aus der in unheimlicher Steilheit der Johanniskofel 230 Meter hochschnellt. Kaum zu glauben: Der Gipfel gab steinzeitliche Scherbenfunde frei.

Aufatmen in der *»Sill«* (322 m), der Flur an der Talöffnung. Im Talferbett steht **Burg Ried,** heute ein bäuerliches Anwesen. Wenig später links und zu Füßen von **Runkelstein** auf der *St.-Heinricher-Straße* nach **Bozen** (siehe Tour 34).

Nützliche Informationen

Entfernungen: Insgesamt 64 km. Sterzing – Penser Joch 17 km; Penser Joch – Sarnthein 28 km; Sarnthein – Bozen 19 km.
Steigung: 1300 Meter.
Unterkunft: In den Orten und an der Strecke; u. a. Gasthaus Alpenrose auf dem Penser Joch.
Camping: • Bei Sterzing in *Ratschings:* Gilfenklamm, 1.4.–31.10., Tel. (0472) 764132 oder 765901. • *Bozen-St. Moritzing:* Moosbauer, Tel. (0471) 918492, Fax 204894.
Besichtigungen: • *Sterzing,* siehe Tour 1. • *Reifenstein:* Führungen 9.30, 10.30, 14, 15 Uhr, freitags und jeweils am 5. und 20. des Monats geschlossen. • *Runkelstein:* Führungen 9–12 Uhr, 14.30–17.30 Uhr, Sonntag 10–13 Uhr, Montag geschlossen. • *Bozen,* siehe Tour 34.
Fahrradverleih: *Sterzing:* Walters Radlklinik (Walter Bauer).
Auskunft: • Tourismusverein, I-39049 Sterzing, Tel. (0472) 765325, Fax 765441. • Tourismusverein Sarntal, I-39058 Sarnthein, Tel. (0471) 623091, Fax 622350. • Tourismusverein, I-39100 Bozen, Tel. (0471) 970660, Fax 980300.
Beim Tourismusverein Sterzing ist kostenlos die Broschüre »Mountainbike im Wipptal« erhältlich.

4 Von Sterzing ins Pfitschtal

…und auf das Pfitscher Joch

Tourencharakter: Wenig befahrene Straßen. Steigungen (bis 11 %) hinter Wiesen (948 m) zum Stausee (1362 m) sowie ab Stein (1530 m) im Talschluß zum Pfitscher-Joch-Haus (2276 m) bis 12%.
Weniger Leistungsfähige belassen es beim Erreichen des Weilers Stein.

Länge der Tour:
65 km; bis Stein 44 km.

Am **Pfitschtal** eilen die Massen – im wahrsten Sinn des Wortes – auf Straßen und Schienen vorbei. Gar nicht weit von **Sterzing** (siehe Tour 1) entfernt, erwartet uns auf der Südseite der Zillertaler Alpen eine noch unverfälschte, 32 Kilometer lange Talschaft, hochgelegen und von herbem Charakter, die eine Gemeinde mit 2534 Einwohnern bildet. Ihr Sitz ist die Ortschaft **Wiesen** unweit der Mündung des Tales in den Sterzinger Kessel. Die *Pfarrkirche Hl. Kreuz* geht ins 14. Jahrhundert zurück und wurde 1830 im Inneren entgotisiert. Das Deckengemälde versinnbildlicht u.a. die Verehrung des Heiligen Kreuzes und den Einzug des Kaisers Heraklius mit dem Kreuz. Unter den Holzskulpturen besticht ein spätromanisches Kruzifix aus der 1. Hälfte des 13. Jahrhunderts.

Taleinwärts tritt dem Radler eine Steilstufe entgegen: Folge eines riesigen Bergsturzes in grauer Vergangenheit. Die Felsbrocken stauten den Pfitscher Bach und ließen einen schätzungsweise zehn Kilometer langen See entstehen. Durch seine Verlandung mit dem Geschiebe der einfließenden Bäche entstand nach dem Ausbruch des Gewässers, seinem »hinauspfitschen« um das Jahr 1100, der obere Talboden. Ein kleiner, 1927 gestauter **See** blieb zurück. Spätestens ab seiner Mauer vermeint man die Kühle der Bergeshöhen zu spüren. In **Kematen** verdient der weiße Marmor-Weihwasserstein des Jahres 1578 in der *Pfarrkirche St. Nikolaus* Interesse. Das Hochaltarbild »Hl. Nikolaus« signierte der Maler Anton Stieß 1768. **St. Jakob** ist der Hauptort des *Innerpfitsch*. Der »Strahler« Alois Graf zeigt Besuchern im Gallhof (Nr.64) gerne seine *Mineraliensammlung.* Überhaupt gilt das Pfitsch als ungewöhnlich mineralienträchtig. Man spricht von sechzig Mineralien; neben anderen kommen hellrote Granate, Kristalle, Turmalin vor. Die *neue Pfarrkirche* ist 1824 dem hl. Jakob geweiht worden. Seine Enthauptung stellt ein Deckengemälde dar. Die *alte Pfarrkirche* steht an der Straße hinter dem Ort. Von der gotischen Substanz sind das Portal, die Sakristei und der Spitzturm erhalten. Früher wallfahrteten hierher Frauen, die unter Haarausfall litten, und brachten als Votivgaben zu Zöpfen geflochtenen Flachs.

Stein ist der hinterste Weiler. Dort beginnt die nichtasphaltierte Militärstraße zum uralten Übergang **Pfitscher Joch** in den österreichischen Zemmgrund mit dem Schlegeis-Speicher. Auf dem rund 2200 Meter hohen plateauähnlichen Jochsattel glitzert rund ein Dutzend Seen in glazialen Mulden zwischen begrasten Felshöckern und verleiht der Landschaft am Alpenhauptkamm ihren unverkennbaren Reiz. Längs der feuchten Ufer nicken Wollgrasköpfe im kühlen Wind. Zum Glück wurde die von österreichischer Seite aus geplante Straße nicht realisiert, sonst wäre das Joch sicherlich ein Allerweltspaß mit all seinen unerfreulichen Begleiterscheinungen geworden. So bleibt der Übergang nur für Fußgänger und Mountainbiker geöffnet: Ende Juni bis Ende September zwischen 7 und 21 Uhr. Das 1966 in einer für Südtirol turbulenten Zeit – Bombenanschläge, Angriffe auf italienische Militäranlagen durch Tiroler Separatisten – gesprengte **Pfitscher-Joch-Haus** entstand 1980 neu als privater Berggasthof in großartiger Szenerie.

Streckenbeschreibung

In **Sterzing** (948 m), vom *Bahnhof* am östlichen Stadtrand, bereits auf Pfitscher Grund, läuft die Tour gemütlich an. Durch die Unterführung, entlang der Kaserne, dann auf dem Radweg. Nordöstlich grüßt das Gipfelkreuz vom Saun. Links der Straße die oktogonale, 1681 geweihte **Heiliggrabkapelle.** Zurückversetzt zeigen sich die weißen Mauern von Schloß Moos (Seniorenheim).

Beim Stausee an der Pforte des Hochtales von Pfitsch wird Kematen sichtbar. Im linken Bildteil die markante Pyramide des Wolfendorn.

Der Radweg endet in **Wiesen.** Durch den Ort und entlang des *Pfitscher Baches.* Die 1933 ausgebaute Talstraße bleibt noch eine Weile eben. Erst nach dem Überqueren des Pfitscher Baches steigt sie an. Eine Erfrischung im netten *Gasthaus Simeler* im Weiler **Afens** (1250 m, 7 km von Sterzing) mit einer *Schutzengelkapelle* wäre wohl verfrüht! Nach einem kurzen Flachstück zeigt die Straße ihre Zähne. An der Rechtskurve stürzt links oberhalb der *Pfitscher Bach* klammähnlich über Felsen. Das Asphaltband holt zu einer Schleife aus, die uns bei der **Staumauer** (1362 m) das Hochtal erreichen läßt. Kematen tritt ins Blickfeld. Im Norden erkennt man den markanten Wolfendorn, links davon das Felstürmchen Wolfendornkind. Durch den Weiler **Ried** (1367 m). In **Fußendraß** (1387 m) nehmen wir links die alte, schmale Straße. Über dem Talschluß erscheint die am Gipfel vergletscherte Weißspitze. Der Topograph Staffler sah vor 150 Jahren in **Kematen** (1441 m) »ein Bild holdester Einsamkeit«. Und daran hat sich gar nicht viel geändert. Wir bleiben auf der alten Straße, fahren also durch den Siedlungskern des Hochtales. Rechter Hand dominieren die Zacken und Gipfel – Grabspitze, Felbespitze, Rotes Beil – des Kreuzspitzkamms der Pfunderer Berge, links begleitet uns der Tuxer Kamm. Und im Vorblick zeigt die Rotbachlspitze ihr braun-rötliches Gestein.

Die Strecke gönnt etwas Erholung. *Rain* und *Platz* sind Höfegruppen, ehe man in **St. Jakob** (1449 m) eintrifft. Noch 4,5 Kilometer, dann endet der Asphalt beim untersten Hof des Weilers **Stein** (1530 m) – 22 Kilometer vom Ausgangspunkt.

Wir müssen uns entscheiden! Der »dickste Brocken« liegt vor uns: 11 Kilometer

Nach der Auffahrt zum Pfitscher Joch: Blick von der Seenplatte zur Hochfernerspitze (links) und Weißspitze der Zillertaler Alpen.

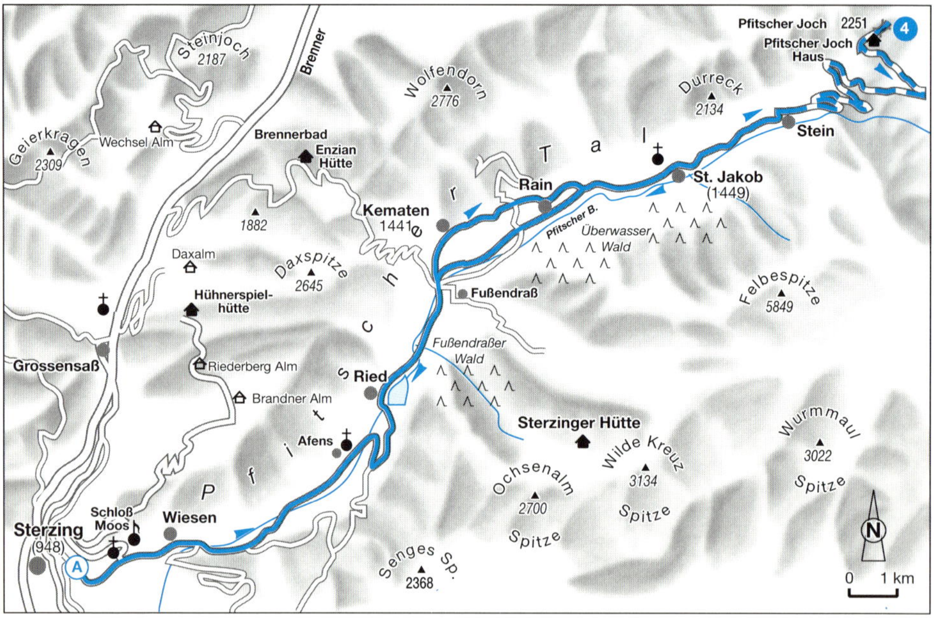

Schotterstraße in langen Schleifen plus fast 750 Höhenmeter ins Pfitscher Joch. Wer sich das nicht zutraut, nimmt entweder den im Sommer verkehrenden Kleinbus zum Pfitscher Joch oder radelt gemütlich wieder zurück. Immerhin waren es von Sterzing bis Stein schon annähernd 600 Höhenmeter.

Die **Pfitscher-Joch-Straße** indes verlangt mehr Kondition und – belohnt mit zunehmend großartigeren Ausblicken. Verdiente Pause an der 5. Kehre (2050 m), etwa 8 Kilometer nach Stein. Östlich erhebt sich herausragend Hochfernerspitze, aus deren Nordwand zerrissene Hängegletscher – Hoch- und Grießferner – wie Krakenarme greifen. Dahinter wölbt sich das Eishaupt des Hochfeilers (3509 m), einer der höchsten Gipfel der Zillertaler Alpen.

Eine lange Gerade bringt uns zu den letzten Kurven des **Pfitscher Jochs** (2251 m) an der Landesgrenze, unweit der das **Pfitscher-Joch-Haus** (2276 m) auf einer Kuppe sitzt.

Wieder drunten in **Stein** (1530 m) bleiben wir auf der breiten Talstraße. Wirtshäuser, wie der »*Hochfeiler*« mit einem Garten oder der »*Knappenhof*«, verführen zur Einkehr, sofern man sich zu dieser nach kurzer Steigung hinter dem **Stausee** nicht erst in **Wiesen** oder **Sterzing** entschließt.

Nützliche Informationen

Entfernungen: Insgesamt 65 km. Sterzing-Bahnhof – Wiesen 2 km; Wiesen – Kematen 12 km; Kematen – Stein 8 km; Stein – Pfitscher Joch 11 km; Pfitscher Joch – Sterzing-Bahnhof 32 km.

Steigungen: Insgesamt 1350 m. Sterzing – Stein 600 m; Stein – Pfitscher Joch 750 m.

Unterkunft: In den Orten und an der Strecke; u.a. im Pfitscher-Joch-Haus, 30 Betten, 20 Matratzenlager; geöffnet Ende Juni bis Ende September; Tel. (0472) 601 19.

Camping: Bei Sterzing in *Ratschings:* Gilfenklamm, 1.4.–31.10., Tel. (0472) 7641 32 oder 765901.

Besichtigungen: *Sterzing,* siehe Tour 1.

Fahrradverleih: • *Sterzing:* Walters Radlklinik (Walter Bauer). • *Wiesen:* Hotel Monika.

Auskunft: • Tourismusverein, I-39049 Sterzing, Tel. (0472) 765325, Fax 765441.
• Tourismusverein Wiesen-Pfitsch, I-39040 Wiesen, Tel. (0472) 765730, Fax 767340.
Bei den Tourismusvereinen ist kostenlos die Broschüre »Mountainbike im Wipptal« erhältlich.

5 Meransen und Fanealm

Von Mühlbach im Pustertal

Tourencharakter: Verkehrsarme Strecke. Steigung nach Meransen bis 11 %, nach Vals bis 8 %, zur Fanealm 11 %.
Erleichterung: Mit der Seilbahn (Fahrradbeförderung) von Mühlbach nach Meransen. Betriebszeiten Mitte Juni bis Mitte Oktober ab 8.30 Uhr stündlich (außer 12.30 Uhr).

Länge der Tour: 39 km.

Alte Dokumente rühmen die Bedeutung der über 700 Jahre alten Marktgemeinde **Mühlbach** als Umschlagplatz des Handels zwischen dem süddeutschen und venetischen Raum. Die Durchgangsstraße ist stellenweise so schmal wie seinerzeit. Das gilt auch am westlichen Ortsrand für die granitene Bogenbrücke des Valser Baches, die der österreichische Kanzler Metternich 1840 im Zuge der geplanten Reichsstraße durch das Pustertal errichten ließ. Der 1995 fertiggestellte Umfahrungs-Tunnel entflocht den bis dato permanent chaotischen Verkehr in der Pforte des Pustertales! Vorangegangen war 1994 die Fußgängerzone im Dorfkern um den *Kirchplatz,* einer der schönsten Südtirols, den kaum ein Reisender beachtet. Wie lange steht hier schon *St. Helena?* Vor der romanischen, 1277 erwähnten Kirche gab es bereits ein Gotteshaus. Romanisch sind augenscheinlich noch die Langhausmauern, spätgotisch der Turm. 1975 wurde die Ostseite halbkreisförmig erweitert bzw. das im 17. Jahrhundert angebaute Seitenschiff abgebrochen. Das 1983 freigelegte Freskofragment »Kreuzauffindung der hl. Helena« aus der Zeit um 1500 wird Friedrich Pacher, vermutlich ein Verwandter des berühmten Michael Pacher, zugeschrieben. Die Malereien an der Außenwand der zweigeschossigen *Friedhofskapelle St. Florian* von 1482 sind leider stark verwaschen. Wenn Sie genau hinsehen, erkennen Sie u.a. einen Engel und den Teufel, streitend um die Seele eines Sterbenden! Die erkergeschmückte *Kandlburg* beim Kirchplatz, einst landesfürstliches Büchsenmeisterhaus sowie Gerichtssitz (1698–1840), ist seit 1989 Hotel.

Jene Leute, die früher zu den Jungfrauen von **Meransen** pilgerten, stiegen barfuß von Mühlbach über das Quellheiligtum Jungfrauenrast, wo am Bildstock die heraufgetragenen Steine abgelegt wurden, und weiter auf der kopfsteingepflasterten »Katzenleiter«. Dann kam die Straße sowie eine Seilbahn nach Meransen. Mittlerweile ist bei sportlichen Besuchern das Fahrrad in Mode, zumal die Plage – 650 Höhenmeter, 8,5 Kilometer – zweifellos dem Wallfahrtsgedanken gerecht wird. Der Kult hat in Meransen eine mehr als sechshundertjährige Tradition, wenn man davon ausgeht, daß 1382 eine Wochenmeß-Stiftung zu Ehren der »Meranser Jungfrauen« belegt ist. Alljährlich findet anläßlich ihres Festes am Sonntag nach dem 16. September eine Prozession statt. Die Verehrten heißen Aubet, Cubet, Guerre und seien burgundische Königstöchter gewesen, die es auf der Flucht vor den heidnischen Horden Attilas über Latzfons und Klausen auf das Hochplateau verschlagen habe. Eine kleine Kirche existierte 1252. Sie erfuhr 1472 Umbau und neue Weihe. Davon sind noch der Fassadenturm in Quadernbauweise, die Turmhalle sowie an ihrer äußeren Südwand das Christophorusfresko vorhanden. Das heutige *St. Jakob* weihte man 1780

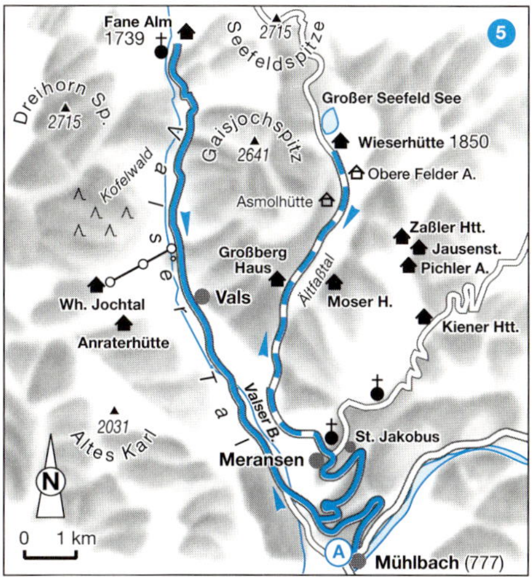

dem Pilgerpatron. Selbstredend erfuhren die Jungfrauen gebührende Würdigung, und zwar 1776 durch ein hinsichtlich Komposition und lichter Farbgebung typisch deutschtirolisches Rokoko-Deckengemälde im Schiff: Bauern erflehen in freier Landschaft die Hilfe der Drei (gegen Trockenheit und Dürre). Im rechten Seitenaltar stehen die um 1520 gefertigten Holzskulpturen der Gekrönten. Und selbst im profanen Rahmen, gemalt 1981, sind sie vertreten: neben der Kirche am *Gasthaus Stubenruß* im linken Teil der Fassade; rechts im Medaillon die flüchtenden Jungfrauen vor zwei galoppierenden Hunnen.

Meransen liegt sonnenverwöhnt am Südrand der einsamen Pfunderer Berge. Die Ausblicke reichen bis zum Peitlerkofel in den Dolomiten. Rund 2000 Fremdenbetten fördern den Tourismus sommers wie winters. Etwas einfacher blieb es im **Valser Tal,** nebenan sozusagen, obwohl auch das 430-Seelen-Dorf **Vals** 1500 Gästebetten offeriert. Das rund 15 Kilometer lange, ab dem 13. Jahrhundert besiedelte »Valler Tal«, so der Volksmund, im unteren Teil schmal, dahinter breiter werdend, führt von Mühlbach nördlich in die Pfunderer Berge. Dort verbirgt sich das nur zu Fuß oder mit dem Radl erreichbare Kleinod **Fanealm.** Angehörige der Familie Masl stifteten 1898 das Marienkapellchen. Die »Fane« reicht ins 15. Jahrhundert zurück, bestätigt der 1450 gesiegelte »Ötscherbrief«. Fane soll von dem rätoromanischen Begriff »phanna« (=Pfanne als Haushaltsgerät) abgeleitet worden und dem ladinischen »Fanes/Fanis« gleichzusetzen sein, was sich auf die landschaftliche Struktur des Almkessels beziehen könnte.

Streckenbeschreibung

Die beschilderte Bergstraße nach Meransen setzt in **Mühlbach** (777 m) übergangslos an. Bald haben wir Tiefblicke auf die gestaute Rienz. Südöstlich zeigt sich der gewölbte

Die letzten Meter zur idyllischen Fanealm im obersten Valser Tal der Pfunderer Berge, einer Untergruppe der Zillertaler Alpen.

Plosestock. Nach 3 Kilometern zweigt links die Straße nach Vals ab. Wir fahren die Rechtskurve aus. Anhaltend steil! Rechts am Straßenrand sind alle 500 Streckenmeter Täfelchen angebracht, die das Vorwärtskommen »dokumentieren«. Sobald uns das »Grüß Gott in Meransen« begrüßt, sind es noch 1,5 Kilometer zur Kirche in **Meransen** (1414 m).

Zurück, und nach 5,5 Kilometern rechts einschwenken ins **Valser Tal,** das uns mit einem Tunnel empfängt. Gegensteigung, jedoch nicht mehr so steil wie nach Meransen, vor dem Aufschwung nach **Vals** (1354 m) sogar ein Stück eben. Vorbei an dem im 17. Jahrhundert gegründeten, zu einem modernen Hotel erweiterten *Gasthof Masl* vollends hoch in den Ort.

Nach dem Hotel Alpenrose geht es eben am *Valser Bach* entlang. Beiderseits Berge: rechts Gaisjochspitze, links Plattspitz und Dreihornspitze. Linker Hand die Talstation der *Jochtal-Sesselbahn.* Ab dem *Parkplatz* ist das Sträßchen zwischen 9.30 Uhr und 17 Uhr für den Kfz-Verkehr gesperrt, so daß wir nun unbehelligt davon die Tour fortsetzen. Eng wird es am »Ochsensprung«, dem steilen Sträßchen mit engen Kurvenradien zum Ende des Asphalts (1725 m). Dann nur mehr wenige Meter zur **Fanealm** (1739 m). Jetzt dürfen wir uns in der *Jausenstation Zingerlehütte,* die auch acht Matratzenlager hat und von Anfang Juli bis Mitte September bewirtschaftet ist, unbesorgt eine »Halbe« schmecken lassen. Die Aufgaben des Tages sind erledigt!

Nützliche Informationen

Entfernungen: Insgesamt 39 km**.** Mühlbach – Meransen 8,5 km; Meransen – Vals 10,5 km; Vals – Fanealm 6 km; Fanealm – Mühlbach 14 km.
Steigung: Rund 1400 Meter.
Unterkunft: In Mühlbach, Meransen und Vals.
Tourenverlängerung: In **Meransen** ab der Kirche (1414 m) bergan auf der asphaltierten Dorfstraße, vorbei an der originellen *Jausenstation Alte Mühle* und dem *Berggasthof Großberghütte* (1638 m) zum *Hinterwalderhof.* Anschließend auf der Forststraße durch das *Altfaßtal* zum **Almgasthof Wieserhütte** (1850 m). Hin und zurück 16 Kilometer, Steigung 430 Meter.
Fahrradverleih: *Vals:* Bar zur Mühle (neben der Talstation der Sesselbahn). Günstig, wenn man nur von Vals zur Fanealm radeln will!
Auskunft: • Tourismusverein Mühlbach-Vals-Spinges, I-39037 Mühlbach, Tel. (0472) 849467, Fax 849849. • Tourismusverein, I-39037 Meransen, Tel. (0472) 50197, Fax 50125.

Im Ferienort Meransen, im Hintergrund der leicht gewölbte Gitschberg, ist die erste Hürde des Tages geschafft.

6 Die Pustertaler Sonnenstraße

Zwischen Terenten und Bruneck

Tourencharakter: Mit Ausnahme der Pustertal- und der Gadertalstraße verkehrsarme Strecke. Erwähnenswerte Steigung 9 km (bis 12%) von Niedervintl über Terenten zum Unterschnurrerhof. Gefälle (bis 10%) hinter Pfalzen ins Pustertal.
Die Tour kann an jedem beliebigen Punkt entlang der Strecke angetreten werden!

Länge der Tour:
46 km (ohne Abstecher).

Verglichen mit dem verkehrsgequälten Unterpustertal, herrschen auf dem 200 Meter bis 500 Meter höher gelegenen, vom eiszeitlichen Tauferer Gletscher geschliffenen »Obergeschoß« zwischen Terenten und Pfalzen, den südlichen Randzonen der Pfunderer Berge, für Radfahrer paradiesische Verhältnisse. Es ist das landschaftlich reizvollste und längste Mittelgebirge des Pustertales mit annähernd klimatischen Werten wie Bruneck. »Dieses Gebirge gestattet eine einzig schöne Aussicht nach Süden und Osten, selbst noch auf die fernen Dolomitzacken der Pragsergebirge, die im Abendsonnenschein wie eine im griechischen Feuer beleuchtete Feenburg mit Zinnen und Türmen rosenroth und veilchenblau zwischen den dunkelgrünen Vorbergen zauberhaft hervorstrahlen«, schwärmte der Tiroler Topograph Johann Jakob Staffler (1783–1868).

Unseren »Einstieg« aus dem Pustertal vermittelt **Niedervintl,** Sitz der Gemeinde Vintl, die 1929 aus Niedervintl und Obervintl entstand und 1994 tausendjähriges Bestehen feierte. Die *Pfarrkirche Mariä Verkündigung* wurde unter dem Einfluß des eben vollendeten Domes in Brixen 1760 errichtet und 1763 geweiht«, bemerkt Josef Weingartner.

Den Reigen der Aussichtswarten eröffnet **Terenten,** erstmals erwähnt 995 als »Torrentum«, was mit dem romanischen »torrénte« (Wildbach) zusammenhängen dürfte. In der Aussprache des Ortsnamens wird der erste Selbstlaut betont: Térenten. Am Terner Bach reckt sich ein Dutzend rötlich-brauner, gelber und grauer Erdpyramiden, herausgewittert aus dem Moränenschutt. Entlang des Baches hat die Gemeinde 1993 einen *Mühlen-Lehrpfad* eröffnet, da noch zahlreiche Radmühlen gut erhalten waren bzw. in Privatinitiative fachgerechte Renovierung erfahren haben und eine Rückblende in das bäuerliche Leben vermitteln, als die Bevölkerung wegen der schwierigen Erreichbarkeit des Dorfes gezwungen war, sich so gut wie möglich selbst zu versorgen. Gemahlen oder gestampft wurden überwiegend Roggen, Weizen und Hafer. Und sie klappert und mahlt schon wieder, die Mühle am rauschenden Bach: als Touristenattraktion von Mitte Juni bis Mitte September Montag 10 Uhr bis 13 Uhr.

Die *Landesstraße 70* erschließt das Plateau verkehrsmäßig. In **Hofern** steht unweit des *Restaurants Lärchhof* die spätgotische Kirche *St. Martin* mit einem kostbaren geschnitzten Flügelaltar aus der Zeit um 1520. Oben im Schrein: Maria und Jesuskind zwischen Martin und Sylvester, darunter Anna-Selbdritt mit Jochaim und Joseph.

Die nächste Sehenswürdigkeit ist ein Naturwunder. Es entgeht allen Vorbeieilenden: 300 Meter vor der *Grünbachbrücke* (Häusergruppe Mühlen) steht rechts der Straße die sogenannte **»Schlangenfichte«.** Ihre Zweige wachsen, an den Stamm geschmiegt, nach unten. Links oberhalb der Straße steht die Mitte des 12. Jahrhunderts durch Ministerialen des Fürstbischofs von Brixen errichtete *Burg Schöneck.* Sie ist wahrscheinlich die Geburtsstätte (1377) des Dichters, Minnesängers und Abenteurers Oswald von Wolkenstein.

Bei **Issing,** 400 Meter nördlich in den Wiesen der Höfegruppe Hasenried, stiftete der Bauer Jakob Kofler 1716 in Erfüllung eines Gelübdes die *Brunnenkapelle.* Sie bezieht ihr, laut Volksglauben, bei Augenleiden helfendes Wasser aus einer nahen Felsenquelle. Vor der Stiftung des Quellheiligtums könnte hier eine vorchristliche Kultstätte gewesen sein!

Pfalzen, uralter bajuwarischer Siedlungsboden, ist der Hauptort an der **Pustertaler**

Konservierte Mauerreste der im ersten nachchristlichen Jahrhundert gegründeten, bis ins frühe 6. Jahrhundert bestehenden Römerstation Sebatum an der Pustertalstraße vor Sonnenburg.

Eine der ehemaligen Kornmühlen an dem 1993 eröffneten Mühlen-Lehrpfad bei Terenten am Beginn der Pustertaler Sonnenstraße.

Sonnenstraße. Schon 1177 findet die *Cyriakuskirche* Erwähnung. Der heutige Bau wurde 1854 geweiht. Ihr Weihwasserstein aus Granit trägt das Steinmetzzeichen 1578. Westlich in freier Feldflur lockt ein spätgotisches Kleinod: **St. Valentin.** Die Außenfresken – Maria Heimsuchung, Kreuzigungsgruppe, Valentin und zwei Heilige – stiftete »hans mair in veld und sein hawsfraw margret«, wie die 1434 datierte Inschrift verrät. Im Inneren legte man an der Nordwand Malereien des späten 15. Jahrhunderts frei: rechts Passionsszenen, links gute und schlechte Taten. Die Gewölbeabschlußsteine sind ornamental sowie mit Wappen verziert, u.a. mit dem der Grafen Künigl von Ehrenburg.

Im Pustertal angelangt, sollte man auf keinen Fall **Sonnenburg** ignorieren! Der zur Rienz steil abbrechende Hügel ist seit 4000 Jahren bewohnt. Um 1020 trat an die Stelle der Gaugrafenburg »Suanapurc« ein adeliges Benediktinerinnenstift. Das Kloster (Hotel im Wohntrakt) ließ Kaiser Joseph II. 1785 aufheben. Erhalten sind die Ringmauer, die Krypta der romanischen Kirche mit spärlichen Freskoresten und einer Ausstellung von Fundgegenständen; über der Krypta die Sakristei als Museum der sakralen Sonnenburg. Früher, bereits im 12. Jahrhundert, als die Talstraße über Sonnenburg verlief, gewährte das *Johannisspital* Unterkunft. Die *Johanniskirche,* zu deren Spitzbogenportal eine Freitreppe führt, wurde auf einem Felsblock angebaut.

Bei *St. Lorenzen* war der Autor 1984 Zeuge der Ausgrabungen von Teilen der Römerstation **Sebatum.** Sie erstreckte sich beiderseits der Rienz auf einer Länge von etwa zwei Kilometern und existierte vom 1. bis ins frühe 6. Jahrhundert.

Das Gadertal wird bei **Montal,** einer Fraktion von St. Lorenzen, westwärts verlassen. In der 1504 geweihten *Kuratiekirche St. Margarethe* malte Josef Renzler 1822 die Patronin auf das Altarbild. Rund 450 Jahre älter ist die gotisch freskierte Margarethe in den Vierpässen (neben Maria mit Kind, hl. Mönch usw.) von Friedrich Pacher.

Nach der Fahrt durch das abgeschiedene Montal begegnet uns in **Ehrenburg** eines der ganz wenigen, noch in ihrem Stammschloß residierenden, einflußreichen mittelalterlichen Grafengeschlechter Tirols. Es wohnt in einem Seitentrakt der Ehrenburg: Karl Graf Künigl und sein Sohn Erich Graf Künigl mit Familie. Die Gräfin führt die Besucher an Werktagen durch das Schloß. Zusammen mit Wolfsthurn bei Mareit (siehe Tour 1) vertritt die Ehrenburg den Barock unter Südtirols Schlössern. Trotzdem stellt die Anlage ein Unikum dar, weil sie, im Gegensatz zu dem barock gegründeten Wolfsthurn, erst nach und nach mittelalterlichen Substanzen entschlüpfte, vor allem im Spätbarock unter Caspar Ignaz Graf Künigl. Der gestrenge Brixner Fürstbischof (1702–1747) und sein Bruder, Sebastian Graf Künigl, brachten in ihrem Stammhaus den Repräsentationswillen weltlicher und geistlicher Herren durch überreichen plastischen und malerischen Schmuck zum Ausdruck. Hinter dem Schloß auf prähistorisch besiedeltem Hügel thront die *Pfarrkirche Mariä Himmelfahrt,* eine der schönsten Barockkirchen des Landes. In der Krypta die Gnadenkapelle der »Kornmutter«. Die Sonnenuhr an der Außenmauer wird komplettiert von einer Ansicht des Schlosses vor dem Barockumbau. An der Südseite ruhen die Grafen Künigl in schlichten Gräbern.

Vor der Rückfahrt stärken wir uns im rustikalen *Gasthof Knapp* (Montag geschlossen) mit Pustertaler Spezialitäten. Wer Lust hat, kann dort eine typische alte Pustertaler Küche samt Hausrat besichtigen.

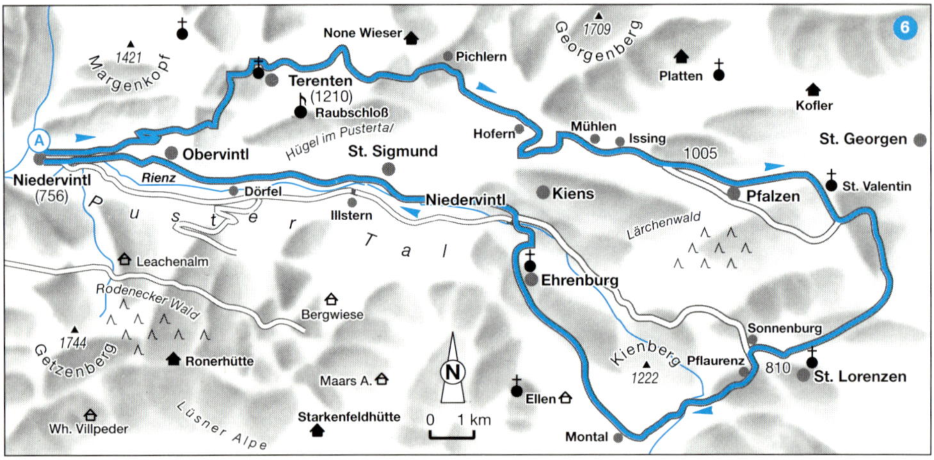

An der hektischen **Pustertalstraße** verdient allein der abseits gelegene alte Ortskern von **St. Sigmund** einen kleinen Umweg, denn die *Pfarrkirche* hat außer herrlichen Fresken einen überregional angesehenen Flügelaltar aus der Zeit um 1430/40 und somit einen der ältesten erhaltenen der Spätgotik, der auch die für das Pustertal typische Gesamtarchitektur entspricht.

Streckenbeschreibung

In **Niedervintl** (756 m) von der *Kirche* ins Dorf und nach 400 Metern rechts halten, der nach Terenten weisenden Tafel folgen. Die *Landesstraße 77,* 1994 streckenweise erweitert und gegen Steinschlag gesichert, führt ein Stück parallel zur Staatsstraße. Anschließend durch Wald, frühmorgens den Schatten der hohen Fichten genießend. Zwei Kehren sorgen für Höhengewinn, ehe wir von der Mulde des Terner Baches aufgenommen werden.

Mit **Terenten** (1210 m) beginnt die aussichtsreiche **Pustertaler Sonnenstraße** in Ostrichtung. Links führen Stichstraßen ins alpine *Winnebachtal* sowie zur *Jausenstation Nunewieser* (3 km). Südlich des Pustertales wölben sich die Höhen der Lüsener Alpe. In Pichlern steht links oberhalb der Straße der ehemalige, rechts der neue **Unterschnurrerhof.** Pustertal- und Dolomitenblicke! Rund 6 Kilometer nach Terenten lassen wir die Höfegruppe von **Hofern** (1170 m) zurück. Vor **Mühlen** (960 m) heißt es aufpassen, um das erwähnte Naturwunder **»Schlangenfichte«** nicht zu übersehen! Ist dies passiert, fährt man halt vom *Gasthaus Schöneck* über die *Grünbachbrücke* 350 Meter zurück. Gegenüber des Gasthauses beginnt das Sträßchen (800 m) zur *Burg Schöneck* (keine Besichtigung).

An heißen Tagen lohnt sich der kurze Umweg rechts über den Badeplatz am *Issinger Weiher* (910 m). In jedem Fall nehmen wir 500 Meter nach **Issing** (986 m) an der Gabelung den linken Fahrweg und radeln direkt auf den markanten Quaderntum der Pfarrkirche von **Pfalzen** (1022 m) zu.

Vom modernen *Rathaus* der asphaltierten *Greinwaldner Straße* folgen. Rechts ein *Bildstock* (verblichene Passionsszenen des Simon von Taisten, um 1500). Noch 400 Meter auf dem Sträßchen, dann rechts zum Kirchlein **St. Valentin** und auf dem Wiesenweg wieder zur *Landesstraße 70.* Sie senkt sich durch den *Stegener Wald* in den großräumigen, von Industriezonen gesäumten, städtischen Kessel von Bruneck, das vom Schloß gekrönt wird. *Stegen* (838 m) bleibt links liegen. Beim *Milchhof Bruneck* stößt man auf die **Staatsstraße.** Rechts, nach dem *Gasthaus Kreuzwirt* in Richtung Brixen. Links recken sich die Kirchtürme von St. Lorenzen. Unmittelbar neben der Straße sind Grundmauern der Römerstation **Sebatum** konserviert. Wenig später rechts ab, aufwärts zur Apsis der *Johanniskirche.* Gegenüber der Freitreppe links und in den Hof der **Sonnenburg** (862 m).

Wieder bei der *Johanniskirche,* geht es rechts abwärts (Hausdurchfahrt), vorbei am ehemaligen *Gerichtsdienerhaus* zur *Talstraße.* Links, nach 300 Metern bei der überdachten Holzbrücke den Verkehrsmoloch Pustertalstraße rechts verlassen und auf die *Staatsstraße 244* Richtung Gadertal/Val Badia. An der schmalen Ortsdurchfahrt von **Pflaurenz** (808 m) steht das barocke *Dreifaltigkeitskirchlein.* Am *Gaderbach* entlang, bis am *Café Berger* rechts die Zufahrt nach **Montal** (863 m) abzweigt. Beim *Gasthaus Alpenrose* skizziert eine Tafel die Straßen und Wege. Für uns gilt das **Montal** als solches Ziel. Spielend legen wir auf dem Seitensträßchen die 3 Kilometer nach **Ehrenburg** (806 m) zurück.

Ein kurzer Abstecher für Freunde der Antike: Vom *Gasthof Knapp* neben dem Brunnen über den Bach. An der Straßengabel geradeaus, nach 100 Metern vor dem Haus links, vorbei am Haus Brunner zum 200 Meter entfernten, mannshohen *Meilenstein,* gesetzt 201 n.Chr. unter Kaiser Septimius Severus: 67 römische Meilen von Agunto (bei Lienz/Osttirol), geht aus der verwitterten Inschrift hervor.

Letztendlich sind wir doch noch auf die *Staatsstraße* im **Pustertal** angewiesen. Sie umgeht *Kiens* und **St. Sigmund.** Am Ortsausgang von **Dörfel** (750 m) radeln wir am *Ansitz Baumgarten* (Pension) vorbei, in dem von 1510 bis ins 17. Jahrhundert die Herren von Troyen saßen. Schließlich durch **Obervintl** zum Ausgangsort.

Nützliche Informationen

Entfernungen: Insgesamt 46 Kilometer. Niedervintl – Terenten 6,5 km; Terenten – Pfalzen 11 km; Pfalzen – Sonnenburg 9 km; Sonnenburg – Ehrenburg 7,5 km; Ehrenburg – Niedervintl 12 km.
Steigung: Etwa 550 Meter.
Unterkunft: In Niedervintl sowie entlang der Strecke.
Camping: • *Kiens-St. Sigmund:* Gisser, 10.5.–15.10., Tel. (0474) 565305, Fax 565757. • Bei *St. Lorenzen:* Ansitz Wildberg, ganzjährig, Tel. (0474) 44080.
Besichtigungen: • *Sonnenburg:* Museum, 10–18 Uhr, Schlüssel im Hotel. • *Ehrenburg:* Werktags Führungen im Juni 11 und 15 Uhr, Juli bis September 11, 15, 16 Uhr.
Fahrradverleih: • *Terenten:* J. Blasbichler. • *Issing:* Bike-Shop Rainer; Sport Bar. • *Pfalzen:* Hotel Kristall. • *Bruneck:* Sport Spezial, Herzog-Sigmund-Straße 9 a. Hotel Petrus (Reischach). • *St. Lorenzen:* Hotel Mondschein.
Auskunft: • Tourismusverein, I-39030 Vintl, Tel. (0472) 869100, Fax 869260. • Tourismusverein, I-39030 Terenten, Tel. (0472) 56140, Fax. 56340. • Tourismusverein, I-39030 Pfalzen, Tel. (0474) 528159, Fax 528413. • Tourismusverein, I-39030 Kiens, Tel. (0474) 565245, Fax 565611.

7 Tauferer Tal und Ahrntal

In den hintersten Winkel

Tourencharakter: Verkehrsreich bis Sand in Taufers. Zwischen Bruneck und Sand flache Strecke. Im Ahrntal steiler (8%). Ab Steinhaus 570 Höhenmeter bei einer Strecke von 15 km auf schmaler Straße.
Bei der Rückkehr fährt man auf der Staatsstraße direkt nach Bruneck (Radweg).
Länge der Tour:
90 km (ohne Abstecher).

Tauferer Tal und **Ahrntal** bilden mit dem Reintal, dem Mühlwald-Lappacher Tal und dem Weißenbachtal ein strahlenförmiges Talsystem nördlich von Bruneck. Breit und beschaulich zieht zunächst das Tauferer Tal Richtung Zillertaler Alpen. In Mühlen zweigt das Mühlwald-Lappacher Tal westlich ab; die Straße endet nach 18 Kilometern am Neves-Stausee. Bei Sand führt das Reintal gen Osten, hinauf in das Bergdorf Rein (11,5 m). Sand ist Nahtstelle zum Ahrntal, dem »Aurina« des 11. Jahrhunderts. Es entsendet von Luttach westlich das Weißenbachtal und schwenkt selbst im Rechtsbogen nordöstlich ein, zwischen dem Zillertaler Hauptkamm und der Durreckgruppe, einem Ausläufer

Das stattliche Burgschloß Taufers oberhalb von Sand in Taufers bewacht seit fast 800 Jahren den Eingang ins Ahrntal.

Eine mehr als hundertjährige Fremdenverkehrstradition prägt die Ortschaft Sand in Taufers an der Nahtstelle zum Ahrntal (rechts).

der Venedigergruppe. Im Ahrntal, bei Prettau, florierte zwischen 1420 und 1893 der Kupfererz-Bergbau. Sein Ende brachte dem Tal große Not, welche die Frauen durch das in Wien erlernte Klöppelhandwerk und den Verkauf ihrer Arbeiten kaum lindern konnten. Zwar nahm 1959 eine Firma aus Rovereto den Betrieb wieder auf (obwohl die 1908 eröffnete Bahnlinie Bruneck – Sand zwei Jahre vorher stillgelegt worden war) und beschäftigte 30 Einheimische, doch 1971 kam das endgültige Aus. Allerdings wird im St.-Ignaz-Stollen bei Kasern noch immer Zementkupfer nach einem auf der Elektrolyse beruhenden Verfahren hergestellt. Daneben erprobt eine Forschergruppe der Universität Cagliari eine neue Erzgewinnung auf mikrobiologischer Basis, die es ermöglicht, auch Rohmaterial mit nur 0,25 Prozent Kupfergehalt rentabel abzubauen.

Abfahrt in **Bruneck:** 12 800 Einwohner, Hauptort des Pustertales, viertgrößte Kommune Südtirols. Sie hat durch die Umgehungsstraße sichtlich an Lebenswert gewon-

nen. Die *Stadtgasse,* der »Festsaal« Brunecks, mit ihren erkergezierten und mit gotischen Spitzbogenportalen versehenen Bürgerhäusern aus dem 15. und 16. Jahrhundert ist eine lebhafte Fußgängerzone. Namensgeber und Gründer der 1226 urkundlich erwähnten Siedlung »Bruneke« war Bischof Bruno von Brixen. Unter ihm erwuchs ab 1251 das *Schloß* als Sommersitz. Stadterhebung 1333. Handel zwischen Venetien und Süddeutschland, Umschlag des Ahrntaler Erzes sowie das in Zünften organisierte Handwerk brachten wirtschaftlichen Aufschwung und Ansehen. Da kam offenbar ein Genialer wie Michael Pacher (gest. 1498) gerade recht, die *Pfarrkirche Unserer Lieben Frau* zu bereichern: in Form des lebensgroßen, anatomisch sorgfältig durchgebildeten Kruzifixes am Hochaltar. Das von Hans Reichle 1620 gegossene, dramatisch bewegte Bronzerelief des Grabdenkmals für Hans Kempter (gest. 1564) am linken Vorhallenpfeiler ist eine weitere Kostbarkeit in dem, wie der Autor empfindet, Distanz heischenden Gotteshaus, das nach dem Brand von 1850 neuromanisch entstanden war als »klassizistisch-nazarenisches Gesamtkunstwerk« (Weingartner).

Das benachbarte **Dietenheim** konserviert bäuerliche Historie im *Südtiroler Landesmuseum* für Volkskunde nach dem Motto, »Wo Vergangenheit zu verschwinden droht, ohne daß etwas Nennenswertes an ihre Stelle tritt, werden Museen gegründet«, formulierte Axel Klemmer aus anderem Anlaß in der Zeitschrift »Bergsteiger«. Zwei Dutzend Baulichkeiten sowie unzählige Gebrauchsgegenstände präsentieren verklungene Südtiroler Bauernkultur. »Das Erbe der Vor-Vorväter soll den Kindern die Öde der Gegenwart füllen.«

In der Tat: bäuerliche Kultur verschmolz im Tal vielfach zu pseudo-alpinem Machwerk. Lediglich auf den Höhen und abseits der Touristenströme stößt man noch auf Bodenständigkeit. Zum Beispiel in **Aufhofen,** das 1985 tausendjähriges Bestehen feierte. In verschwiegenen Winkeln und Gäßchen dösen herrschaftliche Ansitze und murmeln von dahingegangenem Adel, den Herren von Rost etwa, deren letzter Sproß 1945 im Krieg fiel.

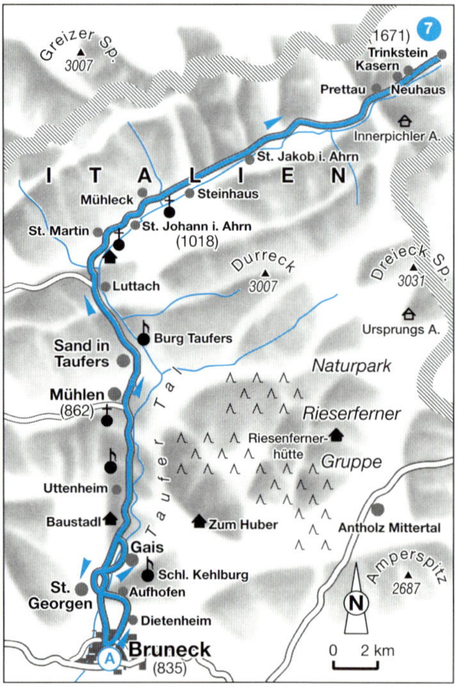

Graue Vorzeit an der spätgotischen *Georgskirche* in **St. Georgen!** Rechts des Portales, unterhalb der Weihwasserschale im Boden eingelassen, eine quadratische Steinplatte mit den Linien in der Art des *Mühlespieles,* das u.a. als Symbol des Kosmos mit einer Zentralsonne gedeutet wird. Vor dem Kirchhofeingang lagert ein *»Palmstein«:* drei Meter lang, 1,5 Meter breit. Er kennzeichnet den Platz der Thingstätte bis ins 14. Jahrhundert.

Die um 1670 vor dem Hauptportal der *Johanniskirche* in »Goas«, so die Einheimischen zu **Gais,** im Boden eingelassene Steinplatte trägt die Namen Armer Seelen. Das basilikale dreischiffige Gotteshaus charakterisiert Ursprünglichkeit, Beharrungsvermögen und zeitlose Ästhetik. *St. Johann Evangelist* gilt neben dem Dom zu Innichen als wichtigstes sakrales romanisches Bauwerk im Pustertaler Raum, trotz späterer Umgestaltungen.

St. Margareth in **Uttenheim** bietet uns als künstlerischen Leckerbissen die 1774 gemalten, 1983 restaurierten Deckenbilder des achtundfünfzigjährigen Franz Anton Zeiller aus Reutte: Im Chor die Geburt Mariens. Im

Schiff Marias Verehrung durch die damals bekannten vier Erdteile. Über dem Ort trutzte einst das »castrum Utenheim«, heute Ruine und »Schlößl« genannt.

Das Zentrum der Talschaften kündet sich an. Feine Hotels in Hülle und Fülle. In **Mühlen** stießen Archäologen auf ein römisches Grab. **Taufers** rühmt sich einer der gelungensten spätgotischen Kirchenschöpfungen – *Maria Himmelfahrt* – im Pustertaler Gebiet. Neben der Kirche im ehemaligen Kornkasten das *Pfarrmuseum.*

Der Verkehr steigert sich in **Sand in Taufers,** dem Sitz einer Verwaltungsgemeinde. Tourismus hat mehr als hundertjährige Tradition. Diese schildert die 2,70 Meter hohe, von Einheimischen geschnitzte, 1985 enthüllte *»Geschichtssäule«* im Dorfpark. Vor dem *Schloß-Hotel Schrottwinkel* erinnert ein Gedenkstein an den hiesigen Bergführer Johann Niederwieser, vulgo »Stabeler« (1853 bis 1902), der neben vielen anderen Routen den Stabelerturm der Vajolettürme erstmals erkletterte. Die Hauptsehenswürdigkeit schaut machtvoll über die Dächer des Ortes: **Burg Taufers.** Sie steht vor der Enge des Ahrntales auf schroffer Felsnase seit bald 800 Jahren. Der gotische Ausbau um den frühromanischen Kern zu heutiger Größe erfolgte 1484/86 sowie um 1500. Führungen.

Knapp fünf Kilometer hinter Sand öffnet sich das **Ahrntal** an der Mündung des *Weißenbachtales* zu einem lichten Kessel, dessen Boden die Ortschaft **Luttach** einnimmt. Die 1313 erstmals genannte Urpfarre des Ahrntales war **St. Martin,** ein unscheinbares Dörfchen links der Talstraße.

In **St. Johann,** der größten Ortschaft im Ahrntal, erblickten der Heimatdichter Joseph Georg Oberkofler (1889–1962) und dessen Bruder, der »Priester-Maler« Johann Baptist Oberkofler (1895–1969) das Licht der Welt. Für letzteren stand sicherlich der Kirchenpatron – Johannes der Täufer – geistig Pate! Die barocke Kirche ist laut Weingartner durch »Größe, Bau, Fresken und Einrichtung eine der eindrucksvollsten Landkirchen von Südtirol«. Die Deckengemälde, Szenen aus der Johannes-Vita in den drei Kuppeln, sind eine gelungene Arbeit des Nordtirolers (Telfs) Joseph Schöpf von 1786, der auch die Altarbilder signierte.

Erste Zeugnisse des Ahrntaler Kupferbergbaus sehen wir in **Mühlegg,** benannt nach dem ansitzähnlichen Gebäude, dessen Eingang die Jahreszahl 1586 und den österreichischen Doppeladler trägt. Dort saß ab 1529 der Bergrichter. Ihm oblag die niedere Gerichtsbarkeit. Daneben das ehemalige Berggefängnis. Ähnlich wie in Mühlegg verlief die Ortsbenennung von **Steinhaus.** In diesem Fall nach dem sogenannten *»Faktorenhaus«* (Rathaus). Es war nämlich vor 450 Jahren das einzige Steinhaus unter Holzhäusern. 1617 kaufte das Bergwerk den stattlichen Bau und machte daraus den Amtssitz des Berg- und Schmelzwerkfaktors. Nebenan bewahrte der massive *Kornkasten* die Getreidevorräte, Lebensmittel und Gebrauchsgüter, mit denen man die Knappen hauptsächlich entlohnte, abgesehen von einer geringen Summe Bargeld. Gegenüber des Rathauses, am *Erzstadel,* plaudert ein Gedicht von der Auflassung des Bergwerks. Ein *Bergwerksmuseum* ist geplant. Mehr als 400 Jahre (1470–1893) war Steinhaus Verladeplatz der bei Prettau gewonnenen Kupfererze. An der Ostseite des *Ansitzes Gassegg* wurzeln eine mächtige Weymutskiefer (Stammumfang 3,20 m), eine alte Bergulme und eine 30 Meter hohe Winterlinde (Stammumfang 4,20 m); am Keilbach hundertjährige Traubenkirschbäume. Dieser exotische Baumbestand wurde 1985 in die Schutzkategorie »Parkanlagen und Gärten« eingereiht.

Prettau bildet mit den Fraktionen Kasern und Heilig Geist eine selbständige Gemeinde im hinteren Ahrntal auf einer Fläche von 8649 Hektar, wo 640 Menschen leben. Das Kupferbergwerk findet 1479 erstmalige Erwähnung. Prettau mauserte sich zur ernsthaften Konkurrenz für das bei Schwaz im Unterinntal gewonnene Kupfer. Die dortigen Gewerken (Anteilseigner) erzwangen bei Erzherzog Sigmund von Tirol eine Stillegung, die jedoch der spätere Kaiser Maximilian als Tiroler Landesfürst (1490–1519) aufhob. Am Zenit des Bergbaus, 1763, zählte die Ortschaft 1032 Einwohner. Und selbst als es zu kriseln begann, 1852, hatte Prettau noch 894 Einwohner in 107 Häusern. Zum Vergleich: Sand 496 Einwohner in 53 Häusern. Von den »goldenen Jahren« erzählt das

1976 sanierte einstige Wohnhaus des Bergwerkverwesers beim »*Antoniusstöckl*«, einer Kapelle des 17. Jahrhunderts im Weiler **Neuhaus.**

Vor **Kasern** künden rechts der Straße ein Kamin und die verfallenen Hallen der Schmelzhütte vom ehemaligen Bergbau. Sie war 1878 nach der Zerstörung der Hütte in Arzbach durch eine Mure errichtet worden. Schon bis 1550 hatte man das Erz in Prettau geschmolzen, dann wurden die Hütten talauswärts verlegt. Einige Minuten von der Ruine entfernt befindet sich der jüngste, 1761 angeschlagene, 1168 Meter tief in den Berg führende **St. Ignaz-Stollen,** so benannt nach dem Namenspatron des Gewerken Ignaz Graf Tannenberg. Er ist seit 1995 für Besucher zugänglich. Der Bergbau brachte in manchen Jahren 1500 »Wiener Zentner«, rund 8,4 Tonnen Kupfererz, dessen Reinheit (99 bis 99,5 Prozent Feingehalt) und Elastizität bei Drahtproduzenten internationalen Ruf genossen, aber auch für die Herstellung sogenannter »Leonischer Waren« – Livreen, Borten, Stickereien usw. – und die Messingproduktion begehrt waren. Auch bei **Kasern** finden sich Relikte der Montanindustrie: In der Mulde des Röttales mehrere Stollen entlang des Lehrpfades.

Das Asphaltsträßchen endet in **Heilig Geist.** Im Halbkreis gewaltige Berge, deren Anblick den landschaftlichen Höhepunkt der Radtour bringt. Unterhalb der Talstraße, jenseits des Ahrnbaches, lehnt das *Heilig-Geist-Kirchlein* seit 550 Jahren an einem riesigen Felsblock.

Die Fresken um den Altar zeigen von links: Szene aus dem Leben der hl. Ursula (oben Bischof Kilian), Herabkunft des Hl. Geistes auf Maria und die Apostel, Krönung Mariens. Volkstümliche Bedeutung hat das Kreuz mit den drei Löchern neben der Sakristeitüre. Es sei vor 200 Jahren beim Prastmannhof vor Heilig Kreuz gestanden. Ein Schütze soll daran auf dem Weg zum Preisschießen im Pinzgau seine Treffsicherheit erprobt und den Gekreuzigten dreimal getroffen haben. Beim Wettbewerb erhielt er als ersten Preis einen Stier, den er freudig und voller Stolz heimwärts führte. Als er am Kreuz vorbeikam, wurde das Tier plötzlich wild und tötete den Frevler…

Streckenbeschreibung

Bruneck (835 m). Vom altehrwürdigen **Hotel Post** am *Graben,* der Promenade am nordwestlichen Rand der Altstadt, radeln wir 500 Meter Richtung Toblach. Vor dem *Haus Kolping* links in die Straße nach **Dietenheim** (856 m). Beim *Gasthaus Zum blauen Bock* links, über **Aufhofen** (851 m) in den Brunecker Stadtteil **St. Georgen** (822 m). Vor der *Ahrnbachbrücke* rechts, vorbei am *Hochkreuz* auf einem Seitensträßchen nach **Gais** (841 m). Erst jetzt, genau gesagt beim *Gasthaus Sonne,* orographisch rechts des Ahrnbaches, vertrauen wir uns der *Staatsstraße 621* an. Etwa 500 Meter nach dem Gasthof Burgfrieden, beim barocken *Pflegerhaus,* führt links ein asphaltierter Fahrweg (900 m) zum *Schloß Neuhaus;* keine Innenbesichtigung.

Ohne spürbare Steigung durchfahren wir **Uttenheim** (837 m) und **Mühlen** (862 m). Im gegenüberliegenden Hang erkennt man das 1433 geweihte Kirchlein St. Walburg. Hinter **Taufers** (862 m), links an der *Pursteinwand,* üben gelegentlich Klettereleven für größere Aufgaben. Rechts zeigt sich in einiger Entfernung der dreigeschossige Renaissancebau Neumelans, errichtet 1582/83 in 12 Monaten.

Am Nordrand von **Sand in Taufers** (865 m) bewundert man von der *Schloßbrücke* den mächtigen Komplex der **Burg Taufers.** Zu ihr zweigt nach 300 Metern rechts ein kurzes Natursträßchen ab. Wir sind in der Enge der Ahrntalmündung. Der alte Talweg verlief rechts oberhalb an der Basis der Burg. Die Straße entlang der Gletscherwasser der Ahrnschlucht entstand 1837. Links befindet sich die Talstation der *Speikboden-Seilbahn.* Etwas später donnert rechts oberhalb der Straße der 76 Meter hohe *Pojener Wasserfall.*

Hotels und Gasthöfe säumen die Durchfahrt in »Luchta«, wie **Luttach** (962 m) im Dialekt heißt. Direkt im Nordwesten ragt der 3368 Meter hohe Schwarzenstein in den Zillertaler Alpen empor. Ihre Flanken sind von steilen Talfalten unterbrochen. Oberhalb von **St. Johann** (1018 m), das wir auf der alten Straße durchfahren, liegt der Weiler *Tribbach* (1283 m, 3 km Asphaltstraße).

Das einst von Bergwerken belebte hinterste Ahrntal, wo die Radtour gewöhnlich bei Heilig Geist endet.

Rechter Hand haben wir Gipfel der Durreckgruppe.

Am Ortseingang von **Steinhaus** (1052 m) befindet sich die Talstation der *Klausberg-Sesselbahn*. Die Steigung nimmt zu! Wir weichen dem »Jakober Bühel« aus, einem Bergsturzhügel, auf dem sich die Zelle des Dorfes **St. Jakob** (1192 m) drängt. Auch der Kirchhügel von **St. Peter** (1327 m) wird umfahren. Durch **Prettau** (1476 m) geht es zum Ende des asphaltierten Sträßchens in **Heilig Geist** (1619 m). Man kann aber problemlos noch einen Kilometer weiter radeln zur gemütlichen *Jausenstation Jagahütte* der

Almsiedlung Trinkstein (1671 m) oder zum nahen Finanzerstützpunkt *Trinksteinhütte* (1671 m). Dann wird's extrem für »Normalverbraucher«!

Nützliche Informationen

Entfernungen: Insgesamt 90 km. Bruneck – Sand 17 km; Sand – Luttach 4,5 km; Luttach – Heilig Geist 22,5 km. Direkte Rückfahrt 46 km.
Steigung: 800 Meter.
Unterkunft: In den Orten und an der Strecke.
Camping: • *Bruneck:* Schießstand, 1.5.–30.9., Tel. (0474) 41326. • Bei *St. Lorenzen:* Ansitz Wildberg, ganzjährig, Tel. (0474) 44080.
Besichtigungen: • *Bruneck:* Stadtmuseum, Dienstag bis Sonntag 16–19 Uhr. • *Dietenheim:* Südtiroler Landesmuseum für Volkskunde, Ostersonntag bis 31. Oktober, Dienstag bis Samstag 9.30–17.30 Uhr, Sonn- und Feiertage 14–18 Uhr. • *Taufers:* Pfarrmuseum, Mitte Juni bis Mitte Oktober, werktags außer Montag 16–17 Uhr, Sonntag 11–12 Uhr. • *Sand in Taufers:* Schloß Taufers, Führungen Ostern bis Juni 15 und (italienisch) 16.15 Uhr, bis Mitte Juli 10, 11, 14, 15.15, 16.30 Uhr, bis 1. September jede halbe Stunde zwischen 10 und 11 sowie 14–16.30 Uhr.
Fahrradverleih: • *Bruneck:* Sport Spezial, Herzog-Sigmund-Straße 9a; Hotel Petrus (Reischach). • *St. Georgen:* Rad Boutique Steger. • *Sand in Taufers:* Sport-Mode Tubris; Geschäft Stifter; Club Activ. • *Luttach:* Sport Steger; Sport Kirchler. • *St. Johann:* Fahrrad- und Skiverleih St. Johann.
Auskunft: • Tourismusverein, I-39031 Bruneck, Tel. (0474) 555722, Fax 555544. • Tourismusverein, I-39032 Sand in Taufers, Tel. (0474) 678076, Fax 678922. • Tourismusverein, I-39030 Luttach, Tel. (0474) 671136, Fax 671666. • Tourismusverein, I-39030 Prettau, Tel. (0474) 654188, Fax 654299.
Bei den Tourismusvereinen des Tauferer Tales und des Ahrntales erhält man kostenlos das Faltblatt (Streckenskizzen) »Bergrad-Tourenführer«.

8 Durch das Antholzer Tal

Gar auf den Staller Sattel?

Tourencharakter: Verhältnismäßig wenig Verkehr. Leichte Steigung bis Antholz-Niedertal. Hernach steiler, »gipfelnd« in der Staller-Sattel-Straße (bis 12%).
Jahreszeitliche Öffnungen der Straße zum Staller Sattel sind am Taleingang angeschlagen. Die einspurige Auffahrt jeweils zwischen halb und dreiviertel jeder Stunde kann für Radler nur bedingt gelten. Wer schafft schon das Viertelstunden-Limit? Also beizeiten auf den Gegenverkehr achten!
Länge der Tour: Zum Antholzer See hin und zurück 41 km, zum Staller Sattel 48 km.

Sportlich betrachtet ist der **Staller Sattel** selbstredend ein reizvolles Ziel, doch man kann auch ohne ihn zufrieden sein: am **Antholzer See.** Man muß ihn erlebt haben: 980 Meter lang, 710 Meter breit, bis zu 37 Meter tief. Mit 44 Hektar Wasserfläche drittgrößter Natursee Südtirols. Besitz eines Olangers. Und – contra nüchterner Zahlen – einer der prächtigst gelegenen Ostalpenseen, zu Füßen der gewaltigen Rieserfernergruppe. Wie viele Seen ist er die schönste und ausdrucksvollste Besonderheit der Landschaft, gleich einem Auge der Erde. Die Bäume als Wimpern, der Wald und die Berge als buschige Brauen. Forellen und Saiblinge tummeln sich im kristallklaren Wasser. Bergstürze haben die Entstehung verursacht, dort, wo der Antholzer Bach entfließt. An dieser Stelle seien drei steinreiche Höfe gestanden, bis die Bauern einen Bettler verachteten – und zur Strafe samt ihres Gutes und Geldes im anschwellenden Gewässer untergingen... Bei der einstmaligen Abgelegenheit des Sees kann man das Aufkommen von Sagen und Legenden gut verstehen. Schließlich war im hintersten Antholz bis in die dreißiger Jahre die Welt verkehrsmäßig wie mit Brettern vernagelt. Unter Mussolini trieben dann Pioniere eine Militärstraße in den Staller Sattel, der Grenze Österreichs. Vergißt man den strategischen Zweck der Straße, so war damit eine ideale Verbindung aus dem Pustertal mit dem Defereggental zustande gekommen bzw. vom italienischen Südtirol ins österreichische Osttirol. Beide waren ja bis Ende des Ersten Weltkrieges 1918 »lei oans«. Als Übergang konnte der Paß von Autos erst 1974 befahren werden.

Das **Antholzer Tal** erstreckt sich nördlich von Olang zwischen Rieserfernergruppe und Villgratner Bergen. Eigentümlicherweise stellt es eine gewisse kulturelle Trennlinie für das Pustertal dar. Es ändern sich nämlich Mundart und Hausformen. Von Westen kommend, sehen wir erstmals, das Antholzer Tal eingeschlossen, sogenannte »Harpfen«, Holzgestelle zum Heutrocknen.

Olang, bestehend aus den Ortsteilen Nieder-, Mitter-, Oberolang, liegt südlich der Mündung des Antholzer Tales ins Pustertal in einem weiten Kessel, den die Olanger Dolomiten majestätisch beherrschen. Der *römische Meilenstein* zu Oberolang im Garten der Pension Seefeld stärkt die Hypothese, Olang sei an der antiken Pustertalstraße gelegen. Urkundlich erscheint es 832: »Ollinga«. Die verantwortlichen Kommunalpolitiker sind behutsam in das Zeitalter des Massentourismus gegangen, haben versucht,

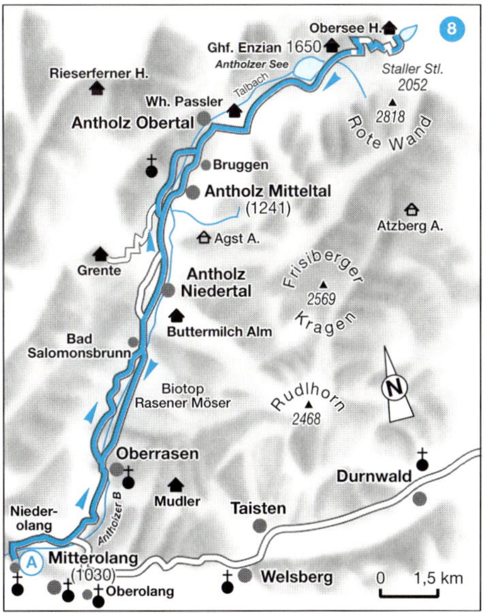

Althergebrachtes unauffällig in Modernes zu integrieren, was ihnen größtenteils gelang. Das gilt auch für private Initiativen, beispielsweise den traditionsbeladenen *Messnerwirt* bei der Oberolanger *Kirche Maria Himmelfahrt.* Im *Mitterolanger Park* liegen an besonderen Tagen frische Schnittblumen und Kränze vor dem gelben Sandstein-Denkmal für Peter Sigmayr, den Tharerwirt, Ordonnanzoffizier Andreas Hofers im Tiroler Freiheitskampf, 1810 von den Franzosen am Bildstock beim Baumgartnerhof standrechtlich erschossen und 48 Stunden am Balken eines Wegkreuzes aufgehängt!

Kurz nach der Abkehr vom *Pustertal* ist man schon in **Niederrasen,** dem Sitz der 1955 ins Leben gerufenen Gemeinde Rasen-Antholz mit 2580 Einwohnern. Zumindest dieser Teil des Antholzer Tales muß bei den Herrschenden schon sehr früh massive Interessen geweckt haben, sonst hätten sie nicht südöstlich von Niederrasen vor dem Jahr 1182 eine Burg gegründet: *Altrasen.* Um 1230 übersiedelte Ulrich von Rasen aus unbekannten Gründen auf eine Kuppe westlich von **Oberrasen:** *Neurasen,* nun ein Jahrhundert lang Stammsitz des Geschlechts. Ihr Wappen – roter Spitz in schwarz-weißem Feld – ist das der Gemeinde Rasen-Antholz. Im Lauf der Zeit entstanden im Tal herrschaftliche Wohnhäuser, in Niederrasen der *Ansitz Goller,* hervorgegangen aus dem Mairhof eines brixnerischen Bischofsguts, in Oberrasen 1578 der Ansitz *Heufler.* Oberrasen ist Geburtsort des Kunstgeschichtlers und Publizisten Dr. Heinrich Waschgler (1892–1959). Werfen wir einen Blick auf die *Andreaskirche.* Sie gilt als geglücktes Beispiel einer Kirchenumgestaltung jüngerer Zeit: Neubau des Langhauses 1959/60 nach Plänen des Brixener Architekten Othmar Barth (Träger des »Kulturpreises Walther von der Vogelweide«) unter Einbeziehung des vormaligen gotischen Hauptportales in der rechten Schiffswand und unter Erhalt des Turms von 1428.

Zwischen Oberrasen und Bad Salomonsbrunn breitet sich rechts der Straße auf einer Länge von zwei Kilometern das **Biotop Rasener Möser** aus, Relikt eines urzeitlichen Sees. Die urwüchsige Auen- und Moorlandschaft wartet mit einer dementsprechenden

Flora auf. Unter anderem findet man Moosbeere, Seggenried, Rosmarinheide sowie den rundblätterigen Sonnentau, dessen klebrige Drüsenhaare kleine Insekten »fesseln« und sie verdauen. Außerdem brüten Stockenten, Teichhühner und Zwergtaucher. Gelegentlich sieht man eine Höllenotter, die schwarze Abart der Kreuzotter, in der Sonne liegen. Das Quaken der Frösche hören die Einheimischen gar nicht gerne, hat es ihnen doch den hänselnden Spitznamen »Rasener Frösche« eingebracht.

Auf der Rückseite des Hotels **Bad Salomonsbrunn,** kurz vor Antholz-Niedertal, sprudelt die stärkste radioaktive Quelle im Einzugsgebiet des Pustertales mit einer durch die Jahrhunderte gleichen Ergiebigkeit von 20 Litern pro Sekunde bei einer Temperatur von 8 °C. Im Haus, seit 1559 ein geschätztes »Frauenbad«, wird das Wasser auf 60 °C erwärmt. Dabei entweicht das im Element enthaltene Edelgas Radon, dringt beim Baden durch die Haut oder beim Trinken durch den Darm in den Körper, mit dem es Bindung eingeht und aus dem es nach 3 bis 4 Stunden durch die Poren wieder entweicht. Es regt durch seine Strahlung laut Heilanzeige die Organfunktion und Drüsentätigkeit an, wirkt schmerzstillend, regenerierend im Sinne der Belebung, Verjüngung und Erfrischung. Trainierte Radler können auf solches »Doping« verzichten, obwohl es ständig leicht bergan geht.

An **Antholz-Niedertal** führt die *Landesstraße 44* westlich vorbei. Das wissen die Bewohner zu schätzen. Ebenso wie die von **Mittertal,** denn dem Hauptort des inneren Antholz weicht die Talstraße östlich aus. Dabei gibt es einiges zu bewundern: Alljährlich den Almabtrieb am 3. Oktober-Sonntag (Kirchtag). Neben der *Georgskirche* mit ihrem dominierenden spätgotischen Spitzturm schmückt allegorischer Wandschmuck von 1696 das Erdgeschoß im *Wirtshaus Wegerkeller.* Auch in der Stube des *Bruggerwirts* fühlt sich der Gast so richtig »sauwohl«. Absolut alkoholfrei, sogar als heilkräftig geschätzt, ist das Wasser des *Hartmannbrunnens* am Dorfweg Riepe, nach Haus Nr. 36 a. Die Quelle sei, einer Legende nach, 1164 vom seligen Bischof Hartmann aus Brixen mittels seines Stabs aus dem Fels geschlagen worden, als der Kirchenmann vor rebellierenden Adeligen floh.

Früheste Rodungen und Kultivierungen im inneren Antholz begannen 1048, als das Hochstift Brixen in den Besitz des Tales gelangt war. **Antholz-Obertal** ist eine aufgelockerte Höfesiedlung zwischen Niedertal und See.

Biathlon hat dem Tal wintersportliche Geltung gebracht, sogar bestens organisierte Weltmeisterschaften, wie die von 1995. Das Biathlon-Zentrum ist kurz vor dem See, links der Straße. Östlich des **Antholzer Sees** beginnt beim Gasthof Enzian die Paßstraße in den **Staller Sattel.**

Streckenbeschreibung

Von **Bahnhof Olang** (1030 m) 800 Meter zum *Restaurant-Pizzeria Dolomitenhof* an der **Pustertalstraße** und rechts, das »Toningstöckl« *(Antoniuskapelle)* passieren. Dann beim *Holzlagerplatz* links ins **Antholzer Tal.** Wenig später geradeaus und durch **Niederrasen** (1044 m). Erste Steigung!

Im Doppeldorf **Oberrasen** (1087 m) links halten. Vor der Brücke über den Antholzer Bach zeigt ein Pfeil rechts in das **Biotop Rasener Möser:** Dem Asphaltsträßchen 800 Meter zum *Lanerhäusl* folgen und weiter, über den Parkplatz, vorbei an einer Informationstafel entlang des *Antholzer Baches* zum Holzsteg, über den man kurz nach **Bad Salomonsbrunn** (1096 m) wieder die *Landesstraße* erreicht.

Wenig später rechts ins »Zentrum« von **Antholz-Niedertal** (1124 m). Neben der *Pfarrkirche St. Walburg* aus dem 15. Jahrhundert sorgt der *Messnerwirt* gutbürgerlich für das leibliche Wohl.

Die Giganten der Rieserfernergruppe rücken näher. Betrachten wir in aller Ruhe das Panorama! Links der markante Magerstein, rechts die Kerbe der Antholzer Scharte, anschließend der trapezförmige Hochflachkofel und der herausfordernde Wildgall.

Über eine Kuppe hinweg nach **Antholz-Mittertal** (1241 m). Vor der Kirche links der *Wegerhof,* rechts der Durchgangsstraße der *Bruggerwirt.* Nach 1,5 Kilometern über-

Rückblick vom Staller Sattel zum Antholzer See. Rechts der Hochgall, links davon die vergletscherte Schwarze Scharte und der Wildgall in der Rieserfernergruppe.

nimmt uns wieder die Umgehungsstraße. Östlich zeichnet sich bereits die Senke des Staller Sattels ab. Die Straße wird schmaler. Sie holt hinter **Antholz-Obertal** (1416 m) im Bogen aus, strapaziert die Wadenmuskeln und gewinnt das Ufer des **Antholzer Sees** (1641 m), früher Untersee genannt, im Gegensatz zum 400 Meter höher ruhenden Obersee, von dem gleich die Rede sein wird. Vorbei am *Restaurant Seehaus* und dem sich anschließenden *Rotwildgehege* zur **Enzianhütte** (1650 m). Paßstraße ja oder nein? Immerhin 400 Höhenmeter, 3,5 Kilometer, ehe man ihn »derpackt« hat, den **Staller Sattel** (2052 m). Österreichischerseits bietet die 800 Meter entfernte, tiefer gelegene Oberseehütte (2017 m) am nordwestlichen Ufer des gleichnamigen Sees verdiente Rast und auch Unterkunft (6 Betten).

Bei der Rückfahrt bleiben wir auf der *Talstraße.* Pause eventuell in der Bar des Drei-Sterne-Hotels *Ansitz Heufler,* einem geschlossenen Viereckbau links der Straße in **Oberrasen.** Die Bar ist identisch mit der ehemaligen, noch immer rußgeschwärzten Küche des 1580 errichteten Adelssitzes.

Nützliche Informationen

Entfernungen: Insgesamt 41 km bis Antholzer See, 48 km bis Staller Sattel. Olang-Bahnhof – Antholz-Mittertal 13 km; Mittertal – Antholzer See (Enzianhütte) 8 km; Enzianhütte – Staller Sattel 3,5 km; Staller Sattel – Olang-Bahnhof 23,5 km.
Steigungen: Bis Enzianhütte 700 m; bis Staller Sattel 1100 m.
Unterkunft: In den Ortschaften und an der Strecke.
Camping: • *Antholz-Niederrasen:* Corones, ganzjährig, Tel. (0474) 46490, Fax 48250. • *Antholz-Obertal:* Antholz, ganzjährig, Tel. (0474) 43304, Fax 42444.
Besichtigung: *Olang:* Dorfführung montags 10 Uhr, Treffpunkt beim Tourismusverein.
Fahrradverleih: • *Mitterolang:* Sport Corones; Sport Sagmeister. • *Antholz-Mittertal:* Sport Taschler.
Auskunft: • Tourismusverein, I-39030 Olang, Tel. (0474) 496277, Fax. 498005. • Tourismusverein Antholzer Tal, I-39030 Antholz-Mittertal, Tel. (0474) 42116, Fax 42370.

9 Das Gsieser Tal

Muster für sanften Tourismus

Tourencharakter: Verkehrsarme Strecke. Zum Auftakt die hauptsächlichen Steigungen nach Taisten, von dort nach Schindelholz (bis 12%), insgesamt rund 450 Höhenmeter. Im Tal überwiegend flach bis St. Martin. Abschließend 170 Höhenmeter (4 km) zur Talschlußhütte hinter St. Magdalena.
Länge der Tour: 38 km.

Als andere in Südtirol von urbaner Entsagung nur schwätzten, den Gedanken sogar abwertend belächelten und auf totales Wachstum inklusive Seilbahnverdrahtung setzten, war der sanfte Tourismus im **Gsieser Tal** schon Selbstverständlichkeit. Auch der *Gsieser Radlweg,* den unsere Tour streckenweise benützt, unterstreicht die Vorreiterrolle. Das mäßig aus dem Pustertal ansteigende Wiesental säumen Waldgürtel, oberhalb derer sich Almwiesen ausbreiten und grasige Gipfelkuppen sanft wölben. Stille Töne eines ausgewogenen Landschaftsbildes. Welch ein Kontrast zum formengewaltigen Nachbar Dolomiten!

Von Welsberg gemessen, endet die Asphaltstraße nach 17 Kilometern, kurz hinter St. Magdalena. Das Talgewässer heißt noch immer Pidigbach, ähnlich wie die frühesten bekannten Namen »Pudig« und »Budigun« (1080), die damals auch für Welsberg galten; »Welsperg« ist 1435 erstmals belegt. Der Fluß bezeichnete bis ins Hochmittelalter die Grenze zwischen der freisingischen Herrschaft Innichen bzw. der Innicher Stiftspfarre Toblach und dem Hochstift Brixen.

Um nach Gsies zu gelangen, muß man zuerst nach **Welsberg,** an die Mündung des Tales. Schreck laß nach! Ständig zwängen sich Autoschlangen durch den Ort, sperrige Laster behindern den Verkehr, bringen ihn zeitweise zum Stillstand. Fußgänger rennen über Zebrastreifen! Kollaps oftmals im August! Das scheint den schlanken spätgotischen Spitzturm von *St. Margareth* nicht zu erschüttern. Die Kirche könnte Pinakothek sein für den berühmtesten Sohn Welsbergs, Paul Troger (1698–1762). Wohl glänzte der große Barockmaler hauptsächlich im Donauraum (Melk, Zwettl, Göttweig usw.), aber auch der Pfarrkirche widmete er Kostproben seiner Kunst. Im Hauptaltar wird die hl. Margarethe von St. Georg in Drachentöterpose sowie den Heiligen Ulrich, Peter und Paul umgeben. Im linken Seitenaltar: Johannes Nepomuk gibt Almosen. Als ein Meisterwerk werten Kunsthistoriker im rechten Seitenaltar die »Anbetung der Könige«.

Auffahrt nach **Taisten.** Die Tribüne des vordersten Gsieser Tales ging aus der Heimstatt eines Kelten namens Decetos hervor. Hausmauernfunde bestätigten die Anwesenheit der Römer ab der zweiten Hälfte des 3. Jahrhunderts. Wir sind in der Heimat eines im Pustertal ebenso berühmten Malers wie Paul Troger: Simon von Taisten (ca. 1460–1530), vom Marenklhof, heute eine Pension, unweit des spätgotischen, 1987

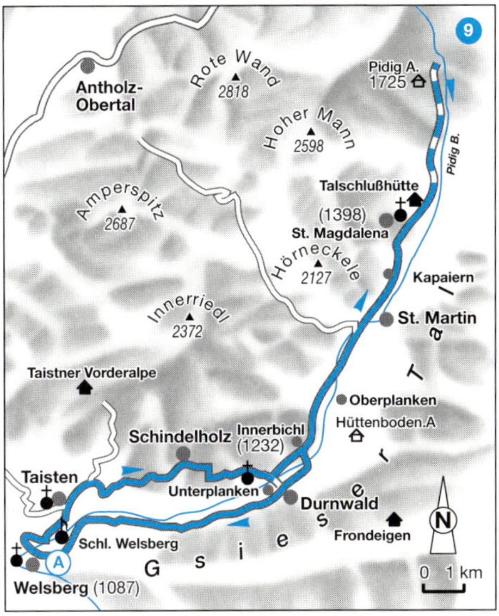

gründlich restaurierten *»Jörgenkirchleins« – St. Georg.* Ihre unteren dicken Mauern begutachtend, meint Dr. Egon Kühebacher, »daß das erste christliche Heiligtum aus einem vorchristlichen Bollwerk entstanden sein könnte«. »Vielleicht«, fährt der Historiker fort, »wurde eine erste christliche Kultstätte schon im Zuge der vom römischen Bischofssitz Aguntum (bei Lienz/Osttirol; Anm. d. Verf.) ausgehenden Missionierung im 4. bis 5. Jahrhundert erbaut, wobei man eine Opferstätte des in unserer Gegend verbreiteten Mithraskultes in ein christliches Heiligtum umgewandelt haben könnte.« Die heutige Kirche entstand um 1140 und wurde 1498 aufgestockt. Zu dieser Zeit war der spätgotische Freskoschmuck im Inneren vollendet. Die beim Umbau beschädigten Malereien erneuerte Simon von Taisten und fügte eigene Kompositionen hinzu, an der Außenwand eine thronende Madonna mit Heiligen (1495), im Chorbogen »Gottvater und Heilige« (1505) sowie Heiligen-Brustbilder auf Holztäfelchen an den Rippenkreuzungen der Gewölbe; Schlüssel im Haus nebenan. An der *Friedhofskapelle St. Jakob,* früher das Beinhaus, stößt man erneut auf den Taistener: Passionsszenen an der Außenmauer. Im Inneren freskierte er u.a. Gottvater, zwei stehende Engel, Evangelisten-Medaillons, das Jüngste Gericht (Fragmente). Typischen Tiroler Spätbarock hingegen zeigt die 1782 den Brixener Diözesanheiligen neu geweihte *Pfarrkirche St. Ingenuin und Albuin,* in der Franz Anton Zeiller aus Reute 1771 mit Farben zauberte. In der 1471 angefügten Erasmuskapelle sind Totenschilde des frühen 16. Jahrhunderts und Grabsteine von Welsbergern zu sehen, zum Beispiel der des um 1500 mit 15 Jahren verstorbenen Sigmund (gewappneter Ritter) aus rotem Marmor.

Während Taisten noch zu Welsberg gehört, umfaßt die Gemeinde **Gsies** das gesamte Tal: 10895 Hektar. Die rund 2000 Bewohner leben in Durnwald, Unterplanken, Außerpichl, Schindelholz, Innerpichl, Oberplanken, St. Martin, Kapeiern, Harmberg, St. Magdalena und wie sie alle heißen, die Dörfer, Weiler und Höfegruppen.

Die Gemeindeverwaltung hat ihren Sitz in **St. Martin.** Dem Heiligen wurde die *Pfarrkirche* 1782 gewidmet. Vom gotischen Vorgängerbau stammt der Turm. Architektonisch nicht alltäglich: Chor – mit zwei »blinden« Fenstern – als dreiseitig abschließende Sakristei; im Obergeschoß eine Kapelle. Steigen Sie beim *Kahn-Wirt* ab! Im Flur des Gasthofes hängt die bis ins frühe 15. Jahrhundert zurückreichende Geschlechtertafel der Kahn, eine der ältesten auf dem gleichen Hof seßhaften Familien Tirols. Sie versah überdies Jahrhunderte in ununterbrochener Folge den Mesnerdienst. Der im Jahr 1987 verstorbene Kassian Kahn, eines von 14 Geschwistern, feierte 1985 fünfzigjähriges Jubiläum. Sein Sohn Josef führt nur mehr das Gasthaus.

Beim modernen Gebäude des Tourismusvereines gedenkt eine stilisierte Bronzefigur des Kapuzinerpaters Joachim Haspinger. Er war leidenschaftlicher Kampfgefährte sowie Ideologe Andreas Hofers im Tiroler Freiheitskrieg 1809. Der rothaarige Geistliche focht mit Kreuz und Schwert an vorderster Front und trieb Hofer zum letzten, vergeblichen, sinnlosen Aufbäumen wider die Franzosen. Haspinger starb am 12. Januar 1858 in Salzburg. Sein Geburtshaus (28.10.1776), der 1640 erbaute Haspingerhof in **St. Magdalena,** ist den Leuten geläufiger unter dem Hofnamen »Specker« (Haus Nr. 18, Fremdenzimmer).

Die Rückfahrt versüßt uns ein »Zuckerl«: **Schloß Welsberg.** Die in der späten ersten Hälfte des 12. Jahrhunderts errichtete Anlage steht über dem Pidigbach auf einer Kuppe (1150 m) aus »Welsberger Konglomerat«, zertrümmertes, durch Bindemittel verkittetes Ablagerungsgestein von Gletschern. Den Halsgraben, vor dem ein Heil- und Küchenkräutergarten gepflanzt wurde, überspannte früher eine Zugbrücke. Über dem Tor die romanische, später verbaute (inzwischen wieder hergerichtete) Kapelle, deren Ersatz die neue Kapelle im Hof war. Den einfachen Palas schützen zum Torbau hin dicke Mauern. Dem Komplex entwächst der 40 Meter hohe Bergfried auf vergleichsweise kleinem Grundriß (7×7 m); Besichtigung.

Streckenbeschreibung

Am westlichen Ortsrand von **Welsberg** (1087 m) nehmen wir die Straße ins Gsieser Tal/Valle di Cassies. Und schon heißt es kräftig treten! Bald zweigt die *Taistener Straße* links ab. Es ergeben sich schöne Blicke auf Schloß Welsberg.

Bei der Ankunft in **Taisten** (1206 m) steht links ein *Tabernakelbildstock,* ausgemalt von einem Brunecker Meister während der 2. Hälfte des 15. Jahrhunderts. Vor der *Georgskirche* rechts auf der *Simon-von-Taisten-Straße* den Ort verlassen zur *Pension Taistner-Wiesenhof* (1222 m). Etwa 300 Meter danach links (gelber Wegweiser »Geigerhof«) und dem Asphaltsträßchen stramm bergan zum *Hözlhof* (1433 m) folgen, der einen herrlichen Dolomitenblick erlaubt. Noch 2 Kilometer, und wir sind im hübsch gelegenen Weiler **Schindelholz** (1478 m) mit einer *Josephskapelle* des späten 17. Jahrhunderts. Von dort hat mein »Tacho« bei rasanter Abfahrt auf asphaltierter Straße hinunter nach **Außerpichl** 3,3 Kilometer registriert (1260 m): Nikolauskirche, Pfarrhaus, Schule, Wohnhäuser, etliche Bauernhöfe.

Links der Kirche steil hinunter zur *Landesstraße 46* und eben talein. *Innerbichl* (1232 m) liegt links, *Oberplanken* (1237 m)

Taisten. Gotischer Tabernakelbildstock, ausgemalt von einem unbekannten Brunecker Meister während der zweiten Hälfte des 15. Jahrhunderts.

Die Pfarrkirche von St. Martin, dem Hauptort des Gsieser Tales.

rechts. Beim *Kirchlein Maria Heimsuchung* vor St. Martin links ein Abstecher für Unentwegte: *Berggasthof Karbacher* (1430 m) an der Mündung des Karbachtales, Asphaltstraße 1,3 Kilometer. Hingegen ist auf der *Talstraße* die Steigung bis **St. Martin** (1276 m) kaum spürbar. Erst ab **Kapaiern** (1297 m), der malerischsten Höfegruppe im Tal, sind größere Hinterradritzel gefragt. Links oben im Hang die Höfe Innerharmer und Außerharmer, die den Weiler **Harmberg** (1349 m) bilden. Jetzt macht sich die Steigung bemerkbar! Endpunkt der Straße 1 Kilometer hinter **St. Magdalena** (1398 m) bei der **Talschlußhütte** (ca. 1450 m).

Ob man den Kelch noch ganz ausschöpft, d.h. auf dem geteerten Fahrweg 4 Kilometer zur *Pidigalm* (1725 m) fährt und von dort auf einem geschotterten Fahrweg (2 km) die *Jausenstation Oberbergalm* (1975 m, bewirtschaftet Ende Juni bis Anfang Oktober) »erklettert«, bleibt dem einzelnen überlassen.

In jedem Fall sollte man wissen, daß die Rückfahrt verhältnismäßig mühelos abläuft. Zunächst auf der Straße 9 Kilometer direkt Richtung Welsberg. Kurz vor der *Bar Graf* weist das Täfelchen des **Gsieser Radlweges** links, über den *Pidigbach.* Jenseits rechts nach **Unterplanken** (1223 m). Die *Florianskapelle* aus dem 17. Jahrhundert krönt ein zierlicher Dachreiter; Altar von 1594, dekorative Wandmalereien des frühen 20. Jahrhunderts am Ausklang des Jugendstiles. Die *Mariahilfkapelle,* das sogenannte »Keiler-Kirchl«, in **Durnwald** (1205 m) wurde 1683 als Hauskapelle errichtet.

Wir bleiben auf der orographisch linken Talseite gemäß dem *Gsieser Radlweg,* der in Höhe des Brückenwirtes (rechts) etwas ansteigt und durch den Wald zum **Schloß Welsberg** (1150 m) leitet, das rechts unterhalb des Weges steht. Abschließend steil auf dem *Schloßweg* nach **Welsberg** (1087 m).

Nützliche Informationen

Entfernungen: Insgesamt 38 km. Welsberg – Taisten 2,5 km; Taisten – St. Martin 13,5 km; St. Martin – St. Magdalena (Talschlußhütte) 4 km; Talschlußhütte – Welsberg 18 km.
Steigung: Rund 750 m (bis Talschlußhütte).
Unterkunft: In Welsberg und im Gsieser Tal.
Besichtigungen: *Welsberg:* Schloß, Montag bis Freitag 10–12 Uhr; Ansitz Zellheim, Juli/August zweimal wöchentlich, Auskunft im Tourismusverein.
Fahrradverleih: *Welsberg:* Am Tennisplatz. Beim *Brückenwirt* im vorderen Gsiesertal.
Auskunft: • Tourismusverein, I-39035 Welsberg, Tel. (0474) 944118, Fax 944599. Broschüre »Mountain-Bike Tourenführer« kostenlos erhältlich. • Tourismusverein Gsies, I-39030 St. Martin, Tel. (0474) 978436, Fax 978226.

10 Über die Plätzwiese ins Höhlensteintal

»Bergtour« aus dem Pustertal

Tourencharakter: Verkehrsarme Strecke. Beste Tageszeit: 10 bis 16 Uhr, wenn die Plätzwiesestraße für Autos gesperrt ist (Mitte Juli bis Mitte September). Auffahrt zwischen 8 % und 12 %, kurz vor der Plätzwiese 18 %. Mountainbike für die Abfahrt von der Dürrensteinhütte (bis 12 %) nach Schluderbach! Wer darauf verzichtet, radelt zurück, hinaus zur Pustertalstraße und rechts nach Niederdorf (von der Dürrensteinhütte 20 km).
Erleichterung: Der Bus transportiert, falls nicht voll besetzt, vom Hotel Brückele auch Fahrräder auf die Plätzwiese; Abfahrten im Sommer 10, 10.30, 11, 13, 14 Uhr.

Länge der Tour:
46 km.

Ein »Brocken«, fürwahr – 1000 zu bewältigende Höhenmeter von Niederdorf zur Dürrensteinhütte in den Pragser Dolomiten. Als gerechter Lohn die großartige **Plätzwiese** südlich des Dürrensteins, im Banne der Hohen Gaisl. Über die von Zirben und Lärchen bestandene Wiesenmulde strömte während der letzten Eiszeit aus den Zentralalpen ein Gletscher gen Süden. Hinreißender Ausblick von der Dürrensteinhütte zum Monte Cristallo und seinen Trabanten.

Lassen Sie sich Zeit! Außerhalb der Sommerferien, vor allem im Herbst, strömt die Plätzwiese unendliche Ruhe aus. Verhallt ist längst das infernalische Krachen italienischer Artillerie, die während des Ersten Weltkrieges vom Cristallokamm feuerte. Gegenüber der **Dürrensteinhütte** stehen die Ruinen des **Panzerwerkes Plätzwiese:** beispielhaft für österreichische Sperrforts der Zeit 1880/90. Die Bestückung des bereits vor Kriegsbeginn 1915 desarmierten Werkes bestand aus zwei 15-Zentimeter-Panzermörsern und acht Maschinengewehren Kaliber 8 Millimeter. Die Mörser wurden in Feuerstellungen östlich bei den Strudelköpfen gebracht. An das Fort stoßen bergwärts betonierte Infanteriekampfstellungen. Während dort Granatenhagel den einfachen Landser zerfetzte, blieb das k.u.k. Stabsquartier an der Stelle des Hotels Hohe Gaisl gemäß einem Sonderabkommen der Armeen frei von Beschuß, ebenso wie das der Italiener am Misurinasee...

Niederdorf, wo die Tour angetreten wird und das 1994 sein tausendjähriges Gründungsjubiläum beging, erlebt hinsichtlich der Lebensqualität seit den siebziger Jahren nach meinem Gefühl permanente Verschlechterung, ist aber trotzdem im August durch Italiener ausgebucht. Es wird diesbezüglich darben, solange der Transitverkehr ununterbrochen durch den Ort kriecht. Dabei gingen gerade von Niederdorf Mitte des 19. Jahrhunderts starke, den Tourismus belebende Impulse aus. Emerentina Hellenstainer, kurz Emma genannt, machte aus dem »Schwarzen Adler« – heute *Hotel Emma* am Hauptplatz – eine über die Grenzen Tirols hinaus gelobte Herberge. Im Haus Wassermann, einem ehemaligen Ansitz, logierte 1764 Isabella von Parma, Braut Kaiser Josephs II., als Gast der im Hochpustertal einflußreichen Herren von Kurz zu Thurn. Dort eröffnete die Gemeinde 1994 das erste *Fremdenverkehrsmuseum* in Südtirol und rekultivierte damit verklungene Tourismusepochen.

Von der Plätzwiese senkt sich ein Militärfahrweg in eindrucksvollem Verlauf nach **Schluderbach.** An Stelle des Holzumschlag-

Am Ende der ersten Steigung nach Niederdorf bietet sich plötzlich ein Blick auf die mächtigen Felsstöcke der Pragser Dolomiten.

platzes »Am Lager« bzw. einer Köhlerei – deshalb die italienische Bezeichnung Carbonin – gründete Anfang des 19. Jahrhunderts der Bauer Ploner, mit Hofnamen »Schluderbacher«, aus Niederdorf ein Wirtshaus: Beim Schluderbacher. Unter seinem Sohn Georg mauserte sich das Gasthaus zu einem der wichtigsten Dolomiten-Standquartiere für Bergsteiger. Das spätere Hotel Ploner blieb bis 1982 im Familienbesitz. Als dann der Wirt zweiundvierzigjährig starb und sein in der Schweiz lebender Bruder den Betrieb nicht übernahm, erwarb ihn ein italienisches Bankenkonsortium, das die Baulichkeiten in Appartements – jedes hat mehrere Besitzer – umwandelte und diese als eine Art Eigentumswohnungen veräußerte.

In der Nähe liegt inmitten einer gigantischen Alpinkulisse der **Dürrensee,** östlich überragt von dem während des Ersten Weltkriegs mörderisch umkämpften Monte Piana. Im Wasser spiegeln sich die Bastionen des Monte Cristallo; unter bunten Segeln

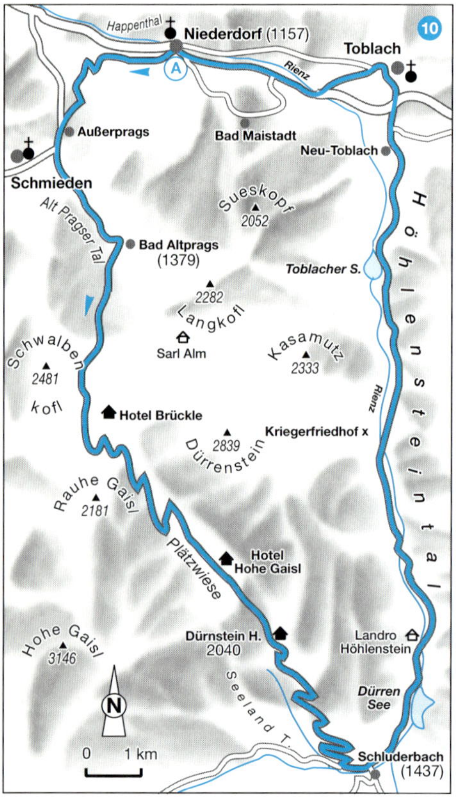

gleiten Surfer dahin. Kaum ein Tourist, der hier nicht verweilt.

Wir sind im **Höhlensteintal,** das die Sextener Dolomiten von den Pragser Dolomiten scheidet. Ab 1909 verkehrte zweimal täglich ein Postbus zwischen Toblach und Cortina. Überdies rumpelten Pferdekutschen sowie Autos durch das Tal. Eine Reiseführerpublikation beklagte den »sehr lebhaften Verkehr auf der Ampezzaner Straße, der einem durch Benzingestank und Staubwolken der mit 30 Kilometer und mehr dahinrasenden Automobilisten den Genuß der Landschaft verleidet«. Vor und während des Ersten Weltkriegs hatte Österreich eine Bahntrasse durch die Enge getrieben. Nach Kriegsende, im Mai 1919, übernahm die italienische Heeresleitung das unterbrochene Werk. Ab Juli 1920 war die gesamte Strecke von Calalzo über Cortina d'Ampezzo nach Toblach mit einer Spurweite von 95 Zentimetern befahrbar. 1928 wurde die Strecke sogar elektrifiziert. 1964 mußte sie wegen Unrentabilität stillgelegt werden.

Die kleine Hotelkolonie **Landro** war eine Station der Bahnlinie und k.u.k. Poststelle, ehe Österreich die Häuser 1915 sprengte, um dem Sperrfort im Falle eines italienischen Vorstoßes freies Schußfeld zu sichern. Verschont blieb nur die Kapelle. Ein feindlicher Angriff konnte im August 1915 zurückgeschlagen werden. Neu erstanden ist das einstige Hotel Baur unter dem Namen »Drei Zinnen«.

Ein Saum- und Fahrweg durch das Höhlensteintal existierte bereits im 13. Jahrhundert als Handelsroute zwischen Venedig und Süddeutschland. Nachdem sie 1829/30 zur Strada d'Alemagna verbreitert wurde, stieg das bis dahin schon recht beachtliche Ansehen **Toblachs.** Der »Vicus Duplagum« des Jahres 827, ein durch die von Innichen ausgehende Kolonisation entstandener Mairhof, entwickelte sich zu einer Verkehrsdrehscheibe, vor allem durch den Bau der Eisenbahnlinie Franzensfeste – Lienz im Jahr 1871. Die Fernreisezüge aus Budapest und Wien nach Innsbruck und Meran hielten in Toblach. Die Südbahngesellschaft erbaute 1876 beim Bahnhof das Grand Hotel, in dem gekrönte Häupter sowie der internationale Finanzadel abstiegen, bis zum Beginn

Angesichts der Cristallogipfel senkt sich das ehemalige Militärsträßchen von der Dürrensteinhütte auf der Plätzwiese ins Höhlensteintal.

des Ersten Weltkriegs, als das Hotel zum Feldlazarett umfunktioniert wurde. Hier fand der Komponist und Dirigent Gustav Mahler (1860–1911) schöpferische Sommerfrische; deshalb alljährlich die konzertanten Gustav-Mahler-Wochen. Jubelnder Tiroler Rokoko in der 1782 geweihten *Pfarrkirche St. Johannes,* der imposantesten Pustertaler Barockkirche mit konkav eingezogener Westfassade, errichtet vom Toblacher Baumeister Rudolf Schraffl. Der 76 Meter hohe Turm wurde im Jahr 1800 vollendet. Das Altarbild – »Taufe Christi« – entspricht der Patronanz. Es stammt von Franz Anton Zeiller aus Reutte (1716–1793). Den freistehenden Tabernakelaufsatz entwarf Johann Perger. Er starb 1774 während der Arbeiten. Unweit der Kirche die *Herbstenburg* aus dem 15. Jahrhundert. Sie wurde um 1500 von den Brüdern Kaspar und Christoph Herbst, Hauptleuten des Kaisers Maximilian, ausgebaut. Der Kaiser hatte in der Burg 1511 anläßlich der Venezianerkriege, als Toblach logistische Station war, zeitweise sein Hauptquartier und nutzte dies zu Kuren in Bad Maistatt und Altprags.

Streckenbeschreibung

Vom *Bahnhof* in Niederdorf (1157 m) westwärts, nach 350 Metern durch die Bahnunterführung und rechts noch 500 Meter. An der Gabelung links. Der asphaltierte Fahrweg schlängelt sich im Lärchenwald steil bergan und gönnt uns von der freien Höhe einen großartigen Blick auf die Pragser Dolomiten. Einzelne Bauernhöfe beleben den traumhaften Wiesenplan, von dem es hinunter geht zu einer *Kapelle* an der Straße in **Außerprags.**

Links halten 800 Meter zur Häusergruppe **In der Sag** (1206 m). An der Gabelung beim *Restaurant Tuscherhof* links ins **Altpragser Tal** (rechts zum Pragser Wildsee, 6 km, bis 8%). Nun bestimmt den Vorblick der eindrucksvolle Dürrenstein, auf dem das Kreuz zu erkennen ist. Langsam gewöhnen wir uns an die Steigungen: 8, 9, 10 Prozent.

Alt Prags (1379 m), früher eines der beliebtesten Heilbäder Tirols, als solches 1490 erstmals erwähnt, liegt links oberhalb der Straße. Die Szenerie wird grandioser. Rund 1,5 Kilometer keine Mühen auf den idyllischen *Kammeriotwiesen.* Dann über den *Stollabach* und wieder bergan. Flachstücke und Steigungen wechseln sich ab bis zur Schranke beim **Hotel Brückele** (1491 m).

Jetzt geht's richtig los! Vor der Roßlahnmulde wendet sich die Straße links. Acht Serpentinen und zahlreiche Kurven durchziehen den Bergwald. Sechs Kilometer nach »Brückele« legt sich der Asphalt kurz zurück. Regenerieren für die letzten 1000 Meter Strecke – bis 18 Prozent steil! Wie mit einem Schlag öffnet sich die **Plätzwiese.** Vorbei am *Gasthaus Plätzwiese* (1991 m) und dem *Hotel Hohe Gaisl,* sind es noch 2 Kilometer zur söllerähnlich postierten **Dürrensteinhütte** (2040 m).

Beiläufig 600 Meter tiefer lagert das **Höhlensteintal.** Die geschotterte, 7,5 Kilometer lange, 1941 von italienischen Pionieren trassierte schmale Militärstraße dorthin zweigt vor der Dürrensteinhütte rechts ab in das Waldtal des Seelandbaches. Zu Füßen der Geierwand kann gelegentlich Steinschlag nicht ausgeschlossen werden, warnt der Wirt der Dürrensteinhütte. Greifen die Bremsen zuverlässig! Stellenweise ist das steinige Sträßchen talseitig mit Mäuerchen gesichert. Bei einem gefaßten, spärlich rinnenden Quellbrunnen (vorher Rastplatz) stößt man auf die **Talstraße.**

Links, am Hotel Ploner in **Schluderbach** (1437 m) vorüber. Östlich sind die beiden Gipfelkuppen des Monte Piana auszumachen: italienische (rechts) und österreichische, bezogen auf ihre Besetzung im Ersten Weltkrieg.

Rechts führt die Straße zum Misurinasee. Nach einem Kilometer verlief von 1753 bis 1918 die Reichsgrenze Österreich/Italien, heute Grenze der Provinzen Bozen/Belluno. Wir fahren geradeaus und kommen an den **Dürrensee** (1407 m). Wenig später bietet sich von der Wiese bei **Landro** (1403 m) ein fesselnder Blick durch das Tal der Schwarzen Rienz zu den einmaligen Felsheroen der *Drei Zinnen,* konkret zur Westlichen Zinne und der links davon hochragenden Großen Zinne. Es ist der einzige Platz in einem Tal um die Drei Zinnen, von dem aus die senkrechten und überhängenden Nordwände dieser Berge zu sehen sind.

Nach 500 Metern kuschen rechts im Wald die Betonmauern des *Sperrfortes Landro.* Hier kreuzte die Eisenbahn die Straße. Links folgt der **Soldatenfriedhof Naßwand** für fast ausschließlich nicht deutschsprachige Gefallene. Im Ersten Weltkrieg diente der Platz als Nachschubbasis sowie als Feuerstellung für einen 30,5-Zentimeter-Mörser.

Das Radl fährt von alleine im leichten Gefälle. Links wird beim *Seehotel* der **Toblacher See** sichtbar. Wenig später geradeaus durch *Neu-Toblach,* die *Pustertalstraße* kreuzen und nach **Toblach** (1241 m). Vor der *Pfarrkirche* links haltend, erreicht man bei den Häusern von *Gratsch* wieder die **Pustertalstraße.** Sie leitet uns am *Wildpark* (links) sowie am *Campingplatz* (rechts) vorbei nach **Niederdorf.**

Nützliche Informationen

Entfernungen: Insgesamt 46 km. Niederdorf – Hotel Brückele 9 km; Hotel Brückele – Dürrensteinhütte 9 km; Dürrensteinhütte – Schluderbach 8 km; Schluderbach – Toblach 15 km; Toblach – Niederdorf 5 km.
Steigung: Etwa 1000 Meter.

Unterkunft: In Niederdorf sowie an der Strecke.
Camping: • Bei *Niederdorf* (2 km östlich, Straße nach Toblach): Olympia, ganzjährig, Tel. (0474) 72147, Fax 72713. • Bei *Toblach:* Toblacher See, ganzjährig, Tel. (0474) 72294 oder 72300.
Besichtigung: *Niederdorf:* Fremdenverkehrsmuseum, Mittwoch nachmittag, Samstag und Sonntag vormittag.
Fahrradverleih: Tankstelle beim *Campingplatz Olympia*, 2 km östlich von Niederdorf an der Staatsstraße.
Auskunft: • Tourismusverein, I-39039 Niederdorf, Tel. (0474) 75136, Fax 75283. • Tourismusverein, I-39030 Prags, Tel. (0474) 78660, Fax ebenso. • Tourismusverein, I-39034 Toblach, Tel. (0474) 72132, Fax 72730.

11 Innerfeldtal und Fischleinboden

Glanzlichter der Sextener Dolomiten

Tourencharakter: Die Ferienzeit ausgenommen, sind die Straßen nicht stark befahren. Anhaltende Steigung ins Innerfeldtal (bis 12%), nach Sexten und zum Fischleinboden.

Länge der Tour: 37 km.

Innerfeldtal und Fischleintal sind die für Radfahrer am einfachsten erreichbaren Glanzpunkte der Sextener Dolomiten auf Südtiroler Boden. Jedes dieser Täler, getrennt durch die monumentale Dreischusterspitze, hat seinen spezifischen Landschaftscharakter. Die größte Popularität und den stärksten Andrang »genießt« südlich von Sexten das **Fischleintal,** genau gesagt sein hinterer Teil, der **Fischleinboden** in den zentralen Sextener Dolomiten. Parkähnliche Anmut! Im Frühjahr ein Blütenteppich zwischen Lärchengrün, gesäumt von illustren Felsbildern: massig bis feindifferenziert, abgestumpft und türmereich.

Das **Innerfeldtal** erschließt auf sechs Kilometer die westlichen Sextener Dolomiten. Allgegenwärtige Dolomitkolosse umgeben den weiträumigen, fast ebenen Talboden, an dessen Ostrand die **Dreischusterhütte** Gastlichkeit gewährt. Nordwestlich dräut das zerklüftete Haunoldmassiv, der Sage nach ein zu Fels verwandelter Riese. Er habe beim Bau der Stiftskirche von **Innichen** die schweren Quadersteine auf dem Rücken transportiert. Nach der Vollendung des Werkes, als Haunold weiterhin die ihm versprochenen Unmengen an Speis und Trank forderte, sollen ihn die undankbaren Innicher erschlagen haben. Zur Strafe guckt ihnen nun der Haunold für immer und ewig in die Suppentöpfe. Ein angeblicher Knochen des Riesen baumelte lange Zeit in der ehemaligen *Stiftskirche St. Candidus und Corbinian.* Die spätromanische dreischiffige Basilika gilt als fundamentales sakrales Denkmal der Romanik in Tirol. Auffallend sind schon die Eingänge, vor allem das reich gegliederte Südportal. Im vertieften Tympanon das Relief »Christus als Richter« zwischen den Evangelistensymbolen. Darüber malte Michael Pacher um 1480 die heiligen Bischöfe Kandidus und Korbinian (rechts, mit dem Bär) sowie Kaiser Otto mit Schwert und Reichsadler. Otto der Große, Sieger über die Ungarn 955 auf dem Lechfeld bei Augsburg,

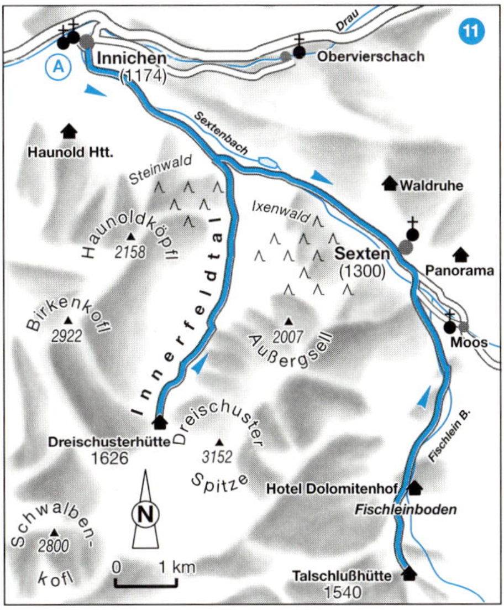

erscheint auch – mit Gemahlin Mathilde und Bayernherzog Tassillo III. – im Inneren des Hauptportal-Tympanons. Im Altarraum hängt die ergreifende, um 1200 geschnitzte Kreuzigungsgruppe. Die Füße des Gekreuzigten, den Maria und Johannes flankieren, ruhen auf dem Haupt des unerlösten Adam. Das verehrte »Heilig Creiz«, von dem 1413 laut einer Überlieferung »bluet herfürgebrochen« sei, entspricht würdevoll der hohen künstlerischen Bedeutung des Gesamtbauwerkes. Dazu gehört die 1968/69 erneuerte Krypta und dort, rückseitig, die Korbinian-Skulptur aus der 1. Hälfte des 13. Jahrhunderts. Von der 1735 abgebrannten romanischen *Pfarrkirche St. Michael* steht noch der eigenwillig an die rechte Chorecke gestellte runde Turm. Neubau um 1760 vollendet. Das 1994/95 restaurierte Innere gehört »zu den schönsten barocken Kirchenräumen Südtirols«, schreibt Josef Weingartner. Am Nordausgang des Friedhofs, im ehemaligen Kornkasten, richtete die Gemeinde das *Stiftsmuseum* ein. Es konserviert Kunstwerke und Dokumente aus mehr als 1000 Jahren Innicher Kirchengeschichte. Die Ortsgründung geht nämlich zurück auf die Schenkung des Hochpustertales ab Welsberg durch Herzog Tassilo im Jahr 769 an den Bischof von Freising mit der Verpflichtung, ein Kloster zu gründen sowie die Slawen jenseits des Kreuzbergpasses zu missionieren. Doch der Kulturboden ist viel älter. Das erbrachten Funde der römischen Straßenstation »Littanum«, die um 170 bis 405 n.Chr. bestand. Den Touristenströmen gerecht werdend, hat sich im Zentrum eine gewisse Verstädterung eingeschlichen. Erfreulicherweise umgeht der Durchgangsverkehr den Ortskern um den *Michaelsplatz!* Fußgängerzone! Suchen Sie ein gemütliches Lokal abseits: *Uhrmacher's Weinstube.* Im *Hotel Schmieder* eine Teestube im Wiener Stil anno 1911.

Von Innichen zieht das **Sextental** südostwärts in den publiken Ferienort **Sexten.** »Sexta«, den Namen einer Alm, liest man erstmals 965 in einer Schenkungsurkunde

Den Abschluß des zauberhaften Innerfeldtales bildet der 2493 Meter hohe Morgenkofel (rechts); links die Weißlahnspitze.

Die Talsenke des Fischleinbodens südlich von Sexten begrenzen die nach dem Sonnenstand benannten Gipfel; im Bild sichtbar: Elferkofel und Zwölferkofel.

Kaiser Ottos an das Stift Innichen für den Bau der Kirche. Gegen das Jahr 1000 erwuchsen die ersten Höfe. Ende des 15. Jahrhunderts zahlten 40 Anwesen jährlich drei Groschen an den Klerus. Der Erste Weltkrieg bzw. italienische Artillerie ließ Sexten in Trümmern versinken. Die *Pfarrkirche St. Petrus und Paulus* wurde 1921 bis 1923 neu errichtet. Gleichzeitig entstand der *Friedhof,* auf dem neben anderen der Sextener Bergführer Sepp Innerkofler, die schillerndste Persönlichkeit der gleichnamigen Bergführer-Dynastie, letzte Ruhe fand. Er fiel am 4. Juli 1915 beim Versuch, den Paternkofel militärisch zu erobern. Am Aufgang zum Friedhof malte Rudolf Stolz den *Totentanz,* eine in den Alpenländern verbreitete, jedoch in Tirol seltene, in Frankreich während des 15. Jahrhunderts aufgekommene Interpretation des Gedankens, daß vor Gevatter Tod alle Menschen gleich sind, ohne Ansehen des Geschlechts, des Standes und des Alters. Zugrunde liegt dem Tanz der Toten eine legendenhafte Vorstellung, nach der die Verstorbenen zu gewissen Zeiten um Mitternacht einen unheimlichen Tanz – »Danse macabre« – aufführen.

Streckenbeschreibung

Vom *Michaelsplatz* in **Innichen** (1174 m) südlich und mit der *Sextener Straße* aus der Marktgemeinde. Die erste Möglichkeit, das Innerfeldtal zu erreichen, ist nach 1,5 Kilometern rechts beschildert. Entweder dieser Route folgen – anfangs asphaltiert, dann Forstweg – oder auf der Talstraße nochmals 1,5 Kilometer, worauf rechts (1276 m) die schmale Teerstraße ins **Innerfeldtal** führt. Gemeinsam weiter bergan durch den herrlichen Lärchenwald, den der Gsellknoten und die Dreischusterspitze wuchtig überragen. Eine der großartigsten Dolomitenveduten!

Nach 4 Kilometern rechts am *Parkplatz* vorbei. Das Teersträßchen wird steiler, beschreibt etliche Schleifen und läuft schließlich nach 2 Kilometern bei der **Dreischusterhütte** (1626 m) aus.

Wieder zurück auf der **Talstraße,** wird erneut die Gangschaltung beansprucht. Es folgt das *Restaurant Alte Säge,* einst die Lanzinger Säge. Die Steigung ist zwar nicht übermäßig, hält aber an. Der Kirchturm von **Sexten** (1300 m) taucht auf, rechts die Sextener Rotwand und der Elferkofel. Ab der

Pfarrkirche noch 700 Meter talein. Beim *Hotel Waldheim* bzw. dem *Bergführerbüro* rechts. Am *Schwimmbad* rechts vorbei und dem für Kfz gesperrten Teersträßchen folgen. In *Bad Moos* nicht auf die Talstraße, sondern rechts davon in zunehmender Steigung 2 Kilometer zum *Hotel Dolomitenhof* (1454 m), das wir links liegenlassen. Jetzt sind nur mehr Radler und Fußgänger zugelassen. Den Hintergrund zeichnen die eleganten Formen des Zwölferkofels (3094 m) und der massige Einserkofel. In diesem Fluidum kauert die kleine **Talschlußhütte** (1540 m) an der Mündung des Altensteintales und des Bacherntales, der wahrhaftigen Krönung unserer Tour.

Nützliche Informationen

Entfernungen: Insgesamt 37 km. Innichen – Dreischusterhütte 9 km; Dreischusterhütte – Sexten-Pfarrkirche 7,5 km; Pfarrkirche – Fischleinboden-Talschlußhütte 7 km; Talschlußhütte – Innichen 13,5 km.
Steigung: 720 Meter.
Unterkunft: Innichen und Sexten sowie an der Strecke.
Camping: *Sexten:* Caravan Park Sexten, 23.5.–25.10., Tel. (0474) 70444, Fax 70053; gehört zu den 22 »Superplätzen« Europas!
Besichtigungen: • *Innichen:* Stiftsmuseum, 1.6.–15.10., Donnerstag, Freitag, Samstag 17–19 Uhr, Sonntag 10–11 Uhr; 15.7.–31.8. zusätzlich Dienstag bis Samstag 10–11 Uhr.
• *Sexten:* Rudolf-Stolz-Museum, Mitte Juni bis 1. Oktober Dienstag, Freitag, Sonntag 10–12 Uhr, Mittwoch und Freitag 17–19 Uhr.
Fahrradverleih: • *Innichen:* Papinsport.
• *Sexten:* Sport Kiniger.
Abstecher: Von **Sexten** (Kirche, 1300 m) durch den Ortsteil *Moos* (1331 m) 8 Kilometer – bis 12% Steigung – in landschaftlich ansprechender Umgebung zum **Kreuzbergpaß** (1656 m).
Auskunft: • Tourismusverein, I-39038 Innichen, Tel. (0474) 73149, Fax 73677. Broschüre »Tourenvorschläge für Mountainbike« kostenlos im Verkehrsamt erhältlich.
• Tourismusverein, 39030 Sexten, Tel. (0474) 70310, Fax 70318.

12 Aus dem Gadertal zum Würzjoch

An den Pforten Ladiniens

Tourencharakter: Verkehrsarme Straßen, ausgenommen im Gadertal. Von Zwischenwasser (1015 m) zum Würzjoch (2006 m) bis 13%, ein Flachstück (ca. 4 km). Abfahrt bis 12% bzw. Gegensteigung 3 km bis 12%.

Länge der Tour: 35 km.

Das Gadertal, Fuge zwischen Westlichen und Östlichen Dolomiten, stellt, aus dem Pustertal kommend, einen Schlupf nach Ladinien her, den in der »Union generale di Ladins« zusammengeschlossenen, vom Sellastock ausgehenden vier Talschaften, wo das Ladinische mehr oder weniger als Muttersprache geläufig und neben Italienisch und Deutsch dritte Amtssprache ist. Kein Dialekt, sondern eine selbständige, eher provenzalisch-französisch als italienisch klingende rätoromanische Sprache. Der Anteil der Ladiner an der Südtiroler Bevölkerung beläuft sich auf 4,2 Prozent: rund 18000 Personen. 1985 feierten die Gadertaler mit ihren übrigen Landsleuten im Dolomitenraum »2000 Jahre Ladinien«.

Nördlichster ladinischer Ort auf der Talsohle: **Lungega – Zwischenwasser,** zwischen den Wassern von Gader- und Vigilbach, eine Fraktion von Enneberg. In Zwischenwasser erfolgt der Aufbruch. Ladinisch ist auch **Rina – Welschellen,** das Ziel der ersten Bergetappe. Welschellen deshalb, um es vom Bergdörfchen Ellen »draußen« bei Montal zu unterscheiden, das deutsch ist und nicht »welsch«, also ladinisch (oder italienisch). Welschellen liegt in anmutiger Hanglage 400 Meter über dem Gadertal und begeistert mit phantastischen Ausblicken zum Riesenwall des Heiligkreuzkofels und der damit links verbundenen Zehnerspitze (Gipfelkreuz) und Neunerspitze, den sogenannten »Uhrzeigerbergen«. Die barocke *Peter- und Paulskirche* erfuhr ihre Weihe 1718, die Deckengemälde – u.a. Übergabe des Himmelsschlüssels an Petrus – schuf

Während des »Anstiegs« zum Würzjoch füllt im Südosten der Heiligkreuzkofel den Horizont.

aber J.M. Peskoller erst 1909 unter dem Einfluß des Jugendstiles.

Antermëia! Welch ein Wohlklang gegenüber dem deutschen Ortsnamen **Untermoi.** Eine Urkunde des Klosters Sonnenburg bezeugt 1263 etliche zinspflichtige Schwaighöfe. Nicht ganz 300 Einwohner zählt die Fraktion von St. Martin. Wenn die Gasthöfe, Hotels, Appartements, Residenzen und sogar das kleinste Privatzimmer im August belegt sind, scheint Untermoi zu explodieren vor lauter Fremden. Einheimische muß man suchen wie die vielzitierte Stecknadel im Heuhaufen. Ältere Leute flüchten schon mal in die kühle Stille der Kirche, die vor mehr als 500 Jahren erstellt, 1920 wesentlich verändert wurde.

Den Kulminationspunkt unserer Anstrengungen bildet das **Würzjoch,** ein Paßübergang aus dem Gadertal ins Villnöß-, Eisack- und Lüsental. Der ladinischen Bezeichnung Börz für den Sattel entspricht auch Ütia de Börz, die gastliche *Würzjochhütte.* »Herr im Hause« ist der Peitlerkofel mit seinen 400 Meter hohen Abstürzen. Er präsentiert sich in voller Wucht und Größe, links der Hauptgipfel, rechts der »Kleine Peitler«.

Einen Stopp bei der Abfahrt vom Würzjoch rechtfertigt **Schloß Thurn,** die besterhaltene Burg im Gadertal. Als »Thurn in Geder« wird die Anlage um 1290 beurkundet. Erbauer der Hauptburg bzw. des Gerichtssitzes war das seit 1051 durch königliche Huld im Gadertal begüterte Fürstbistum Brixen.

In **San Martin de Tor – St. Martin in Thurn** hat das *Ladinische Kulturinstitut* (Istitut Ladin Micurá de Rü) seit 1977 seinen Sitz. Um 1490 fiel der Ort, damals als »große Stadt« beschrieben, einer Mure zum Opfer. Auch das 1268 erwähnte Martinskirchlein verschwand. Doch schon 1492 weihte man die neue *Pfarrkirche,* versah sie mit einem 42 Meter hohen Turm. In der linken Seitenwand ruht in einem neugotischen Glasschrein der Leib des hl. Germanus. Der in Trier gebürtige Abt des Klosters Grandval

(Schweizer Jura) lebte im 7. Jahrhundert und wurde von Söldnern seines christlichen Glaubens wegen ermordet. Der *Gasthof Dasser* bei der Kirche am Hauptplatz geht in seinem Mauerwerk zurück in das Jahr 1588.

Mehr über die Historie des Gadertales erfährt man drunten in **Pikolein** an der *Talstraße*. Der brixnerische Pfleger Dominikus Piazza stiftete 1688 das dem hl. Antonius von Padua gewidmete *Kirchlein*. Vom Leben und den Wundern des Heiligen erzählen die beiderseits an den Schiffswänden 1699 angebrachten zwei Holztafeln – je 18 gemalte Szenen – in deutscher Sprache. Der beachtenswerte Hauptaltar wird dem Grödner Meister Dominik Vinazer zugeschrieben. Im *Ansitz Freyeck* hausten jene Herren von Colz, die 1582 den von Sagen gepriesenen tapferen Ritter Franz Prack ermordeten und deshalb die Ächtung über ihr Geschlecht heraufbeschworen.

Streckenbeschreibung

In **Zwischenwasser** (1015 m) rechts über den *Vigilbach* und auf der *Staatsstraße 244* etwa 300 Meter, dann rechts über den *Gaderbach* entsprechend der blauen Tafel »Welschellen«. Sofort steil bergan, praktisch ohne Unterbrechung 3,5 Kilometer durch Wald in das wie an den Steilflanken klebende Dörfchen **Welschellen** (1434 m). Obwohl der Heiligkreuzkofel und seine Trabanten schon unterwegs wiederholt ins Blickfeld getreten sind, haben wir nun Gelegenheit, das gewaltige Dolomitenbild eindringlich zu bestaunen. Gleich oberhalb des Ortes springt die nächste steinerne Dominante vor die Augen: Peitlerkofel.

Eben dahin, 4 Kilometer, sogar abwärts, was man natürlich »büßen« muß, denn die Gegensteigung bleibt nicht aus. Sie bringt uns, durch eine Lawinenschutz-Galerie, zur *Würzjochstraße* und auf dieser in das 1 Kilometer entfernte **Untermoi** (1465 m).

Im weiteren Verlauf schält sich der Stock des Peitlerkofels immer deutlicher aus der Landschaft. Das Kreuz auf dem Hauptgipfel

Pütia heißt der Peitlerkofel im Ladinischen. Er dominiert südlich des Würzjochs, dem Scheitelpunkt der Radtour.

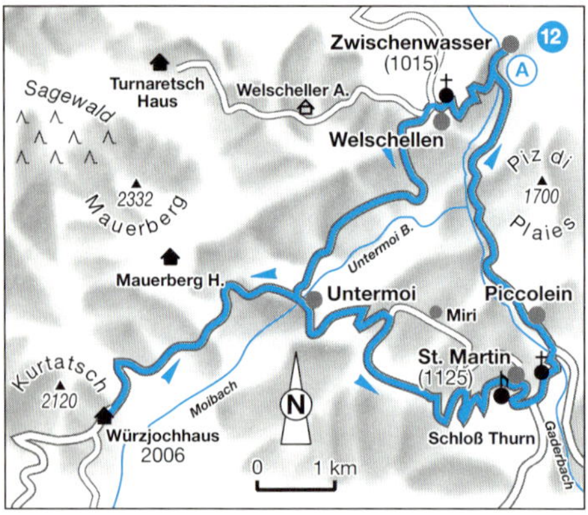

ist mit bloßem Auge wahrnehmbar. Holzzäune begleiten das Sträßchen, das uns erst auf dem **Würzjoch** (2006 m) wieder zu Atem kommen läßt.

Die Abfahrt führt durch das schon bekannte **Untermoi** (1465 m). Etwa 1,5 Kilometer hernach erfolgt aus der Mulde des *Moibaches* eine von Flachstücken durchsetzte Gegensteigung 3 Kilometer durch Wald zum *Col dal Ermo* (1498 m). Anschließend kurvenreich hinunter, **Schloß Thurn** passierend, nach **St. Martin** (1125 m) und zu der sichtbaren **Gadertalstraße.** Ungefähr 150 Meter nach dem *Hotel Post* zweigt rechts das Stichsträßchen nach **Pikolein** (1115 m) ab. Hier trennen uns 5 Kilometer mäßiges Gefälle von **Zwischenwasser.**

Nützliche Informationen

Entfernungen: Insgesamt 35 km. Zwischenwasser – Welschellen 4 km; Welschellen – Untermoi 6 km; Untermoi – Würzjoch 5 km; Würzjoch – St. Martin 14 km; St. Martin – Zwischenwasser 6 km.
Steigung: Etwa 1150 Meter.
Unterkunft: In den Orten sowie an der Strecke, u.a. im Würzjochhaus.
Camping: Nächster Platz bei *St. Lorenzen:* Ansitz Wildberg, Tel. (0474) 44080.
Fahrradverleih: *St. Martin in Thurn:* Gasthof Dasser.
Auskunft: • Tourismusverein Enneberg, I-39030 St. Vigil, Tel. (0474) 501037, Fax 501566. • Tourismusverein, I-39010 St. Martin in Thurn, Tel. (0474) 523175, Fax 523474.

13 Valparola – Falzarego – Campolongo

Drei Pässe von Corvara

Tourencharakter: Außerhalb der Sommerferien verkehrsarme Strecken. Höchststeigungen 10%.
Länge der Tour: 49 km (ohne Abstecher zur Burgruine Andraz).

Obschon Corvara an der populären Sella-Runde liegt (siehe Tour 19), wird ein anderer »Giro« empfohlen, eine kürzere und weniger Leistung fordernde Alternative, nämlich die aus dem Kassiantal über den Valparola-, Falzarego- und Campolungopaß. Im Grunde genommen sind es nur zwei Pässe, denn der Falzaregopaß wird vom Valparola in leichtem Gefälle erreicht.

Corvara, das ladinische **Kurfar,** sonnt sich inmitten der Dolomiten, umrahmt von der Puezgruppe, dem Sellastock und den Hochflächen der Pralongia, nördlich beherrscht vom Sass Songher. Ungefähr 90 Prozent der 1194 Einwohner sind Ladiner. Anno 1292 gab es in »Coruera« fünf Bauernhöfe. Was sich daraus entwickelt hat, kann jeder Besucher sehen!

Das **Corvaratal,** die Alta Badia – Hochabteital, bildet die Fortsetzung des Abteitales zwischen Pederoa und Stern. **Stern** ist Hauptort der Großgemeinde Abtei, so benannt, weil im Tal die ehemalige Benediktinerinnen-Abtei Sonnenberg begütert war. Der einigermaßen ursprünglich gebliebene Ortsteil erstreckt sich oberhalb der Staatsstraße. Dort erstellte Hans von Rubatsch im 16. Jahrhundert den wehrhaften *Ansitz Rubatsch:* Gran Chiasa de la Ila, nennen die Ladiner das »Große Haus von Ila«, wie Stern in ihrer Sprache heißt.

Von Stern führt das **St.-Kassian-Tal** südöstlich Richtung Passo di Valparola. Hauptort ist das ladinische **San Ciascian – St. Kassian.** Es genießt in Geologenkreisen einen besonderen Ruf wegen der im Umkreis vorkommenden Fossilien, vornehmlich der fächerförmig gerippten Muschel »Daonalle lomelli«. Der Reichtum an Petrefakten – die Ladiner sagen Kuretsch – wird auf die vulkanisch beeinflußten, sogenannten »Cassianerschichten« zurückgeführt. Urzeitfunde, Fossilien sowie Handwerksgerät bewahrt das Heimatmuseum (Pic Museo Ladin) auf. Attraktion: Skelett des vor 14 000 Jahren ausgestorbenen »Ursus Spelaeus«, eines Bären, das in einer 200 Meter tiefen Höhle der Cunturines östlich des Ortes zufällig entdeckt wurde.

Diese Cunturines, von Sagen umwitterte, wildzerklüftete Berge, erheben sich links der Auffahrt zum Valparolapaß. Das **Rifugio Passo di Valparola** vermittelt instruktive Blicke südwestlich zum blutgetränkten Col di Lana. Links unter dem Gipfel erkennt man das Kirchlein. Es steht in der Mulde, die am 17. April 1916 die italienische Sprengung mit 5024 Kilogramm Dynamit riß, exakt um 23.39 Uhr. Dabei fielen 110 österreichische Soldaten. Bei den bis dahin tobenden Kämpfen um den Col di Lana, bei fünf Offensiven mit 97 vergeblichen Angriffen, verlor Italien 6400 Mann, die österreichischen Verteidiger 1800.

Zeugnisse des Völkermordens auch an anderen Orten. Das in den achtziger Jahren des 19. Jahrhunderts betonierte **Sperrfort Tra i Sassi** wurde vor seiner Desarmierung von einer italienischen 26-Zentimeter-Granate getroffen. Sie durchschlug die Decken und forderte einige Todesopfer. Tra i Sassi bedeutet soviel wie »zwischen den Steinen«, nämlich denen der Trümmermulde längs der Straße. Dort scheiterte am 8. August 1915 der Durchbruchsversuch mehrerer Bataillone. Im Fels des rechts hochragenden Sasso di Stria (Hexenstein) sieht man die Schießöffnungen des »Goigingerstollens« – nach Generalfeldmarschall Goiginger –, durch den die österreichische Schulterstellung über dem Falzaregopaß mit Nachschub versorgt wurde.

Am **Passo di Falzarego** mündet unsere Tour in die **Große Dolomitenstraße** Cortina d'Ampezzo – Bozen. Nördlich sind in der Wand des *Lagazuoi Piccolo,* auf den eine Seilbahn schwebt, die Felsausbrüche einer italienischen Minensprengung noch erkennbar. Der Paß ist seit altersher ein wichtiger Übergang aus dem Ampezzanischen zu unserem nächsten Ziel: Buchenstein, ladinisch Fodom, italienisch Livinallongo. Etwa 4,5 Kilometer unterhalb der Paßhöhe zweigt rechts ein steiniger Fahrweg ab – Hinweis »Castello d'Andraz« – zu der 700 Meter entfernten Burgruine auf einem 70 Meter hohen Felsstock. Namentlich erscheint »castrum Puchenstain« 1256. Seinerzeit die höchstgelegene Burg Tirols – bis 1918, dem Ende des Ersten Weltkrieges. Damit änderten sich die politischen Verhältnisse. Buchenstein kam 1923 zur Provinz Belluno, unterstand kirchlich aber bis 1964 dem Bistum Brixen – wie seit dem Jahr 1091, als es durch eine Schenkung Kaiser Heinrichs IV. an Brixen gegangen war. Mittlerweile ist die ladinische Muttersprache vieler junger Leute schon erheblich »verwelscht« (italienisiert). Sie werden, schreibt Bepe Richebuono ahnungsvoll in der Südtiroler Tageszeitung »Dolomiten«, »fortschreitend unter einen immer stärkeren politischen und finanziellen Druck gesetzt; wenn es so weitergeht, ist es nur eine Frage der Zeit, bis auch sie für Ladinien verlorengehen«. Er spielt auf die Ortschaft Colle Santa Lucia an, die nicht der ladinischen »Union Generale« angehört. 1992, als 1075 der 1163 Wahlberechtigten in Buchenstein über ihre zukünftige politische Heimat abstimmten, votierten 54,35 Prozent gegen einen Anschluß an Südtirol!

In **Pieve in Livinallongo** (ladinisch **Plie da Fondom)** schlägt das Herz der Gemeinde Livinallongo/Buchenstein. Der Ort war ab

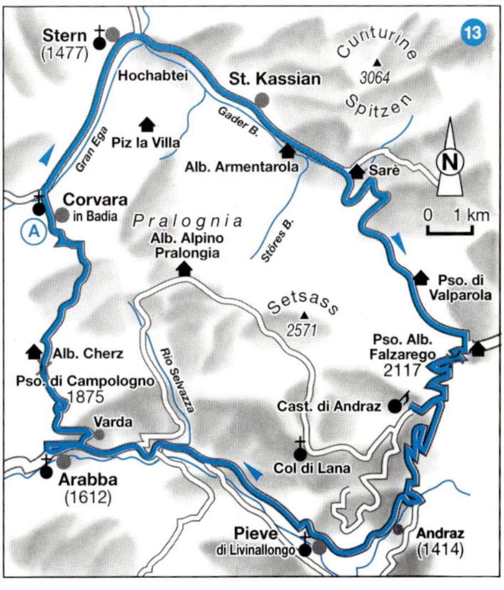

1817 Sitz eines österreichischen Landgerichtes, das 1849 Bezirksgericht wurde und bis zur italienischen Kriegserklärung im Mai 1915 bestand. Mittelpunkt ist die Piazza 7. November 1918 (Tag der österreichischen Kapitulation). Dort steht die *Pfarrkirche St. Jakob* mit einem 56 Meter hohen Turm. In der Mensanische des linken Seitenaltares liegen die Gebeine des hl. Felix, eines Märtyrers des 3. Jahrhunderts. Die Reliquien sind ein Geschenk von Papst Gregor XVI. im Jahr 1843 an die Pfarrei. Über Katharina Lanz, das »Heldenmädchen von Spinges« im Tiroler Freiheitskampf 1809, deren Bronzefigur 1964 wieder neben der Kirche aufgestellt wurde, berichtet eine Informationstafel.

Arabba, das ladinische **Reba** im obersten Cordevoletal, erfuhr, wie die meisten Ortschaften des Frontgebietes im Ersten Weltkrieg, fast vollständige Zerstörung. Wie durch ein Wunder blieb die spätgotische *Pfarrkirche St. Peter und Paul* verschont. Seilbahngondeln schweben in die *Porta Vescovo* (2562 m) des der Marmolada vorgelagerten Padonkammes aus vulkanischem Gestein.

Wir müssen noch den **Passo di Campolongo** »überspringen«, um wieder an den Startplatz zu gelangen.

Streckenbeschreibung

Ungewöhnlicherweise beginnt die Tour mit einer Abfahrt, von **Corvara** (1558 m) nach **Stern** (1477 m), wo wir links durch den oberen Ortsteil radeln, um das alte Dorf kennenzulernen, denn das neue Stern an der Hauptstraße ist so uniform wie die meisten vielbesuchten Tourismusarenen.

Rechts einschwenken in das **St.-Kassian-**

Am Passo di Valparola. Rechts der Settsass, links der Col di Lana; dazwischen spitzt die Marmolada hervor.

Tal: 10 Prozent Steigung, die sich aber bald legt. Entweder linkshaltend durch **St. Kassian** (1542 m) oder auf der Umgehungsstraße. Nach einem erneuten Steilaufschwung breitet sich die Hotelsiedlung **Armentarola** (1618 m) aus. Links die Cunturinesspitzen.

Hinter der Brücke über den *Sarebach* folgt eine ausgeglichene Dauersteigung von 10 Prozent, begleitet von Lärchen und Kiefern, dann, bereits in der Provinz Belluno, von kahlem Gelände. Entspannung beim **Rifugio Passo di Valparola** (2168 m) oberhalb eines Seeleins. Zwischen dem Col di Lana und den Ausläufern des Settsass schimmern die Gletscher der Marmolada.

Vorbei am ehemaligen Sperrfort **Tra i Sassi.** Die schwach gewölbte Straßenkuppe des **Passo di Valparola** (2192 m) überfährt man, ohne es richtig zu merken. Und schon sind wir im **Passo di Falzarego** (2117 m).

Angesichts der Marmolada macht man sich an die Abfahrt auf der Südrampe, zu Beginn mit Hilfe einer Stützmauer sowie eines Kehrtunnels. Achten Sie auf den erwähnten Geheimtip **»Castello d'Andraz«.** Rund zwanzig Kehren durchmessen die lichten Lärchenwälder. Die Linksabzweigung »Belluno/Selva di Cadore« bleibt unbeachtet. Wir passieren **Andraz** (1414 m), das sich links unterhalb der Straße an den Hang schmiegt. Großartiger Civettablick in **Pieve di Livinallongo** (1475 m) im Südhang des Col di Lana.

Mühelos geht es durch die Waldflanken über dem Cordevoletal. Das **Ristorante al Forte** (1480 m), ein bekanntes Feinschmeckerlokal, hat sich in der ehemaligen österreichischen Straßensperre *Ruaz* eingenistet, flankiert von zwei Kanonen. Hier verliefen Grenze und Front bis November

Der im Ersten Weltkrieg umkämpfte, von den Österreichern gehaltene Hexenstein (ital. Sasso di Stria) über dem Passo di Falzarego, von dem die Radtour nach Buchenstein führt.

1918. Der Gourmettempel liegt halbwegs zwischen Pieve und **Arabba** (1612 m). Ende des »Dolce far niente«! In Arabba heißt es wieder die Pedale beanspruchen: 8 Prozent einen Kilometer empor in den Weiler *Varda.* Noch steiler – schätzungsweise 10 Prozent – die restlichen 3 Kilometer zum *Albergo Monte Cherz* auf dem **Passo di Campolongo** (1875 m).

Anschließend verschwindet rückwärts die eisgepanzerte Marmolada. Dafür haben wir links die östliche Sellagruppe, wohin beispielsweise 400 Meter nach dem Paß vom *Hotel Boé* (1860 m) ein Wanderweg führt. Das *Hotel Planac* (1710 m) steht rechts abseits der Straße. Wir befinden uns wieder auf Südtiroler Boden. Wäre nicht das Band der Straße, könnte der markante Sass Songher unübersehbare Orientierungshilfe sein, ehe wir die Kehrenfolge hinab nach **Corvara** anbremsen.

Nützliche Informationen

Entfernungen: Insgesamt 49 km. Corvara – Stern 4,5 km; Stern – St. Kassian 2,5 km; Stern – Falzaregopaß 11 km; Falzaregopaß – Pieve in Livinallongo 13,5 km; Pieve – Arabba 7,5 km; Arabba – Passo di Campolongo 4 km; Passo di Campolongo – Corvara 6 km.
Steigung: Knapp 1100 Meter.
Unterkunft: In den Orten und an der Strecke.
Camping: • *Kolfuschg:* Colfosco, 1.6.–30.9., Tel. (0471) 836515, Fax 836313. • *St. Kassian-Armentarola:* Sass Dlacia, ganzjährig, Tel. (0471) 849527, Fax 849244.
Besichtigung: *St. Kassian:* Pic Museo Ladin (Urzeitfunde, Fossilien, Handwerksgerät), Mitte Juni bis Ende September 14–17 Uhr.
Fahrradverleih: • *Corvara:* Sport Da Carlo (Villa Catarina beim Col-Alto-Sessellift). • *Kolfuschg:* Sport Edoardo. • Fahrradverleiher in Stern/La Villa und St. Kassian vermittelt das Tourismusbüro La Villa, Tel. (0471) 847307.
Auskunft: • Tourismusverein, I-39033 Corvara, Tel. (0471) 836176, Fax 836540. • Tourismusverein, 39030 St. Kassian, Tel. (0471) 849422, Fax 849249.

14 Von Brixen nach Rodeneck

Über die Lüsener Alpe

Tourencharakter: Kaum befahrene Strecke. Auf der Lüsener Alpe geschotterte Fahrwege. Von Rodeneck ins Rienztal steiler Waldweg.
Bis zur Roneralm sollte man der Aussicht wegen in jedem Falle radeln! Von dort eventuell direkt zurück nach Brixen, wobei erheblich weniger Höhenmeter zu bewältigen sind.
Länge der Tour: 57 km.

Am schönsten finde ich die **Lüsener Alpe** im Spätherbst, wenn gekräuselte Wolken unter einem tiefen Himmelsblau hängen und die Wiesen gelbbraun zu glühen scheinen. Zartes Licht verleiht der Hochfläche eine festliche Stimmung. An ihren Rändern das dunkle Grün der Forste. Die Zillertaler Alpen im Norden tragen manchmal schon ihr erstes Schneekleid. Allerdings verlangt die Lüsener Alpe erhebliche Plackerei. Ich denke vor allem an die »Kehrenorgie« von Lüsen über 650 Höhenmeter zum Tulperhof. Demgegenüber ist die Auffahrt aus dem Brixener Kessel nach Lüsen – wenn auch kilometermäßig länger – ein »Aufwärmen«.

Einen erhabeneren Startplatz als den Domplatz von **Brixen** kann man für eine Radltour in Südtirol nicht finden. Die älteste und drittgrößte Stadt des Landes – 17326 Einwohner – atmet noch immer geistliche Atmosphäre, obwohl der Bischofssitz schon vor einem Vierteljahrhundert nach Bozen verlegt wurde. Zweitausend Jahre nachdem die Bischöfe ihre Veste Säben verlassen und das ihnen von König Ludwig dem Kind, dem letzten Karolinger, 901 zugewiesene »curtis Prihsna« (Gehöft Brixen) übernommen hatten, erinnern zumindest großartige Bauwerke an verklungene Bedeutung.

Beim Anblick der bischöflichen Hofburg bedarf es wahrlich keiner Phantasie, um sich die einstige Macht der Kirchenherren sowie ihren Lebensstil ausmalen zu können. Bereits 1578, vor dem Neubau, registrierte das

Inventarverzeichnis 52 Räume, ohne Wirtschaftsräume. Kaiser Karl V. konnte sich ausbreiten während seiner Visite 1530, wie auch schon Michael Gaismair, Schreiber des Landeshauptmannes und des Bischofs, der im Bauernaufstand 1525 die Burg besetzte und zwei Monate dort residierte. Vorher, am 9. Mai, hatten seine Haufen ihren zum Tode verurteilten Anführer Peter Passler, einen »Kämpfer für Gerechtigkeit gegen die bischöfliche Willkür«, befreit. »Der tiefe Haß gegen die geldgierigen und sittlich verdorbenen Prälaten nahm besonders im Brixener Bistum immer schärfere Züge an«, doziert Professor Dr. Josef Macek. Das Volk litt schwer unter Steuern und anderen Abgaben, weil »die Ansprüche des bischöflichen Hofes dauernd stiegen«. So hatte Bischof Melchior dem Jakob Fugger 1505 heimlich den horrenden Betrag von 100 000 Gulden geliehen.

Diese Hintergrundinformationen mögen dazu beitragen, den Renaissancepalast trotz seiner Prunkentfaltung kritisch zu sehen! Man muß wissen, daß die Bischöfe damals, eigentlich bis zur Säkularisation 1803, auch weltliche Herrscher waren. Beim zweitägigen Altstadtfest alle geraden Jahre (nächstes 1996) Ende August vor rund 35 000 Gästen versuchen die Akteure in historischer Kleidung die Vergangenheit heraufzubeschwören. Bischof Bruno (1250–1288) aus dem schwäbischen Illertal titulierte sich »Princeps terrae« – Landesfürst. Die Hofburg erfuhr ihre Vollendung zwischen 1707 und 1711 unter Fürstbischof Caspar Ignaz Graf Künigl von Ehrenburg – für 29 609 Gulden; Besichtigung.

Beim Bau des *Domes Maria Himmelfahrt* (1745–1754) im Barock lombardischer Art scheute der Klerus ebenso keine Kosten: neun Altäre aus verschiedenfarbigen erlesenen Marmorarten mit filigranen Einlegearbeiten, buntes Marmor-Chorgeländer, vergoldete Kanzel, Orgelprospekt an der Stirnwand, Deckengemälde von Paul Troger. Rechts am Dom der spätgotische, reich freskierte *Kreuzgang,* einer der bedeutendsten im Alpenraum. Links des Domes das Viereck des einstigen *Friedhofs;* an der ostseitigen Mauer die Grabplatte des Oswald von Wolkenstein. Es folgt die gotische, 1758 barocki-

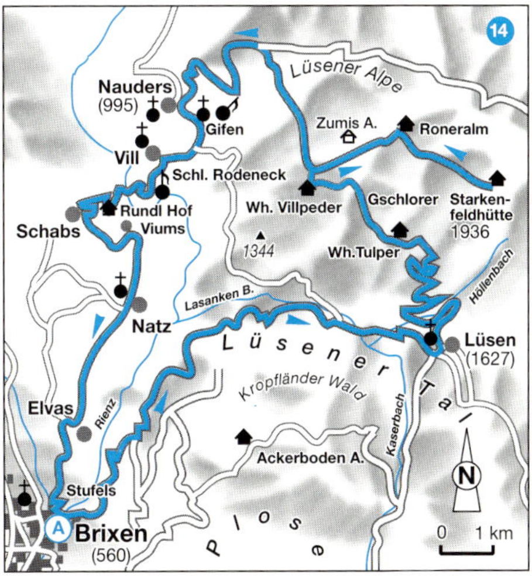

sierte *Pfarrkirche St. Michael.* Ihr »Weißer Turm« ist das Wahrzeichen der Stadt. Betrachten wir nochmals die klassizistische Domfassade! Auf der Vorhalle stehen die Diözesanpatrone der Gründerzeit: Kassian (legendär), Ingenuin, Albuin. Ingenuin zeigt mit der Hand in die Domgasse, zum *»Finsterwirt«,* wie die Geste volkstümlich ausgelegt wird, einem historischen Wirtshaus. Keine schlechte Adresse!

Das gilt auch in den »Lauben« für den *Gasthof Fink,* den jedes Kind kennt. Im 1. Stock ist ein prähistorischer Menhir ausgestellt, den der Metzger, Wirt und verdienstvolle Heimatkundler Hans Fink 1955 im nahen Tötschling entdeckte.

Genug des Essens und Trinkens! Ein voller Magen belastet die Auffahrt nach **Lüsen** im gleichnamigen Tal, nordöstlich von Brixen. Zur Gemeinde Lüsen zählen sieben Fraktionen auf einer Fläche von 74,24 km^2. Laut Professor Dr. Karl Finsterwalder sprach man im Lüsental bis um das Jahr 1200 ladinisch. Die Volkszählung 1991 ergab 1392 Bewohner. Bekannte »Lissna«, wie sich die Lüsener nennen, sind: Der zwielichtige Bauernführer Balthasar Dosser, 1562 vor dem Rathaus zu Innsbruck bei lebendigem Leibe gevierteilt; der Volksschulreformer Anton Kuen (1740–1811), Pfarrer in Lüsen; Dr. Joseph Gargitter (1917–1991), Südtirols Bischof zwischen 1952 und 1986. 1921 hatte ein Großbrand fast das ganze Dorf eingeäschert. Danach wurde die *Pfarrkirche St. Georg* –

Kirchweih jeden 2. September-Sonntag – verlängert und erhöht. Kostbarstes Inventar: die um 1430 geschnitzte, im 19. Jahrhundert gefaßte Pietà und ein Fastentuch des 17. Jahrhunderts. Jüngeren Datums sind, wie man auf den ersten Blick ersieht, die Deckengemälde: 1958 von J. B. Oberkofler. Neben der Pfarrkirche steht die um 1400 erbaute, 1683 erneuerte *Killianskirche.* Im Pfarrhaus das *Pfarrmuseum.* Ein Stück Alt-Lüsen vermittelt die *Stricker Mühle* aus dem 16. Jahrhundert, die als »Schaumühle« zugänglich ist.

Lüsen ist der Hauptort des gleichnamigen Tales nordöstlich von Brixen, durch das man die Lüsener Alpe erreicht (rechts).

Am Pianerkreuz bei der Fahrt über die Lüsener Alpe zur Starkenfeldhütte.

Über dem »Berg«, jenseits der Lüsener Alpe, breitet sich oberhalb des vordersten Pustertales die Gemeinde **Rodeneck** aus. Wo die Rienz das Pustertal verläßt und eine tiefe Schleife in die Landschaft gräbt, thront über wilder Schluchtenszenerie die **Burg Rodeneck** auf einer schmalen, an drei Seiten abbrechenden Geländezunge aus Quarzphyllit. Zwischen 1140 und 1147 hatte Friedrich II. von Rodank, Ministerial des Brixener Fürstbischofs Hartmann, die erste Befestigung gegründet: Einen fünfeckigen Turm samt kleinem Palas, Kern des spätgotischen Komplexes. Ein umfassender Ausbau erfolgte von 1538 bis 1600, wobei der Schwerpunkt auf Bastionen und Rondellen wider Feuerwaffen lag. Neben der ausgetüftelten Wehrarchitektur verdienen die Fresken aus dem frühen 13. Jahrhundert im Erdgeschoß des Palas uneingeschränkte Beachtung. Sie zählen zu den ältesten erhaltenen Profanmalereien im Alpenraum, der »früheste be-

kannte Freskenzyklus zur Iwein-Sage« (Weingartner) und von »europäischer Bedeutung«, unterstreicht der Kunsthistoriker Dr. Nicolò Rasmo; Führungen.

Über dem rechten Ufer der Rienz erwartet uns die schon in prähistorischen Epochen besiedelte **Natz-Schabser Hochfläche** mit den Ortschaften **Schabs, Viums, Natz, Elvas.** Bei letzterer empfehle ich, den sogenannten »Bildstein« aufzusuchen; Hinweise in der Streckenbeschreibung. Der Felsblock aus Brixener Quarzphyllit mißt in der Höhe 4,40 Meter und ist 6,40 Meter breit. Die »Bildfläche« weist rund 380 Schalen (2–10 cm Durchmesser, 0,5–4 cm Tiefe) auf – mehr als jeder andere bisher bekannte Schalenstein dieser Dimension auf der ganzen Welt. Schalensteine sind urzeitliche Kulturdenkmäler, deren Geheimnis wohl ewig bleibt. Die konisch gebohrten »Näpfchen« werden allgemein als Opferstätte bzw. Heiligtümer interpretiert und in die Jungsteinzeit (ca. 6000–2000 v. Chr.) eingeordnet. Die 45 Grad geneigte Fläche des Steins läßt außerdem eine »Rutschbahn« für kultische Handlungen erkennen: »Kinderlose Frauen rutschten mit bloßem Gesäß über die Steinplatte, um durch den Kontakt mit dem heiligen Fels ihre Unfruchtbarkeit zu heilen«, vermutet der Experte Dr. Franz Haller.

Mitte August regiert in Natz-Schabs während der »Sunnseitn-Apfelwoche« die »Apfelkönigin«.

Streckenbeschreibung

Östlich der Pfarrkirche in **Brixen** (560 m), beim Hotel Dominik, auf der *Adlerbrücke* über den *Eisack* in den *Stadtteil Stufels.* Anschließend auf der *Unterdrittelbrücke* über die *Rienz* und auf der *Otto-von-Guggenberg-Straße* bergwärts Richtung Lüsen mit herrlichen Ausblicken. Nach 6 Kilometern läßt die Steigung nach. Bald geht es

eben dahin, ja sogar 2,5 Kilometer abwärts, ehe 2 Kilometer vor **Lüsen** (971 m) die unausbleibliche Gegensteigung erfolgt. Sie hält an ab dem *Hotel Rosental.* Windungsreich, mit engen Kurven und steil gewinnen wir das **Gasthaus Tulper** (1627 m) im Streuweiler **Lüsen Berg.** Spätestens hier dürfte die erste Vesper fällig sein!

Die Straße setzt sich schmal fort im Hangwald, abwärts und aufwärts über den *Gschlorerhof* (1618 m), vorbei am **Gasthaus Villpederhof** (1637 m) zum Parkplatz von **Zumis** (1725 m) am Südwestrücken der Lüsener Alpe. Nun rechts dem breiten Almgüterfahrweg folgend, 2 Kilometer mäßig bergan zur **Roneralm** (1832 m), einem privaten, aussichtsreichen Berggasthof.

Zur **Starkenfeldhütte** (1936 m) sind es über die freien Höhen und Flanken der Lüsener Alpe 3 Kilometer: Bei der Roneralm unter der Stadelauffahrt hindurch zum Fahrweg. Mühelos radeln wir am *Pianerkreuz* (1890 m) und an der *Leiteralm* (1844 m) vorbei zur Hütte.

Wieder auf **Zumis** (1725 m), nehmen wir die breite Waldstraße nordwärts Richtung Rodeneck. Sie mündet bei der Spritzenhütte in die Querstraße Nauders – Gifen. Links und durch **Gifen** (972 m) zum Gasthof Burghof in **Vill** (885 m), dem Hauptort der Gemeinde **Rodeneck.**

Die spätgotische *Pfarrkirche Mariä Himmelfahrt* schenkt uns das schönste Schau-Plätzchen Rodenecks. Auf dem Friedhof eine Familiengruft des Geschlechtes Wolkenstein von der nahen **Burg Rodeneck.** Kurz vor dem Burgtor zweigt rechts ein Waldweg ab. An der Gabelung links, vollends hinunter zur hölzernen *Rienzbrücke.* Rechts verfallen die Gebäude einer stillgelegten Elektrizitätswerkzentrale. Vorbei an der ehemaligen Mühle und an der Kapelle des *Rundlhofes,* der sich auf Bullenmast (ca. 500 Tiere) spezialisiert hat. Steil hoch zu einem Kreuz an der Straße (790 m) oberhalb von **Schabs.**

Wir strampeln auf der Straße links, hoch nach **Viums** (897 m) und durch den Ort **Natz** (891 m) über die freie Hochfläche in das Wein- und Obstbauerndorf **Elvas** (814 m). Und nun der versprochene Abstecher (700 m) zum »Bildstein«: Südwestlich vom Völklwirt bzw. unweit des Garni Graf entsprechend Markierung 1 Richtung Brixen. Der Fahrweg senkt sich hinter den letzten Häusern zu einer Gabelung (Rastbank, betender Christus in einer Felsnische). Rechts halten. An der Linkskurve im Südhang des föhrenbestandenen Pinatzbichls sehen wir links, etwas abseits am Rande des »Pinatz-Ackerle«, einen menhirähnlichen Felsblock. Und links, unmittelbar neben dem Fahrweg, befindet sich der **»Bildstein«**.

Die *Elvaserstraße* bringt uns zurück nach **Brixen** (560 m), durch *Stufels* und über die *Adlerbrücke.*

Nützliche Informationen

Entfernungen: Insgesamt 57 km. Brixen – Lüsen 13 km; Lüsen – Tulperhof 7 km; Tulperhof – Zumis 4 km; Zumis – Starkenfeldhütte 5 km; Starkenfeldhütte – Rodeneck 16 km; Rodeneck – Schabs 2 km; Schabs – Elvas 6 km; Elvas – Brixen 4 km.
Steigung: Knapp 1700 Meter.
Unterkunft: In den Orten sowie an der Strecke.
Camping: Bei Brixen in *Vahrn:* Löwenhof, 25.12.–30.11., Tel. (0472) 36216, Fax 801337; Vahrner See, 1.4.–31.10., Tel. (0472) 32169.
Besichtigungen: • *Brixen:* Hofburg, an Werktagen 10–17 Uhr; Stadtführungen von April bis Oktober jeden Dienstag 10 Uhr, Treffpunkt Tourismusverein. • *Lüsen:* Pfarrmuseum, nach Voranmeldung, Tel. 413728. • *Rodeneck:* Burg, Führungen 1.5.–15.10. um 11 und 15 Uhr, Montag geschlossen.
Fahrradverleih: *Brixen:* Firma Tandem, Plosestraße 40. Von Mai bis Oktober kostenloser Verleih von Normal-Fahrrädern (bis zu 4 Std.) am Parkplatz an der Brennerstraße gegen Kaution und Hinterlegung des Personalausweises etc.
Auskunft: • Tourismusverein, I-39042 Brixen, Tel. (0472) 836401, Fax 836067. • Tourismusverein, I-39040 Lüsen, Tel. (0472) 413750, Fax 413838. • Tourismusverein, I-39030 Rodeneck, Tel. (0472) 454044, Fax 454050. • Tourismusverein, I-39040 Natz-Schabs, Tel. (0472) 412440, Fax 412522.

15 Die Brixener Dolomitenstraße

Auf das Würzjoch und ins Lüsental

Tourencharakter: Verkehrsarme Streckenführung. Bei der Abfahrt im Tal des Lasankenbaches mehrere kurze, grob geschotterte, für Schmalspur- oder Rennradreifen ungeeignete Teilstücke. Auf der Plosestraße Steigungen bis 11 %, auf der Würzjochstraße bis 10%.
Erleichterung: Von St. Andrä mit der Plose-Seilbahn, die auch Fahrräder mitnimmt, nach Kreuztal (2016 m) und 6 km Abfahrt nach Palmschoß am Beginn der Brixener Dolomitenstraße.

Länge der Tour:
58 km.

Um falschen Vorstellungen rechtzeitig entgegenzutreten, sei gesagt, daß die **Brixener Dolomitenstraße** nicht den gesamten Dolomitenraum erschließt, sondern einen kleinen, aber feinen Teil, nämlich die Aferer Geisler sowie den nördlich vorgeschobenen Peitlerkofel. Der zählt zu den markantesten Gesellen der Dolomiten.

Auf einer langen Mittelgebirgsterrasse in den Westflanken der Plose oberhalb von **Brixen** (siehe Tour 14) liegt der Ferienort **St. Andrä.** Über die *Pfarrkirche St. Andreas* und die achteckige *Mariahilfkapelle* im Friedhof unterrichten jeweils Informationsanschläge an den Türen. Während die Plose-Seilbahn ihre Gäste maschinengetrieben zur Höhe befördert, sind Radler auf ihre Muskelkräfte angewiesen, welche die Plosestraße unerbittlich strapaziert.

St. Jakob besteht aus Einzelhöfen ohne Dorfzentrum. In überaus malerischer Hanglage nimmt die *Kirche St. Jakob* aus der Mitte des 15. Jahrhunderts die Parade der Geislerspitze im Süden entgegen. Dorthin schaut der überlebensgroß freskierte Christophorus an der Außenwand der Kirche. Gleichermaßen schön ist die Hanglage **St. Georgs.** Von der 1441 geweihten Kirche zeugt nur mehr der Turm, denn das Gotteshaus erfuhr 1758 einen barocken Neubau. Das Hochaltarbild des Patrons schuf Franz Unterperger aus Cavalese.

Der Fülle kunsthistorischer Qualität, angefangen in Brixen, folgen die Attraktionen der Natur. Zwischendurch sehen wir immer wieder die Geislerspitzen, von der Fermeda (rechts) über den massigen Sass Rigais und das schlanke Horn der Furchetta zum stumpfen Wasserkofel. Ihnen vorgelagert und durch das Villnößtal getrennt, treten die Schuttfelder der zur Peitlerkofelgruppe gehörenden Aferer Geisler an die Würzjochstraße heran.

Im **Würzjoch** sind wir an der Grenze Ladiniens (siehe Tour 12). Almwiesen, Zirbelkiefern, Alpenrosenfelder, Felsenkühnheit – Peitlerkofel – ladinisch »Pütia«, italienisch Sass da Putia. Ladinien ist dreisprachig: Würzjoch – Börz – Passo del Erbe. Auf der Terrasse der »Ütia de Börz«, dem **Würzjochhaus,** lassen wir die Eindrücke bildhaft Revue passieren. Erst dann tauchen wir ein in den Tobel des Lasankenbaches. An seiner Mündung warten die verstreuten Höfe von **Petschied.** Auf einem Felsstock sitzt die spätgotische *Nikolauskirche,* bei der ein vorchristliches Quellheiligtum vermutet wird. Die Quelle – sie wurde bei Augenleiden aufgesucht – entspringt an der Evangelistenseite des Chores und ist außerhalb der Kirche talseitig in einem Holztrog gefaßt. Im Felsblock soll ein heidnischer Altarstein verborgen sein.

An **Lüsen** (siehe Tour 14) vorbei radeln wir durch das Hochtal nach **Brixen.**

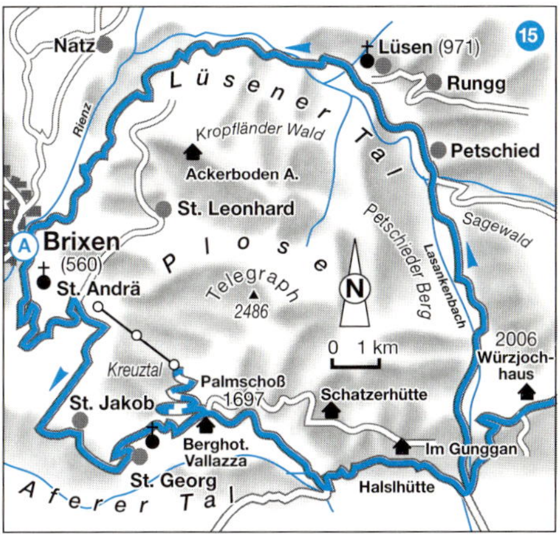

Auf der Brixener Dolomitenstraße unterhalb des Würzjochs beherrscht der Peitlerkofel das Landschaftsbild.

Streckenbeschreibung

»Plose/St. Andrä« zeigen die Tafeln, denen wir uns in **Brixen** (560 m) anvertrauen. Lange Kehren durchziehen die Lehnen des Eisacktales. *Klerant,* das aus 18 Bauernhöfen besteht, ist 500 Meter von der Plosestraße entfernt. Bei ihrem Ausbau kamen Spuren zweier Dörfer der ausklingenden Bronzezeit (ca. 800 v. Chr.) zu Tage. Ebenfalls abseits (400 m) träumt der Weiler *Mellaun* (894 m). Dort fand man 80 Urnengefäße eines illyrischen Friedhofes aus dem 6. bis 4. vorchristlichen Jahrhundert. Nach **St. Andrä** (958 m) bietet hochstämmiger Nadelwald rund 4 Kilometer bis kurz vor **St. Jakob** (1343 m) willkommenen Sonnenschutz, während die Steigung anhält, jetzt im Südhang des *Aferer Tales.* In **St. Georg** (1503 m) haben wir 14 Kilometer heruntergekurbelt. Erfrischungen in der *Bar Stern!*

In der Hotelsiedlung **Palmschoß** (1697 m), wo sich die *Plosestraße* spitzwinkelig links wendet, beginnt beim *Berghotel Vallazza* rechts die **Brixener Dolomitenstraße.** Sie verwöhnt uns zur Einführung und Regeneration mit 2 Kilometern mäßigem Gefälle. Dann heißt es wieder in die kleinen Gänge schalten. Rechts mündet die Straße aus dem Villnößtal über das Russiskreuz. Bei der **Halslhütte** (1866 m) radeln wir über eine Wasserscheide am Saum des 1981 eingerichteten, 9400 Hektar großen **Naturparkes Puez-Geisler.** Erneut sanftes Gefälle. Auf den blumenübersäten *Gungganwiesen* zweigt links das 1986 asphaltierte Sträßchen ins Lüsental ab. An dieser Stelle trennen uns noch 3,2 Kilometer Steilstrecke vom **Würzjoch** (2006 m).

Zurück zu der soeben erwähnten Straßengabel und rechts Richtung Lüsen. Der Senn der kleinen *Müllerhütte* verkauft im Sommer Erfrischungsgetränke. Zwei Kilometer nach der Abzweigung bremst die erste kurze Schotterstrecke. Auf derartige Intermezzi müssen wir weiterhin gefaßt sein! Die Ufer werden mehrmals gewechselt. Das Tal des *Lasankenbaches* verengt sich klammähnlich. Sobald es uns freigibt (1119 m), sind wir in **Petschied** (1070 m). Den dörflichen Mittelpunkt bilden *Kirche* und *Gasthof Ploner.*

Nach einer Kuppe hinter dem Weiler **Rungg** taucht der Kirchturm von **Lüsen** (971 m) auf. Zwei Kilometer danach gibt es unerwartet eine Gegensteigung, etwa 2,5 Kilometer. Abwärts mit schönen Ausblicken nach **Brixen** (560 m), in den Stadtteil *Stufels,* wo beim Hotel Dominik die *Adlerbrücke* über den *Eisack* in das *Zentrum* leitet.

Nützliche Informationen

Entfernungen: Insgesamt 58 km. Brixen – St. Andrä 6,5 km; St. Andrä – Palmschoß 10 km; Palmschoß – Würzjoch 14 km; Würzjoch – Petschied 11,5 km; Petschied – Lüsen 3 km; Lüsen – Brixen 13 km.
Steigung: Rund 1600 Meter.
Unterkunft: In den Orten sowie an der Strecke, u. a. im Würzjochhaus (24 Betten).
Camping: Bei Brixen in *Vahrn:* Vahrner See, 1.4.–31.10., Tel. (0472) 32169; Löwenhof, 15.12.–30.11., Tel. (0472) 36218, Fax 801337.

Die Fresken im Gewölbe des Kreuzgangs neben dem Brixener Dom gehören zu den beachtenswertesten ihrer Art im gesamten Alpenraum.

Mountainbike-Variante: Insgesamt 22 km. Ab **Palmschoß** (1697 m) auf der *Plosestraße* vollends hoch (6 km) nach *Kreuztal* (2016 m). Von dort geschottertes, stellenweise steiniges Sträßchen (5 km) zur bewirtschafteten *Plosehütte* (2446 m) auf der südlichen Vorkuppe der **Plose**. 360-Grad-Panorama.
Fahrradverleih: *Brixen:* Firma Tandem, Plosestraße 40. Von Mai bis Oktober kostenloser Verleih von Normal-Fahrrädern (bis zu 4 Std.) am Parkplatz an der Brennerstraße gegen Hinterlegung einer Kaution und eines Dokumentes (Personalausweis etc.).
Auskunft: • Tourismusverein, I-39042 Brixen, Tel. (0472) 836401, Fax 836067. • Tourismusverein, I-39040 Lüsen, Tel. (0472) 413750, Fax 413838.

16 Die Brixener Höhenstraße

Zwischen Brixen und Latzfons

Tourencharakter: Verkehrsarme Straßen. Steigungen bis 13%.
Länge der Tour: 32 km.

Schwach südwestlich der einstigen Bischofsstadt erschließt die **Brixener Höhenstraße** die westseitigen Mittelgebirgsterrassen des Eisacktales in Form einer Panoramatrasse gegenüber den Dolomiten. Das Staunen beginnt schon kurz oberhalb von Brixen. Östlich treten aus dem Plosehang die gotischen Spitztürme der Ortschaften St. Andrä und St. Leonhard hervor. Unmittelbar an der Straße, auf der heutzutage baumbestandenen **Tschötscher Heide,** rechtfertigen prähistorische Stätten zweimal Verschnaufpausen. Nach und nach erscheinen südöstlich die Geislerspitzen. Von rechts: Sass Rigais, Furchetta, Wasserkofel. Auf der Sohle des Eisacktales liegt Afers wie ein Spielzeugdorf an der Mündung des gleichnamigen Tales aus den Dolomiten.

In **Feldthurns** legten Bauarbeiter 1986 in der Tanzgasse eine Steinplatte mit magisch-kultischen Zeichen frei. Die Sensation war perfekt, als sich bei Ausgrabungen 1993 eine Kult- bzw. Begräbnisstätte aus dem 3. Jahrtausend vor Christus, während der ausklingenden Steinzeit, ergab. Dieser Platz zählt mit jenen von Aosta und Sitten (Wallis) zu den bisher drei einzigen megalithischen Kultstätten, die unversehrt freigelegt wurden. 5000 Jahre Geschichte! Erstmals erwähnt wird »Velturns« im 10. Jahrhundert. Das Gemeindegebiet umfaßt eine Fläche von 24,76 km^2, hat 1200 Fremdenbetten und 2346 Einwohner, von denen noch 20 Prozent haupterwerbsmäßig Landwirtschaft betreiben. Am Ortseingang begrüßt uns **Schloß Velthurns.** Den Bau im Stil der Spätrenaissance gab Kardinal Christoph III. von Madrutz, Fürstbischof von Brixen und Trient, 1578 in Auftrag. Sein Neffe und Nachfolger auf dem Brixener Bischofsstuhl (1578–1591), Johannes Thomas VI. von Spaur, vollendete das Lustschloß. Geld spielte wie üblich keine Rolle! Am Fürstenzimmer tischlerten nach einer verbreiteten Überlieferung sieben Mann sieben Jahre, sieben Monate und sieben Tage. Tatsächlich arbeiteten drei Meister und acht Gesellen vier Jahre. Für die kunstvollen Türbeschläge mußte der Augsburger Schlosser Hans Metzger anreisen. Bis zur Säkularisation 1803 war das Schloß Sommerresidenz der Brixener Bischöfe; Führungen. Die *Pfarrkirche Maria Himmelfahrt* steht unterhalb des Ortes, vor dem Steilabbruch ins Eisacktal. An der Durchgangsstraße »nickt« zwischen alten Kastanien der schiefe Turm des *Laurentiuskirchleins.*

Hinter Feldthurns zeigt sich der Schlern. Den Abstecher nach **Pardell** sollte man – trotz steiler Wiederauffahrt – nicht versäumen, alleine des »*Huber*« wegen, einer der raren Gasthöfe Südtirols, der Wert legt auf typische Landeskost und unverfälschte Eigenbauweine. An der *Kapelle Unserer lieben Frau* ist eine Erinnerungstafel des Gefechtes vom 3. April 1797 angebracht, als die hiesigen Frauen die französische Besatzung vertrieben.

Zum Greifen nahe *Kloster Säben* auf einem Dioritfelskegel. Heiliger Berg der Südtiroler! Fanal frühesten Christentumes im Eisacktal – Urdiözese. Die Akten des Konzils zu Grado (572–577) dokumentieren einen Säbener Bischof: Materninus Sabionensis. Sabionensis sei rätisch und bedeute »heilig«, im vorchristlichen Sinne. Aus der mittelalterlichen Burg entwickelte sich schließlich das Kloster, heute ein Benediktinerinnenkonvent – 20 Schwestern – im Range einer Abtei, geführt von der Regensburger Verlegerstochter Marcellina Pustet. Von Pardell zu Fuß ½ Stunde.

Den Schlußpunkt setzt **Latzfons.** Wie man sieht, ist das Dorf durch einen neuen Ortsteil ziemlich gewachsen. Aus den Dolomiten grüßen Spitzen des Rosengartens. Die Langkofelgruppe zeigt sich mit dem markanten Plattkofel (rechts), dem Innerkoflerturm, der Grohmannspitze, der Fünffingerspitze und dem Langkofel, während den obersten Latzfonser Hintergrund die Kassianspitze und die ihr vorgesetzte Ritzlarspitze der Sarntaler Alpen bestimmen. Eine *Pfarrkirche* gab es bereits 1153: St. Jakob. Sie hält das winzige kommunikative Ortszentrum mit dem »Hirschen« und dem »Weißen Kreuz«, zwei Gasthöfen, zusammen.

Von Latzfons ist es wohl möglich, auf schmaler Straße nach Klausen zu kurven. Die Rückfahrt durch das Eisacktal möchte ich aber infolge des Verkehrsaufkommens niemandem raten! Wir nehmen deshalb die Strecke der Herfahrt, wodurch das bereits Gesehene nachhaltiger im Erinnerungsschatz verbleibt.

Streckenbeschreibung

Bei der *Ampelkreuzung* am südwestlichen Stadtrand von **Brixen** (560 m), nordöstlich des Bahnhofs, getreu der Beschilderung »Feldthurns« in die *Landesstraße 37.* Übergangslos gleich »happig« bergwärts. Etwa 2,5 Kilometer nach der Ampel, an der Linkskehre (Gitterleitungsmast), zweigt rechts ein Weg ab. Rechts dieses Weges verbirgt Strauchwerk vorgeschichtliche *Felsritzungen.* Ungefähr 200 Meter nach der Kehre geht es auf der linken Straßenseite von der Parkbucht etliche Schritte abwärts zu den spektakulärsten, 1945 von Georg Innerebner entdeckten Felszeichnungen der **Tschötscher Heide:** Schalen, Kreuze, ein Lebensbaum, Quadrate mit Linien- und Schalen-

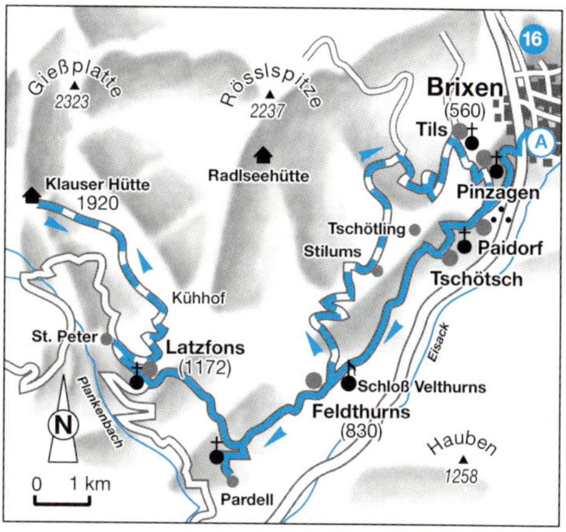

kombinationen sowie zwei sogenannte »Mühlen« – im Schema des Mühlespieles –, die u. a. als Symbole des Kosmos mit einer Zentralsonne gedeutet werden.

Wenig später läßt man die Linksabzweigung nach Tschötsch unbeachtet und bleibt auf der breiten Straße. Etwa 500 Meter danach ist links, bei der Häusergruppe **Pairdorf,** das Geburtshaus »Boarisch Bangarter« des berühmten Orientalisten und Mitgliedes des Frankfurter Parlamentes, Jakob Phillip Fallmerayer (1790–1861), erhalten.

Etwa 6 Kilometer nach Brixen legt sich die Straße zurück und bringt uns in den Ferienort **Feldthurns** (830 m).

Vorbei am *Schloß,* am *Bildstock* aus dem 17. Jahrhundert und an der *Laurentiuskirche* geradeaus Richtung »Verdings/Latzfons«. Abermals ein Aufschwung! Nach 2 Kilometern führt links ein Teersträßchen 2,5 Kilometer hinunter in den Weiler **Pardell** (775 m).

Nach der Brotzeit im Garten des *Gasthofes Huber* strampeln wir uns die Kalorien wieder ab! Empor zur Höhenstraße und auf ihr 3,5 Kilometer nach **Latzfons** (1172 m).

Nützliche Informationen

Entfernungen: Insgesamt 32 km. Brixen – Feldthurns 8,5 km; Feldthurns – Pardell 4 km; Pardell – Latzfons 6 km; Latzfons – Brixen 13,5 km.

Steigung: Etwa 700 Meter.

Unterkunft: In den Orten sowie an der Strecke.

In Feldthurns verdient das im Stil der Spätrenaissance gestaltete Schloß Velthurns, einst Sommersitz der Brixener Fürstbischöfe, eingehende Betrachtung.

Camping: Bei Brixen in *Vahrn:* Vahrner See, 1.4.–31.10., Tel. (0472) 32169; Löwenhof, 25.12.–30.11., Tel. (0472) 36218, Fax 801337.

Besichtigung: *Feldthurns:* Schloß, Führungen von März bis Ende November, außer Montag 10, 11, 14.40, 15.30 Uhr.

Mountainbike-Verlängerung: Ab **Latzfons** (1172 m) talein, nach 1 km die ursprünglich romanische *Kirche St. Peter im Wald* passieren. Die Teerdecke endet 3 Kilometer hinter Latzfons. Auf dem Natursträßchen nach 1,5 km vorbei am *Kühhof* (1550 m) und durch Wald und über Wiesen zur **Klausener Hütte** (1920 m) am Hang südlich der Lorenzispitze; bewirtschaftet Mitte Mai bis Ende Oktober. Hin und zurück 17 km.
Die Weiterfahrt entlang des *Kreuzweges* zur *Latzfonser-Kreuz-Hütte* (2302 m) erfordert außergewöhnliches »Stehvermögen«!

Rückfahrt-Variante: In **Feldthurns** (830 m) links hoch (3 km) über Schnauders nach *Oberschnauders* (1135 m). Ab dem *Fös-Kirchlein* nördlich auf schmaler Teerstraße, vorbei am Latschkreuz, über *Stilums* (1200 m) nach *Tils* (883 m). Von dort über *Pinzagen* (806 m) zur bekannten Kreuzung vor **Tschötsch.** Mehraufwand 12 km plus 500 Höhenmeter.

Fahrradverleih: *Brixen:* Firma Tandem, Plosestraße 40 im Stadtteil Milland. Von Mai bis Oktober kostenloser Verleih von Normal-Fahrrädern (bis 4 Std.) am Parkplatz an der Brennerstraße gegen Hinterlegung einer Kaution und eines Dokuments.

Auskunft: • Tourismusverein, I-39042 Brixen, Tel. (0472) 836401, Fax 834544.
• Tourismusverein, I-39040 Feldthurns, Tel. (0472) 855290, Fax 855031.
• Tourismusverein, I-39043 Klausen, Tel. (0472) 847424, Fax 847244.

Ausblick von der Brixener Höhenstraße durch das Villnößtal zu den Geislerspitzen (rechts) und zum Peitlerkofel (links). Rechts unten Gufidaun, links Theis.

17 Kennen Sie das Villnößtal?

Im Banne der Geislerspitzen

Tourencharakter: Wenig Verkehr; Maximalsteigungen nach Gufidaun und Teis 10 Prozent. Von Teis bis Miglanz 2 km stellenweise schmaler Wanderweg; Radl schieben. Von Ranui zur Zanser Alm geschottertes Forststräßchen für Mountainbike; es ist aber auch möglich, auf der Asphaltstraße die Zanser Alm zu erreichen.

Länge der Tour: 45 km.

Dem **Villnößtal,** einer kleinen, weich hingebreiteten Welt in Grün, gebührt unter den Tälern, die vom Eisacktal in die Dolomiten greifen, hinsichtlich Ursprünglichkeit eine Vorrangstellung. Reinhold Messner hat seine Heimat über Südtirol hinaus bekannt gemacht. In St. Peter als Lehrersohn am 17. Oktober 1944 geboren, restaurierte er später das vormalige Schulhaus bei der Kirche in St. Magdalena und lebte dort bis Anfang der achtziger Jahre. Anders als das tourismusaufgeweichte benachbarte Grödnertal verzichtet Villnöß auf spektakuläre Ski-Karussells, hat weder Seilbahnen-Zirkus noch Dolomitentransit. Es endet nach 16 Straßenkilometern auf der Zanser Alm. Im Tal leben 2320 Menschen. Den Namen Villnöß leitet Dr. Johann Psair vom Ladinischen »Villes nöes« ab, was soviel heißt wie »neun Häuser«, möglicherweise bezogen auf St. Peter, denn um das Jahr 1200 sprachen die Villnößer ausschließlich ladinisch – rätoromanisch. Im hinteren Tal offenbaren sich achtunggebie-

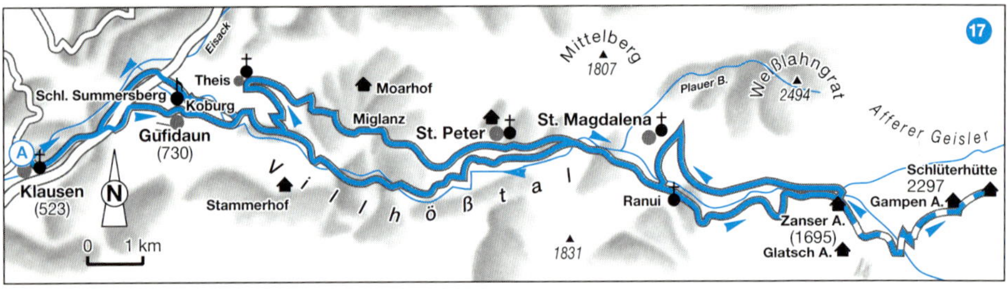

tend die kühn geformten Geislerspitzen, ein landschaftlicher Höhepunkt der Dolomiten! Abweisende, düstere Nordwände schnellen himmelwärts. Zu ihren Füßen, am Auslauf der Schuttkare, liebliche, saftige Wiesenmatten mit einer reizvollen Frühsommerflora, alten Zirbenbeständen, dunklen Lärchen- und Fichtenwäldern. Und im Tal St. Peter, St. Magdalena, Ranui, die Kirche St. Johann in freier Flur – eines der allerliebsten Dolomitenbilder. Doch beginnen wir beim Anfang, draußen in **Klausen.** An der Basis des Klosterbergs Säben drängen sich die Häuser längs der alten Ortsdurchfahrt, in dem romantischen Stadtkern mit annähernd unversehrtem historischem Charakter. Die Gastronomie ist bodenständig geblieben, zum Beispiel am Thinneplatz in der »Post« mit einem kleinen Vorgarten unter Kastanien. Einen Imbiß auf die Schnelle »serviert« Herberts Kiosk am Marktplatz: schmackhafte heiße »Stadtwurst«. Die Eisacktaler Kellerei in Klausen lobt berechtigt ihren »Aristos«, den »Aristokrat unter den Weißweinen«: Weine –Müller-Thurgau, Sylvaner, Riesling, Veltliner, Gewürztraminer, Chardonnay etc. – besonderer Qualität aus bestimmten Jahrgängen. Am südlichen Ortseingang bewahrt das 1972 von den Kapuzinern verlassene Kloster den berühmten *Lorettoschatz.* Es sind größtenteils Geschenke der letzten Habsburger auf Spaniens Thron (um 1700) an Pater Gabriel Pontifeser, Beichtvater der Königin Anna von Spanien. Ein Großteil der Kunstgegenstände wurde 1986 geraubt, 1990 aber wieder sichergestellt. 1991 kam auch das *Stadtmuseum* in das Kloster. An der Eisackbrücke steht die spätgotische *Pfarrkirche St. Andreas* mit sehenswerten Skulpturen, beispielsweise über dem südlichen Seitenportal der um 1470 von Meister Leonhard aus Brixen geschnitzte »Segnende Heiland und Maria«.

Nordöstlich von Klausen schützten in **Gufidaun** gleich zwei Burgen die Mündung des Villnößtales: *Koburg* und *Summersberg.* In der ersten Hälfte des 17. Jahrhunderts war Summersberg beliebter Aufenthalt des Tiroler Landesfürsten Erzherzog Leopold und seiner Gemahlin Claudia von Medici, die im Herbst zur Hirschjagd im Villnößtal weilten. Die Herren von Koburg stifteten die *Martinskirche* und sind an der Frontwand der Sakristei, der ehemaligen Koburgerkapelle, kniend freskiert. Das Hochaltarbild zeigt den hl. Martin sowie eine Ansicht Gufidauns im 18. Jahrhundert. Die hervorragend gearbeitete Skulptur »Thronende Maria mit Christkind« wird der Werkstatt des Meisters Leonhard um 1460 zugeschrieben. »Castrum Summersperch« war Sitz eines Gerichts, dessen Einfluß bis nach Kolfuschg reichte. Es erlangte im 16. Jahrhundert traurige Berühmtheit durch mehrere, vom Klerus angezettelte Schauprozesse gegen Wiedertäufer und Hexen, die für die Betroffenen meist auf dem Scheiterhaufen endeten. Das *Gerichtsschreiberhaus* ist heute *Gasthof Turmwirt;* Eisacktaler Spezialitäten. Im Schnitzerhaus neben der Kirche ist das *Dorfmuseum* untergebracht: bäuerliche Gebrauchsgegenstände sowie die kostbare »Probst-Krippe«.

Schräg gegenüber, auf der anderen Talseite, winkt der 57 Meter hohe Turm der spätgotischen *Herz-Jesu-Kirche* von **Theis.** Im Gasthof Stern der Familie Leitner sind sogenannte »Theiser Kugeln« zu bewundern: Bei »Strahlern« – Mineraliensuchern – sehr begehrte kugel- oder eiförmige Gebilde mit einer häufig rötlichen Achatschale, deshalb im Dialekt »Achatmandeln«. Sie kommen im porphyrischen Tuffkonglomerat vor, hauptsächlich im Gostner Graben östlich von Theis, den unsere Tour traversiert. Geologen nehmen an, es handle sich um Gasblasen erkalteter Lava. Die Suche nach »Theiser Kugeln« muß die Gemeinde schriftlich genehmigen!

Von Theis verlief der rätische Urpfad gemäß der heutigen Markierung 11 durch den **Gostner Graben** Richtung St. Peter. Unterwegs begegnet uns das sogenannte **»Melanser Bild«** mit folgender, kaum leserlicher Aufschrift, die hier vollständig wiedergegeben ist, um den Text der Nachwelt zu erhalten: »Im Jahr 1678 am 19. März ging Rosa Vikoler von Miglanz nach Teiskirchen. Auf dem Rückweg über den Kofl ist sie mit einem Kind entbunden worden, dem der Name Christina gegeben wurde. Da ich hier zur Danksagung zwei Mädchen Barbara und Christina mit einer Kruzifixtafel aufzustellen gesandt habe, ist die Christina durch einen Stein tödlich getroffen worden. Dieselbe ist nach dem Empfang der heiligen Sakramente gestorben. Lieber gehst du hier vorbei, im Gebet eingedenke!«

»Melan« heißt im Dialekt der rund 700 Jahre alte **Miglanzhof.** Hier soll ein Riese sein Unwesen getrieben haben. Als er versuchte, mit Erdmassen den Villnößer Bach zu stauen, um alle Leute zu ersäufen, verhinderte der Glockenschlag das böse Werk...

St. Valentin: Bauernhof und Kirche. Die äußere Südwand ziert seit Anfang des 15. Jahrhunderts ein jugendlicher Christophorus. Der berühmte spätgotische Flügelaltar stellt ein Meisterwerk dar (um 1500) von Hans Klocker aus Brixen. Am Hang oberhalb des Bauernhofes ein Marien-Bildstock, flankiert von zwei amerikanischen Bomben-Blindgängern, die der Kirche 1944 Schaden zufügten.

Wie in Theis ist auch in **St. Peter,** dem Hauptort des Tales, der Kirchturm, ein 65 Meter hoher, 1897 vollendeter Campanile, optisch tonangebend. Die *Pfarrkirche* erwuchs spätbarock-klassizistisch im ausklingenden 18. Jahrhundert am Platz eines romanischen Kirchleins. Die Malereien in den drei Kuppeln (Krönung Mariens, Schlüsselübergabe an Petrus, Paulus-Predigt) bewerten Experten als reifstes Werk des Tirolers Joseph Schöpf, eines Schülers Martin Knollers.

Der zweite größere Ort im Villnößtal ist **St. Magdalena.** Die 1860 angelegte Talstraße weicht der aus Grödner Sandstein bestehenden Kuppe aus, an die sich die Häuser schmiegen.

Wir verzichten anschließend auf die Talstraße und machen einen Umweg über **Ranui.** Er lohnt sich, wie Sie sehen! Der schloßähnliche Komplex wird als »Hof Rumenuye« 1370 erstmals erwähnt und im 17. Jahrhundert unter den Herren von Jenner aus Klausen zum herrschaftlichen Jagdsitz ausgebaut. Michael von Jenner ließ 1724 das zierliche *Kirchlein St. Johann* errichten. Dem Leben des Patrones Johannes Nepomuk ist ein beachtenswerter Bilderzyklus mit neun Motiven gewidmet.

Unter **Zanser Alm** versteht man den großen Parkplatz am Ende der Asphaltstraße, unterhalb der eigentlichen Zanser Alm, mittlerweile ein Berggasthof am Rande des 9400 Hektar großen Naturparks Puez-Geisler. Ein *Wildgehege* ist eingezäunt worden; Informationsstelle in der *Blockhaus Wirtschaft.* Der Tourist ist zufrieden! Auf den Wiesen der Umgebung zaubern im Frühling Pelzanemonen, Mehlprimeln, Soldanellen und Krokusse eine beschwingte Stimmung. Später blühen Schwefelanemonen. Droben auf der Gampenalm überwiegen Ende Juli die blauen und rötlichen Schattierungen der Lippen- und Rachenblütler. Läusekraut und Brunelle beleben die Bergmähder, Blauer Eisenhut, Gerber, Stachlige Kratzdistel, Punktierter Enzian; Falter und Käfer – wie im Paradies.

Streckenbeschreibung

Vom Bahnhof in **Klausen** (523 m) durch die Unterführung und auf der alten *Grödnerstraße* zur neuen Straße. Links, aber nicht zur Mautstation, sondern links davon der Beschilderung »Gufidaun« folgen, ständig aufwärts, in das Gewinkel von **Gufidaun** (730 m).

Am östlichen Ortsrand senkt sich ein Sträßchen im Waldschatten zum Holzlagerplatz von **Außermühl** (690 m). Rechts 800 Meter. Vor dem **Gasthof Mittermühl** links, 2 Kilometer hoch nach **Theis** (963 m) auf freier Mittelgebirgsterrasse. Von der *Herz-Jesu-Kirche* talein 500 Meter durch ein Neubauviertel. Die Asphaltstraße wird von einem Schotterweg abgelöst. Es geht in den **Gostner Graben** (1034 m). Am anderen Bachufer knapp 10 Minuten schiebend aufwärts. Dann eben zum **»Melanser Bild«**. Die Farbzeichen des Wanderweges 11 leiten im Gefälle durch den Wald und über Wiesen. Vom **Miglanzhof** (1083 m) wieder auf asphaltiertem Sträßchen zu der bereits sichtbaren Kirche **St. Valentin** (1156 m). Beim traditionsverbundenen *Gasthof Kabis* treffen wir in **St. Peter** (1154 m) ein.

Links bergan, die Kirche passierend, 500 Meter Richtung Würzjoch. An der Linkskurve geradeaus, vorbei an einem 1636 erstellten *Pest-Bildstock* und hinunter auf die Talstraße neben dem *Gasthaus Bruggmüllerhof* (1166 m). Bergan mit kurzen Flachstücken. Linker Hand liegt *St. Magdalena.* Für uns gilt die beschilderte Rechtsabzweigung »St. Johann«. Es folgt im Weiler **Ranui** (1346 m) das *Gasthaus Ranuimüllerhof,* wenig später ein *Parkplatz* (1370 m). Dort vertraut man sich dem geschotterten **Forstweg Schwarzwald** an. Nach 1 Kilometer die Linkskurve ausfahren und weiter bergan. Bei der Weggabel in einer Bachmulde links über den Steg (1640 m). Unten, am Waldrand, rechts, entlang des *Villnößer Baches* 1,5 Kilometer zum Parkplatz **Zanser Alm** (1695 m).

Die Rückfahrt hält sich 17 Kilometer an die Talstraße bis zu deren Mündung ins **Eisacktal** (542 m). Hier existierte nachweislich schon 1288 die »Sulvansprukke« über den Eisack. Vor der Brücke links und nach **Klausen** (523 m).

Nützliche Informationen

Entfernungen: Insgesamt 45 km. Klausen – Gufidaun 4 km; Gufidaun – Theis 5 km; Theis – Miglanzhof 2,5 km; Miglanzhof – St. Valentin 2 km; St. Valentin – St. Peter 1,5 km; St. Peter – Ranui 4,5 km; Ranui – Zanser Alm 5 km; Zanser Alm – Klausen 20,5 km.
Steigung: 1050 Meter.

Übernachtung: In den Orten und an der Strecke.
Camping: *Klausen:* Gamp, ganzjährig, Tel. (0472) 847425.
Besichtigungen: • *Klausen:* Stadtmuseum und Lorettoschatz, Anfang März bis Mitte September von Dienstag bis Samstag 10–12 Uhr, 16–19 Uhr. • *Gufidaun:* Dorf-

Eines der allerliebsten Dolomitenbilder: Parade der Geislerspitzen über dem Kirchlein St. Johann bei Ranui im hinteren Villnößtal.

museum, Führungen werktags 11 Uhr, Treffpunkt im Tourismusverein. • *St. Valentin:* Kirche, Donnerstag 16–18 Uhr.
Mountainbike-Verlängerung: Von der **Zanser Alm** (1695 m) auf dem Forstfahrweg 4 km zum **Berggasthaus Gampenalm** (2062 m) auf den Gampenwiesen. Lust auf mehr? Stellenweise steiniger Fahrweg (2,5 km) zur **Schlüterhütte** (2297 m).
Fahrradverleih: • *Klausen:* Fahrradgeschäft Egon Fink. • *St. Peter/Villnößtal:* AGIP-Tankstelle an der Talstraße.
Auskunft: • Tourismusverein, I-39043 Klausen, Tel. (0472) 847424, Fax 847244. • Tourismusverein, I-39040 Villnöß, Tel. (0472) 840180, Fax 840312.

18 Schleichwege ins Grödnertal

Durch das Lajener Ried

Tourencharakter: Mit Ausnahme der Grödner Talstraße verkehrsarm. Hauptsächliche Steigung ab Waidbruck (471 m) bis Lajen (1102 m), maximal 18%, ein kurzer Tunnel.

Länge der Tour: 32 km.

Um die gängigen Touristenstraßen wenigstens bei der Hinfahrt zu meiden, verlegen wir die Route ab **Waidbruck** durch das **Lajener Ried,** einen der behaglichsten, intimsten Flecken im Eisacktal. Wenn die sonnenlichte Hanglehne im bunten herbstlichen Farbenglanz leuchtet und die ersten Nebel aus dem Tal wallen, treffen sich Eingeweihte zum traditionellen Törggelen. Das Lajener Ried umspinnt zu allen Jahreszeiten ein magischer Hauch. Es ist die sagenhafte Heimat Walthers von der Vogelweide (um 1170 bis nach 1229), des aussagekräftigsten deutschen mittelalterlichen Lyrikers. Sein Geburtsort wird endgültig nie lokalisiert werden können, da sein Werk keine Schlüsse auf den Dialekt zuläßt, erklärte der Wiener Historiker Prof. Reinhard Joler 1994 anläßlich des 1000-Jahr-Jubiläums von Lajen. Die Südtiroler halten es mit Dr. Ludwig von Hörmann: »Mag Forschung auch dir eine andere Heimat weisen, in unserem Herzen wirst du Landsmann sein«. Sie haben ihn, aus weißem Laaser Marmor gemeißelt, inmitten des Bozener Waltherplatzes auf einen Sockel gestellt. »Her Walther von der Vogelweide, swer des vergaess, der taet mir leide!«, mahnt eine Tafel über dem Eingang des **Vogelweiderhofes** in der Streusiedlung **Ried.** Das Haus, seit 400 Jahren im Besitz der Familie Mair, erfuhr samt Backofen und Lärchenschindeldach 1984/85 einen gründlichen, historisch fundierten Umbau. Kostenaufwand: 80 Millionen Lire, damals 120000 Mark. Die holzgetäfelte gotische Stube, welche die Gästebücher bewahrt, kann besichtigt werden.

Lajen selbst, die Ortschaft, liegt oberhalb des Vogelweiderhofes am stumpfen Südwestrücken des Tschanberges: Hauptort einer Gemeinde mit 2007 Einwohnern und mehreren Fraktionen. Die Kuppe des *Wasserbühel* war nachweislich schon vor 4000 Jahren besiedelt; die föhrenbestandene Erhebung des Wetterkreuzes läßt prähistorische Wallanlagen erkennen. Der *Dorfplatz* gilt neben dem von Kastelruth als schönster auf der Ostseite des Eisacktales. Allerdings paßt die klassizistische, überdimensional wirkende, 1845 geweihte *Pfarrkirche St. Laurentius* in ihren strengen Formen nicht so recht in die anmutige Landschaft, im Gegensatz zum romanischen Turm der ersten Kirche (12. Jahrhundert). Ein seltenes Exemplar stellt der in Kelchform gehauene, an den Wülsten ornamental verzierte Taufstein aus der Zeit um 1300 dar.

Früher, bis zum Bau der Talstraße 1856, tippelte der Briefträger zweimal wöchentlich von Klausen über Lajen, Tschövas, St. Peter usw. nach St. Ulrich. Seinen Dienstpfad gab es wahrscheinlich schon unter den Römern, zumindest deutet darauf der Fund einer Münze aus dem 3. Jahrhundert hin. Parallel zum »Postweg«, oberhalb, verläuft der 32 Kilometer lange »Troi Pajàn« (ladinisch »Heidensteig«) aus dem Eisacktal zum Grödner Joch. »Diesen Weg dürften schon die ältesten mittelsteinzeitlichen Jäger und ersten Erkunder der Dolomitenlandschaft vor rund 9000 Jahren begangen haben«, denkt Dr. Reimo Lunz.

Radfahrer belassen es beim **»Postweg«,** soweit er als Sträßchen asphaltiert ist. Erste größere Station nach Lajen ist **St. Peter.** An der Außenseite der *Pfarrkirche* sind in Nischen Malereien zum Thema »Rosenkranzgeheimnis« im Ablauf von der Verkündigung bis zur Krönung Marias im Himmel, wobei über der Türe die Geburt Christi hervorgehoben wird.

Der »Postweg« mündet in die Straße von Klausen. Und auch sie hat ihre »Geschichte«: ehemals Schienenstrang der 1960 eingestellten Schmalspurbahn von Klausen nach Plan hinter Wolkenstein. Ihr Bau erfolgte aus militär-strategischen Gründen ab Herbst 1915 innerhalb eines halben Jahres durch 6500 russische Kriegsgefangene, 3500 österreichische Soldaten, 500 Zivilarbeiter,

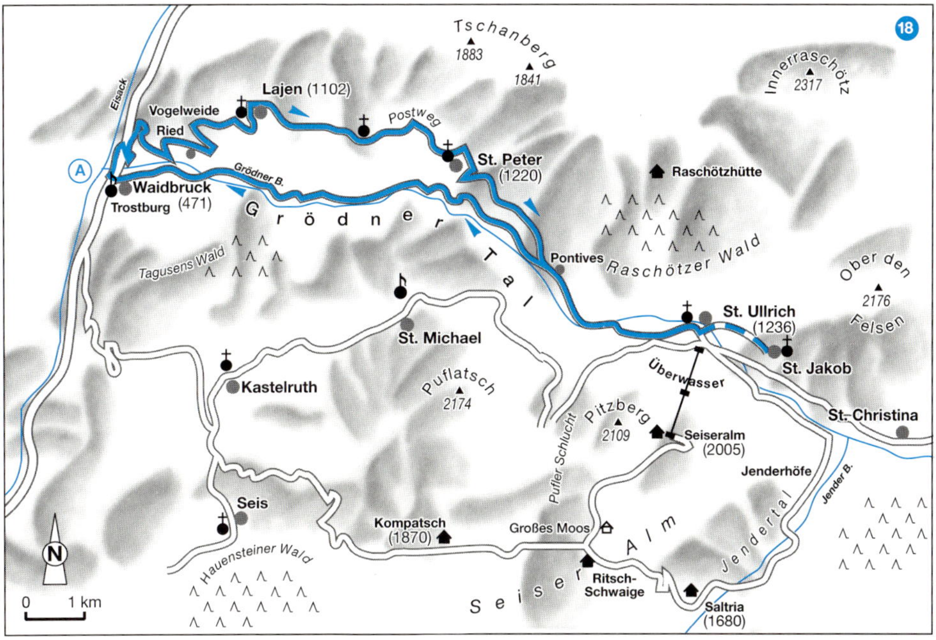

Ingenieure und Techniker. Nach dem Ersten Weltkrieg förderte die Bahn den Aufschwung des Fremdenverkehrs.

Bei **Pontives** erreichen wir die Sohle des **Grödnertales,** das ladinische Val Gherdëina mit industrieähnlichen Holzschnitzer-Werkstätten. Dieses »Tor Ladiniens« bildet in mehrerlei Hinsicht eine Grenze: die der Gemeinden Lajen und St. Ulrich, der Dekanate Klausen und Gröden, der Sprachen und des Volkstumes, denn die Grödner sind zu 88 Prozent Ladiner. Wie im Gadertal (siehe Tour 12) und in den anderen, vom Sellastock ausgehenden drei ladinischen Dolomitentälern tragen die Orte ihre alten ladinischen Namen. **Urtijëi – St. Ulrich,** Hauptort mit 4300 Einwohnern und 6000 Gästebetten sowie kultureller Mittelpunkt der Talschaft. Seit Fertigstellung der Umgehungsstraße hat sich der Durchgangsverkehr beruhigt. Die Tradition des Holzschnitzens wurzelt im 17. Jahrhundert. Mittlerweile wird ein Großteil der Produktion von Kopiermaschinen vorgefertigt, sozusagen als »Dutzendware«. Handgearbeitete Stücke tragen eine metallene Schutzmarke mit der Inschrift »ENTIRELY HAND CARVED« der Handelskammer Bozen und sind erheblich teurer. Das *Kongreßhaus* am Stetteneckplatz zeigt eine Musterschau des Grödner Kunsthandwerkes. Älteres Kulturgut bewahrt das *Heimatmuseum* an der Hauptstraße. Das Deckengemälde der spätbarocken *Pfarrkirche* verherrlicht den hl. Ulrich bzw. seine Schlacht 955 auf dem Lechfeld bei Augsburg gegen die Ungarn. Volkstümlich verehrt wird am linken Seitenaltar die hl. Elisabeth von Thüringen, wie sie einen Bettler beschenkt. Der nahegelegene *Friedhof* ist für ältere Besucher, vornehmlich Deutsche und Österreicher, zu einer Art Wallfahrtsstätte geworden, seitdem dort der 1990 im gesegneten Alter von 97 Jahren verstorbene Luis Trenker bestattet wurde – im Schatten seines über alles geliebten Langkofels. Dorthin zeigt die Hand seines 1992 zum 100. Geburtstag enthüllten Denkmales auf dem Promenadenweg.

Unter uns gesagt: Der prächtigste Aussichtsplatz zum Langkofel und über das Tal ist droben, östlich von St. Ulrich, in **St. Jakob,** wohin ein 2 Kilometer langes Teersträßchen leitet. Und wer dann vom Gasthaus Jakoberhof ¼ Stunde zu Fuß ansteigt, darf am spätgotischen *Jakobskirchlein* die Wandmalereien bewundern. Darunter seltene Detailmotive: Zu Füßen des Christo-

Oberhalb von Waidbruck reckt sich eindrucksvoll die während der Renaissancezeit ausgebaute Trostburg, eine der sehenswertesten Anlagen Südtirols.

Blick über St. Ulrich im Grödnertal zur Seceda.

phorus schwimmen im Wasser Krebse, Fische und Fabeltiere; als Hintergrund eine Hügellandschaft mit zwei ummauerten kleinen Kirchen und einer Stadt. Daneben ein sogenannter »Feiertags-Christus«, eine für die Gotik typische Darstellung der Entweihung von Sonn- und Feiertagen durch Arbeit oder Vergnügen, zur Freude des Teufels.

Tiefer ins Grödnertal vorzudringen, bereitet nach meinem Ermessen keine Freude, weil St. Christina und Wolkenstein einfach zu sehr vertouristet sind! Es sei denn, man erwägt die Sella-Runde (siehe Tour 19).

Talauswärts fährt man unumwunden nach **Waidbruck.** Vergessen wir die **Trostburg** oberhalb des Ortes in hervorstechender Position nicht! Sie kann sowohl mit dem Radl auf einem steilen Asphaltsträßchen (2,5 km) als auch zu Fuß in 25 Minuten erreicht werden. Die hochgetürmte, im Kern mittelalterliche, gotische Anlage erhielt um 1600 ihr heutiges »Gesicht« und zählt heute wohl zu den eindrucksvollsten Burgen des Landes; Führungen.

Streckenbeschreibung

»Lajen« kündet eine Tafel vor der *Pfarrkirche St. Jodock* in **Waidbruck** (471 m), beim *Oswald-von-Wolkenstein-Platz.* Und schon jenseits des *Grödner Baches* sind wir im Gemeindebereich von Lajen. Nach dem *Bahnhof* und der Autobahnunterführung setzt die Bergstrecke an. Auf der westlichen Talseite schmiegt sich Barbian an die Flanke der Sarntaler Alpen. Oberhalb von Waidbruck wird die Trostburg sichtbar. Runde 4 Kilometer beträgt die erste Steigung. Dann erreicht man die Straße Klausen – Gröden. Rechts, nach 1 Kilometer links, ohne Beschilderung, ziemlich steil. Beim *Bildstock* (838 m) erneut links, anhaltend »gach« aufwärts. Links ein Stück abseits liegt im verborgenen der Vogelweiderhof – nach **Lajen** (1102 m).

Am *Feuerwehrhaus* übernehmen uns die Tafeln »St. Peter/Grödnertal«. Auf der Höhenstraße gemächlich radelnd, erscheinen Sellagruppe und Langkofel, südlich der

Schlern. Rechts des Langkofels tauchen nach und nach die Fünffingerspitze, die Grohmannspitze, der Zahnkofel sowie der Plattkofel auf. An der Straße steht die spätgotische *Bartholomäuskirche* von **Tannürz** (1182 m). Dann folgt das höher gelegene **St. Peter** (1210 m). Ausblicke vom Speisesaal des *Hotels Überbacher.*

Hinunter zur Straße von Klausen und links, 2 Kilometer nach **Pontives** (1100 m) an der alten Grödnertal-Zufahrt ab Waidbruck. Talein begrüßt uns rechts oberhalb der Spitzturm der Josephskirche in Runggaditsch. Bei der Shell-Tankstelle links, letztmals bergan ins Zentrum von **St. Ulrich** (1236 m).

Während der Heimkehr bleiben wir auf der alten Straße entlang des *Grödner Baches.* Hinter **Pontives** (1100 m) wird das Tal zur Schlucht, in der nur Bach und Straße (bis 14%) Platz finden, ehe man schließlich in **Waidbruck** (471 m) beim Restaurant Gehring eintrudelt.

Nützliche Informationen

Entfernungen: Insgesamt 32 km. Waidbruck – Lajen 7,5 km; Lajen – St. Peter 4 km; St. Peter – St. Ulrich 7,5 km; St. Ulrich – Waidbruck 13 km.
Steigung: 950 Meter.
Unterkunft: In den Orten sowie an der Strecke.
Camping: In *Klausen:* Gamp, ganzjährig, Tel. (0472) 847425.
Abstecher: Auf die **Seiser Alm**; siehe Tour 20.
Besichtigungen: • *St. Ulrich:* Heimatmuseum (Cësa di Ladins), Juni sowie 1.9.–7.10., Dienstag bis Freitag 15–18.30 Uhr, 1.7.–31.8., täglich 15–19 Uhr. • Musterschau des Grödner Kunsthandwerks (Kongreßhaus), Juni 15–18 Uhr, sonst werktags 10–12 Uhr, 15–19 Uhr. • *St. Jakob:* Kirche, 1.7.–15.9., Dienstag, Donnerstag 11 bis 12 Uhr, Mittwoch 11–12 Uhr, 17–18 Uhr, Freitag 17–18 Uhr. • *Waidbruck:* Trostburg, Führungen Ostern bis Allerheiligen 10, 11, 14, 15, 16 Uhr, montags geschlossen.
Fahrradverleih: • *Klausen:* Fahrradgeschäft Egon Fink. • *St. Ulrich:* Thomas Nössing; Marco Parigi.
Auskunft: • Tourismusverein, I-39040 Waidbruck, Tel. (0471) 654321. • Tourismusverein, I-39040 Lajen, Tel. (0471) 655633, Fax 655566. • Tourismusverein, I-39046 St. Ulrich, Tel. (0471) 796328, Fax 796749.

19 Die Sella-Runde

Giro di Dolomiti

Tourencharakter: Während der Sommerferien starker Verkehr. Zum Grödnerjoch und Pordoijoch Steigungen bis 8 Prozent, zum Campolungopaß bis 10%, zum Sellajoch bis 11%.
Die Tour kann auch (neben jedem Ort entlang der Strecke) in Plan de Gralba angetreten werden: 230 Höhenmeter sowie 7 km weniger; außerdem genügend Parkraum.
Länge der Tour: 60 km.

Den Stellenwert des Giro d'Italia im Profisport besitzt die Sella-Runde bei leistungsfähigen Freizeitsportlern. Man begegnet ihnen einzeln fahrend und in Gruppen, langsam und schnell. Warum auch nicht einmal schieben! Immerhin gilt es, auf einer Strecke von 60 Kilometern 2000 Höhenmeter zu bewältigen – vier Pässe. Dreh- und Angelpunkt ist die in ihren Strukturen einzigartige Sellagruppe. Ungeheuer wuchtig sitzt sie wie eine Glucke über den vier ladinischen Tälern. Wir lernen ihre diversen Gesichter kennen. Über dem **Grödner Joch** die strammen Rodelheilspitzen. Links der kecke Campanile della Luèsa, der Campidellturm und die Öffnung des Val Setus, eines der »Fenster« in die Sella. Das nächste sehen wir kurz vor **Kolfuschg,** rechts: Val de Mesdi, das abenteuerliche, von Felstürmen begrenzte Mittagstal. Den zweiten alpinen Blickfang stellt der Sass Songher dar, das Wahrzeichen der Talschaft, attraktivste Felsformation der Puezgruppe. Von Kolfuschg hört man erstmals 1153, als Reinpertus von Säben dem Kloster Neustift (bei Brixen) mehrere Güter in »Colphusge« schenkte, das damals zur Pfarre Lajen gehörte. Die Verstorbenen wurden bis ins 17. Jahrhundert in Albeins, im Eisacktal, beigesetzt. Im Winter brachte man sie zum »Einfrieren« auf die Puezhochfläche, von wo sie nach der Schneeschmelze zum Friedhof weitergetragen wurden.

Östlich verliert die Gruppe an Ausstrahlung. Doch auf dem **Pordoijoch** haben wir wieder die charakteristischen Bastionen. Breitgelagert der Sass Pordoi, auf den die Seilbahn in vier Minuten saust, rechts die Forcella Pordoi, dann die unscheinbare Cima Forca. Ein Gedenkstein auf dem Paßsattel erinnert an den Bau der *Großen Dolomitenstraße* Bozen – Cortina d'Ampezzo um die Jahrhundertwende. Aus dieser Zeit stammt das *Ristorante Maria,* benannt nach Maria Dezullian, einer Tourismus-Pionierin aus Pera im Fassatal. Gegenüber dem Albergo Casa Alpina leitet ein 3 Kilometer langes, ebenes Asphaltsträßchen zu dem 1959 fertiggestellten *Ossario del Pordoi,* einem deutschen Soldatenfriedhof, betreut vom Volksbund Kriegsgräberfürsorge. In der Gruft unter dem achteckigen Baukörper des Ehrenmales sind die sterblichen Überreste von 8582 Gefallenen der nahen Fronten des Ersten Weltkrieges beigesetzt worden; im Kreisbogen innerhalb der äußeren Mauer 847 Opfer des Zweiten Weltkrieges aus der Provinz Belluno.

Die dekorativsten Seiten des Sass Pordoi sind seine 800 Meter hohen West- und Nordwestabstürze über **Pian Schiavaneis** an der Mündung des Val Lastiès, einem weiteren »Sella-Fenster«. Den Gegenpart zu den Pordoimauern spielen an der Rampe zum Sellajoch die 500 Meter hohen Piz-de-Ciavazes-Südwände, in denen man häufig Kletterer beobachten kann. Links folgen die Sellatürme. Ab dem **Sellajoch** muß die Sellagruppe in die Statistenrolle schlüpfen, denn nun »regiert« König Langkofel, vorläufig zusammen mit der gezackten Fünffingerspitze – rechts der »Daumen« – und der Grohmannspitze. Bei der Abfahrt erfüllt dann sein zwei Kilometer breiter Riesenleib linker Hand den Gesichtskreis. Und je mehr wir ins Grödnertal einschwenken, ändern sich

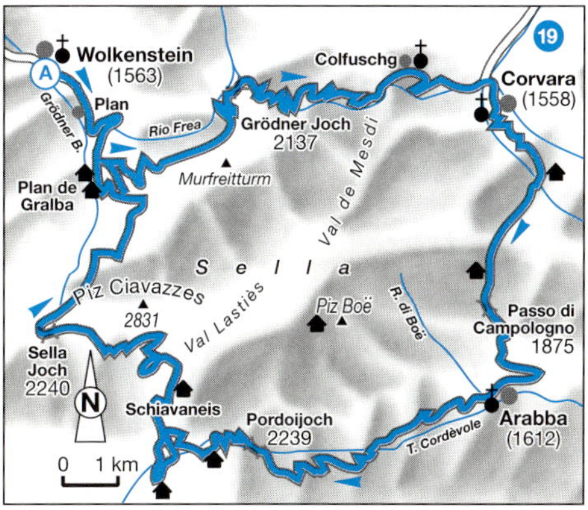

seine Formen, türmen sich höher und höher – zum Idealbild des »Sass Long«, wie ihn die Ladiner seit Menschengedenken besingen.

Streckenbeschreibung

Die Steigungen der *Staatsstraße 242* Richtung Sellapaß beginnen am Ende von **Wolkenstein** (1563 m), im Ortsteil *Plan,* hinter dem uns die ersten Haarnadelkurven erwarten. Nach 3,5 Kilometern passiert man die für den Wintersport konzipierte Hotelsiedlung **Plan de Gralba** (1789 m). Etwa 1 Kilometer danach, an der Straßengabel unterhalb des Hotels Miramonti, biegt man links in die *Staatsstraße 243* ein. Noch 2,5 Kilometer mit achtprozentigen Steigungen, dann geht es zu Füßen der Mesuleswand, des Großen Murfreitturmes und der Murfreitspitze eben dahin über dem Tal des Freabaches. Dort erkennt man den großen Felsblock, unter dessen Überhang ein steinzeitlicher Jägerrastplatz und eine Wohngrube entdeckt wurden; Entstehungszeit um 7000 v. Chr.

Dem 2 Kilometer langen Flachstück im Schatten der Sella folgt die Steigung zum **Grödner Joch** (2137 m), ladinisch Jëuf de Fra. Das *Rifugio Alpino Frara* auf dem Scheitelpunkt gehört bereits zur Gemeinde Kolfuschg-Corvara. Dorthin senkt sich die Ostrampe. Stellenweise 12 Prozent. Vorsicht an den scharfen Kurven! Bis **Kolfuschg** (1645 m) sind es vom Paß 7 Kilometer. Links oben im alten Ortsteil die 1452 geweihte Pfarrkirche St. Vigilius.

Ein Wendepunkt der Rundfahrt ist **Corvara** (1558 m). Durch die in Fremdenverkehrs-

Auf dem Passo Pordoi erreicht die Sella-Runde ihren höchsten Punkt. Im Hintergrund der Sass Pordoi; deutlich erkennbar die Bergstation der Seilbahn.

Politur »glänzende« Hauptstraße und wieder bergan, vorerst zwei zehnprozentige Kilometer mit elf engen Kehren – 120 Höhenmeter bis zur *Pension Costes de l'egae.* Nun geneigter, vorbei am *Hotel Planac* (1710 m), der Talstation des Sesselliftes zur Punta Trieste, einer Rückfallkuppe am Westrand der Pralongia-Hochfläche. Beim *Hotel Boè* (1860 m) haben wir Südtirol verlassen und sind in der Provinz Belluno bzw. der Region Veneto.

Einen ähnlichen Wechsel bringt der **Passo di Campolongo** (1875 m): Übergang aus dem Hochabtei nach **Buchenstein,** das uns während der Abfahrt zu Füßen liegt, während den Horizont die vergletscherte Marmolada bestimmt; südöstlich der Monte Pelmo.

Arabba – ladinisch Reba (1612 m). Erneuter Rechtsschwenk, westwärts auf der *Staatsstraße 48* bzw. der *Großen Dolomitenstraße.*

Die Kehren der Pordoijochstraße sind numeriert: 33. Ab Nummer 1 ständig 8 Prozent Steigung im obersten Cordevoletal zwischen Sella und dem aus vulkanischem Gestein bestehenden dunklen Padonkamm.

Auf dem **Passo Pordoi** erreicht die *Große Dolomitenstraße* ihren höchsten Punkt, immerhin 2239 Meter, unsere Tour indes »gipfelt« in dem um einen Meter höheren Sellajoch. Um es zu erreichen, fährt man vom Pordoijoch abwärts, zunächst Richtung »Val di Fassa«, vorbei – nach 9 Kehren – am *Albergo Pordoi,* später an der kleinen Hotelsiedlung *Pecol* (1932 m). Anschließend durch Lärchenwald zur Straßengabelung (1805 m), 4,5 Kilometer vom Paß. Eine Tafel verewigt Fausto Coppi, einen der erfolgreichsten italienischen Radrennfahrer aller Zeiten. Ihm müssen wir es nicht unbedingt gleichtun beim letzten Aufstieg. Denn: nach 500 Metern bietet der flache **Pian Schiavaneis** (1877 m) genußvolle Rastgelegenheit im Freien, entweder vor dem gleichnamigen Albergo oder dem Rifugio Monti Pallidi. Kräftesammeln für die nächsten 5 Kilometer. Anfangs in langen Schleifen. Steilste Passagen bis 11 Prozent in teilweise kopfsteingepflasterten Kehren.

Das *Albergo Maria Flora* beendet die »Leiden«. Der **Passo di Sella** (2240 m) ist gewonnen. Jenseits folgt nach 1 Kilometer das 1904 erbaute *Sellajochhaus* (2176 m) des Club Alpino Italiano. Zur Toni-Demetz-Hütte in der *Langkofelscharte* führt ein Steh-Gondellift. Vor uns liegen 9 Kilometer Abfahrt, anfangs verhältnismäßig kehrenarm, nach **Wolkenstein** (1563 m), dem ladinischen Sëlva Gherdëina, wo vielleicht bei Franco im »Speckkeller« der Tag ausklingt.

Nützliche Informationen

Entfernungen: Insgesamt 60 Kilometer. Wolkenstein – Grödner Joch 10,5 km; Grödner Joch – Corvara 8,5 km; Corvara – Passo di Campolongo 6 km; Passo di Campolongo – Arabba 4 km; Arabba – Passo Pordoi 9 km; Passo Pordoi – Passo di Sella 12 km; Passo di Sella – Wolkenstein 10 km.
Steigung: 2000 Meter.
Unterkunft: In den Orten und an der Strecke.
Fahrradverleih: • *Wolkenstein:* Sport Alex Giorgi. • An der Strecke: Kolfuschg und Corvara.
Auskunft: • Tourismusverein, I-39048 Wolkenstein, Tel. (0471) 795122, Fax 794245. • Tourismusverein, I-39033 Corvara, Tel. (0471) 836176, Fax 836540. • Azienda Autonoma di Soggiorno e Turismo, I-32020 Arabba, Tel. (0436) 79130, Fax 79300.

Grohmannspitze, Fünffingerspitze, Langkofelscharte, Langkofeleck überragen das Sellajochhaus unterhalb des gleichnamigen Passes vor der Abfahrt ins Grödnertal.

20 Auf der Seiser Alm

Blumenparadies Südtirols

Tourencharakter: Überwiegend Abfahrten; größtenteils für den öffentlichen Verkehr gesperrt. Insgesamt sind 4 km nicht asphaltiert, davon 3 km nach Saltria für schmale Reifen ungeeignet!
Betriebszeiten der Seilbahn St. Ulrich – Seiser Alm 8–12 Uhr, 13–19 Uhr, stündlich oder nach Bedarf; zusätzlich Fahrradkarte (ca. 4 Mark) lösen!
Die Tour kann auch in St. Ulrich (Fahrradverleih) angetreten werden.
Wer auf die Seilbahn verzichtet, muß von St. Ulrich über Kastelruth nach Kompatsch zusätzlich 24 km bewältigen; Steigungen zwischen 10% und 12%, kurz 15%.

Länge der Tour:
20 km.

Die **Seiser Alm** – ausgedehnteste Almfläche Europas – gilt schlechthin als das Blumenparadies Südtirols und, im Einklang mit dem Schlern, als ein Idealbild dolomitischer Schönheit. Wer hier die Blüte des Frühjahrs erlebt, für den reichen die Eindrücke über den Tag, ja vielleicht sogar über das Jahr hinaus. Bachsysteme, Mulden und Kuppen gliedern das wellige, von Waldfetzen und Moosflecken durchsetzte Hochland in Lagen zwischen 1674 und 2174 Metern. Fläche etwas mehr als 50 km^2; größte Länge 16 Kilometer, größte Breite 14 Kilometer. In diesem Bereich stehen rund 400 »Dillen« (Heuhütten) und »Schwaigen« (Almhütten), manche archaisch konstruiert, ohne Eisen und Nägel, allesamt das Ergebnis bodenverbundener Bauweise. Stil und dunkelbraune Farbe passen sich harmonisch der Landschaft an, wie in Symbiose mit ihr verschmolzen. Die Wände bestehen aus Balken, die jeweils an den Ecken miteinander verzahnt sind. Das Satteldach bilden nebeneinandergereihte Stangen, gedeckt mit doppelt und vielfach auch dreifach geschichteten Lärchenschindeln. Auf diesen liegen parallel zum First wiederum Holzstangen. Sie halten die zum Beschweren aufgelegten Steine. Diese Blockbauweise spiegelt sich in den prähistorischen Felszeichnungen des Val Camonica. Auf der Seiser Alm fanden Wissenschaftler 1986 prähistorische Zeugnisse am **»Tschon Stoan«**, einem markanten Felsblock links der Straße, gleich nach der Abfahrt von Kompatsch. Die Ausgrabungen beweisen, daß dort vor rund 10000 Jahren Steinzeit-Jäger einen Rastplatz unterhielten. Zu Zeiten des Königs Laurin, erzählt eine Sage, war das Gebiet ein Forst, in dem der König die Jagd auf weiße Hirsche und Goldfasane ausübte. Doch nachdem sein Reich zugrunde gegangen, der Rosengarten eine Felswildnis geworden war, kamen Fremde, trieben ihr Vieh in den Wald und brannten große Flächen nieder. Auf diese Weise entstand allmählich die Seiser Alm. An grauen Herbsttagen streife Partschött, der Jagdhüter Laurins, sinnend durch sein ehemaliges Revier, hörte man von Hirten. Jahr für Jahr tauche der Alte auf, um zu schauen, ob die »Verheißene Zeit« schon gekommen sei, wo wieder wird was einmal war...

Die schier unendliche Ruhe über den von den Kastelruther Bauern liebevoll gepflegten Wiesen ist verflogen. Gott sei Dank lediglich an »Startlöchern« wie Kompatsch, dem Ende der für den öffentlichen Verkehr freigegebenen Straße von Kastelruth bzw. Seis, sowie im Nahbereich der Seilbahn von St. Ulrich und bei dem an das Busnetz angebundenen Hotel Saltria. Die rund 20 Gastgewerbebetriebe auf der Seiser Alm dürfen von Kraftfahrzeugen nur vor 9 Uhr und nach 18 Uhr angefahren werden und nur mit Sondergenehmigung des Verkehrsbüros Kompatsch bei Nachweis einer mindestens fünftägigen Buchung. Dadurch bleibt der Rummel punktuell an den erwähnten Plätzen. Entfernt man sich davon, bewegt man sich einigermaßen individuell, ist fast überall Urwüchsigkeit zu spüren. Suchen Sie Ihr Paradiesfleckerl auf der Seiser Alm! Die vorgeschlagene Route soll grobes Gerüst sein und als solches Hilfestellung geben.

Ein Bild dolomitischer Schönheit: Seiser Alm und Schlern, dem rechts die »Schlernzacken« – Euringerspitze und Santnerspitze – vorgesetzt sind.

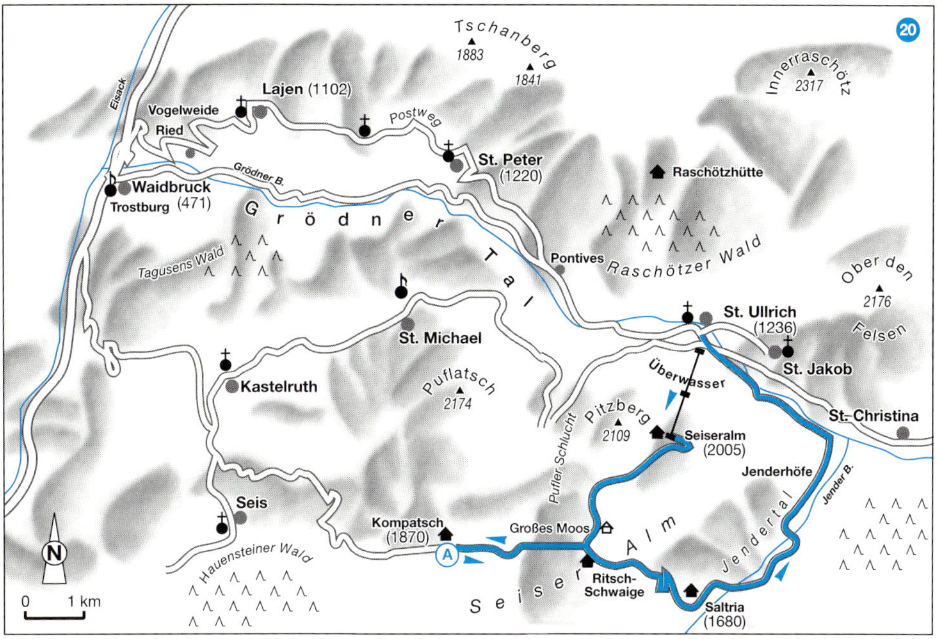
20
Tschanberg
1883
1841
Innerraschötz
2317
Eisack
Lajen (1102)
Vogelweide
Ried
Postweg
St. Peter
(1220)
Grödner B.
Waidbruck
Trostburg (471)
Raschötzhütte
Grödner Tal
Tagusens Wald
Pontives
Raschötzer Wald
Ober den Felsen
2176
St. Ullrich
(1236)
St. Jakob
St. Michael
Kastelruth
Puflatsch
2174
Überwasser
Pitzberg
2109
Pufler Schlucht
Seiseralm
(2005)
St. Christina
Jenderhöfe
Jender B.
Seis
Kompatsch
(1870)
Großes Moos
Seiser Alm
Jendertal
Hauensteiner Wald
Ritsch-
Schwaige
Saltria
(1680)
N
0 1 km
A

Streckenbeschreibung

Von **Kompatsch** (1870 m) östlich dem Teersträßchen folgen – links der **»Tschon Stoan«** – über die **Seiser Alm.** Nach 2 Kilometern mündet links das Sträßchen von der *Seilbahn-Bergstation.* Nordöstlich erscheinen die Geislerspitzen. Rechts der Straße duckt sich hinter dem Neubau des Gasthofes *Ritsch-Schwaige* die ursprüngliche Schwaige. Linker Hand lagern das Kleine und Große Moos. Vorbei an der *Rauchhütte* hinunter in die kleine Hotelsiedlung **Saltria** (1680 m).

Wir bleiben links des *Jënderbaches* bzw. fahren von der Bushaltestelle gerade weiter auf holpriger Teerdecke. Die *Malga Zemmer* verkauft frische Milch. Eintauchen in das wildromantische **Jëndertal;** ladinisch: Ruf da Jënder. Etwa 800 Meter nach Saltria rechts über den Bach. Nun abwärts mit einem Schottersträßchen, das schon bald eine unverhoffte, aber nur 300 Meter lange Gegensteigung (13%) im Hochwald aufweist. Ebenso steil sind die folgenden steinigen Kehren, allerdings abwärts. Dann führt eine Holzbrücke (1531 m) wieder an das linke Ufer.

»Erholung« für die Bremsen! Vier Kilometer nach Saltria stößt man auf das Teersträßchen ins Grödner Tal. Vorbei am herrlich gelegenen *Jënderhof* (1520 m). Erneutes Steilgefälle. An der Gabelung links (Streda Minert). Zwischen den Bäumen hindurch wird die Pfarrkirche von **St. Ulrich** sichtbar. Diesseits des *Grödner Baches* durch den Ortsteil *Überwasser,* bis es nach der zweiten Brücke kurz hochgeht zur **Seilbahn-Talstation** (1230 m).

Für einen Bummel durch St. Ulrich (siehe Tour 18) »parkt« man am besten an der Talstation. Hinab zur Umgehungsstraße. Jenseits vom bewachten Parkplatz über Stufen und ins Zentrum.

Auf der Terrasse des Restaurants der **Seilbahn-Bergstation** (2005 m) lassen wir die »Randfiguren« der Seiser Alm auf uns wirken: Langkofelgruppe, Rosengarten, Roßzähne; außerdem die Sella- und Puezgruppe. Noch umfassender ist das Panorama von der Kuppe des *Pitzberges* (2109 m) westlich; 20 Minuten zu Fuß.

Von der Seilbahnstation fahren wir entsprechend der Wanderroute 6 auf einem breiten Schotterweg 1,2 Kilometer abwärts bis zu einem Teersträßchen. Auf diesem rechts mit Steigungen und Flachstücken direkt in Richtung der »Schlernzacken« Santnerspitze und Euringerspitze. An der Gabelung (1914 m) beim Hotel Icaro links weiter in die bereits bekannte Teerstraße, die uns nach 2 Kilometern wieder bei **Kompatsch** (1870 m) auf der Seiser Alm abliefert.

Südöstlich der Seiser Alm zeigen sich der massige Langkofel und der abgeflachte Plattkofel.

Nützliche Informationen

Entfernungen: Insgesamt 20 km. Kompatsch – Hotel Saltria 5 km; Saltria – St. Ulrich (Seilbahn-Talstation) 9 km; Seilbahn-Bergstation – Kompatsch 6 km.
Steigung: Etwa 150 Meter.
Unterkunft: Auf Kompatsch, im Grödnertal sowie in den Hotels an der Strecke.
Camping: *Völs-St.-Konstantin:* Seiser Alm, Tel. (0471) 706459, Fax 707382.
Besichtigung: *St. Ulrich,* siehe Tour 18.
Fahrradverleih: *St. Ulrich:* Thomas Nössing; Marco Parigi.
Auskunft: • Tourismusverein Schlern, I-39040 Kastelruth, Tel. (0471) 706333, Fax 705188. • Tourismusverein, I-39064 St. Ulrich, Tel. (0471) 796328, Fax 796749.

21 Rosengarten-Straße

Aus dem Tierser Tal

Tourencharakter: Abgesehen von den Sommerferien einschließlich September wenig Verkehr. Durch St. Zyprian bis 20%, anschließend zum Nigerpaß bis 14%. Danach geringere Steigungen. Auf der Rosengarten-Straße streckenweise eben.

Länge der Tour: 36 km.

Sie ist eine Paradestraße der Dolomiten. Vor dem Wall des westlichen Rosengartens mit Fernblicken bis zum weißen Gletscherspitz des Ortlers. Brechen Sie, sofern möglich und gewünscht, erst am späten Nachmittag auf, um bei der Rückkehr die »Enrosadira«, das Alpenglühen an den Rosengartenwänden, zu genießen, vielleicht von der Nigerhütte aus. Unvergeßlich! Laurins Sagenwelt scheint für eine Weile in Flammen zu lodern, dann versinkt sie in fahlem, bleichem Grau. So hat Laurin ihn verflucht, versteinert, seinen blühenden, duftenden Rosengarten, nachdem der Recke Dietrich von Bern das Reich zerstört hatte. Niemand mehr soll jemals die Schönheit sehen, schrie der verzweifelte Zwergenkönig, weder bei Tag noch bei Nacht. Dabei hat er den Abend vergessen...

Den reizvollsten Anblick bietet das spätgotische Kirchlein **St. Zyprian** bei der Fahrt von Tiers, wobei jedoch die Rosengartenspitze optisch mit der ihr vorgesetzten Laurinswand verschmilzt. Nur wenn droben am Santnerpaß Schnee liegt, sind die kulissenähnlichen Perspektiven erkennbar. Links dieses Massivs stehen nicht die drei Vajolettürme üblicher Vorstellung, wie häufig bezeichnet! Von den dreien sieht man lediglich den schlanken Delagoturm und an seiner Basis rechts den winzigen Piazturm. Bei den benachbarten Türmen handelt es sich um den Vajolet-Hauptturm und den Nordturm.

»Tiersch«, wie die Einheimischen zu **Tiers** sagen, war bis Ende der siebziger Jahre ein verschlafenes Bergnest, dem der Tourismus, abgesehen von Liebhabern des Dörfchens, kaum Beachtung schenkte. Das Sträßchen von Blumau aus dem Eisacktal war seiner Steilstücke – bis 24 Prozent – und Engstellen wegen gefürchtet, für Busse sogar verboten, und die umständliche Anfahrt durch das Eggental nahmen wenige in Kauf. Doch dann kam die breite Tierser Höhenstraße, ausgehend ebenfalls in Blumau über Völser Aicha. Sie verflocht Tiers kommod im Verkehrsnetz, ohne daß der Ort maßlos auswucherte. Seine Geschichte ist viel älter. Der Thalerbühel war schon in der Prähistorie besiedelt, und aus der Römerzeit, dem 2. Jahrhundert nach Christus, öffnete man bisher 50 Urnengräber. Ab 999 ist »Tyersch« urkundlich verbürgt, seit 1257 die Georgskirche.

Vor dem Vergnügen steht die Arbeit! Im Klartext, die Anforderungen der 1916/17 von russischen Kriegsgefangenen angelegten, nach dem Zweiten Weltkrieg ausgebauten Straße durch das Purgametschtal zum **Nigerpaß,** der Gemeindegrenze von Tiers und Welschnofen. Hinsichtlich des ungewöhnlichen Namens geht der Brixener Heimatforscher Hans Fink davon aus, daß er vom spätlateinischen Wort »niger« (schwarz) abstammt, bezogen auf die dunklen Wälder um den Paß.

Eine Etage höher, beim Berggasthof **Frommer Alm,** kommen wir der Rosengartenfront näher. Hier endet der Korblift Laurin 1 von Welschnofen und beginnt der Lift Laurin 2 zur Rosengartenhütte am Fuß des Wandvorbaues. Schräg rechts über der Hütte ist das Tschager Joch eingekerbt. Anschließend entragen dem Kamm die Tschagerspitze, die Tscheinerspitze, der Vajolonkopf, die mauerglatte Rotwand, die Teufelswand und schließlich die Masaréspitzen, ehe er im Sattel des Karerpasses ausläuft.

Südlich beherrscht der Latemar das Szenarium: Zerfurchte, von unzähligen Rinnen und Schluchten durchrissene Wände, vergleichbar mit einer gewaltigen Koralle. Rosengarten und Latemar, beide aus Schlerndolomit bestehend und annähernd gleich alt, sind substanziell unter dem Karerpaß, den Eiszeitgletscher schabten, verbunden. Indes enthält das Rosengartengestein doppelt soviel Magnesium- und Kalziumkarbonat wie der Latemarkalk. Deshalb ist letzterer heller, grauer, ohne die gelbroten Anwitterungsfarben des Nachbarn. Und deswegen ist der Fels des Latemar brüchiger als der des Rosengartens, denn die Festigkeit hängt vom Anteil des erwähnten »Doppelsalzes« ab. Überdies wird der Latemar von Vulkangestein durchsetzt, zu ersehen an dunklen Adern. An ihnen nagt die Erosion vorrangig. Die Sage sieht es anders. Die Türme seien zu Fels verwandelte, vormals in roter, weißer und gelber Seide gekleidete Puppen, die ein reicher, im Berg wohnender Venezianer Hirtenkindern zu schenken gedachte. Als die Undankbaren noch kostbarere Puppen wünschten, solche mit brokatenen Gewändern, Perlengeschmeide und goldenen Kronen, erstarrten die Puppen zu Stein. »La procession de le pope«, sagen die Fleimstaler im Dialekt zu den teilweise splitterfeinen Latemarspitzen über dem Karerpaß: Die Prozession der Puppen. Manchmal, wenn die Sonne günstig scheint, könne man die Seidenkleider glitzern sehen…

Der »Caressa-Paß«, so die Bezeichnung auf der Karte des Jahres 1774 von Peter Anich, markiert die Grenze der Provinzen Bozen und Trient. Jenseits liegt das Fassatal. Von dort führte der alte Saumweg durch das Tal des Rio di Costalunga. Damit wird der italienische Name Passo Costalunga gerechtfertigt. Und weil der Paß auch zu Ladinien gehört: La Mont de Carezza.

Die Rückfahrt, obschon gleichlaufend mit der Herfahrt, kann recht abwechslungsreich gestaltet bzw. unterbrochen werden. Zum Beispiel in Form einer Sessellift-Fahrt (Talstation 1,5 km unterhalb des Karerpasses) zur *Paolinahütte.* Sie wird von der Familie Pichler aus Welschnofen seit mehr als einem halben Jahrhundert mustergültig geführt. In der Rotwand-Südwestwand sind gelegentlich dunkle, sich langsam fortbewegende Punkte auszumachen: Kletterer auf einer der durchwegs extrem schwierigen Routen.

Wie lange der Aufenthalt in der **Nigerhütte** dauert, bestimmt die Zeitplanung. Schließlich präsentiert das erwähnte **Zyprianskirchlein** dem Kunstliebhaber einen bedeutsamen gotischen Flügelaltar. Das 1616 gemalte Altarbild zeigt die Kirchenpatrone Zyprian und Justina. Beide wurden auch an

der südlichen Außenmauer freskiert: Zyprian und Justina breiten schützend ihre Mäntel über eine unter Blitzpfeilen weidende Herde. Dann wäre noch das verträumte **Tschamintal** zu beachten. Es zweigt bei St. Zyprian ab. Die Straße führt über Weißlahnbad 4 Kilometer zur Jausenstation *Tschaminschwaige.*

Streckenbeschreibung

Vom *Parkplatz* in **Tiers** (1028 m) an der *Pfarrkirche* vorbei den Ort verlassen. Auf und ab zum **Zypriankirchlein.** Das liebliche Bild sollte nicht darüber hinwegtäuschen, daß es sehr steil wird im Ort **St. Zyprian** (1073 m), 900 Meter zum *Zyprianerhof,* und in dem sich anschließenden waldreichen Purgametschtal, wo allerdings die Steigung etwas abnimmt, aber trotzdem vollen Einsatz erfordert. Am **Nigerpaß** (1688 m) dürfen wir uns schon auf die Schultern klopfen, obwohl der Scheitel der **Rosengarten-Straße** erst nach 3,5 Kilometern beim **Berggasthof Tscheinerhütte** (1774 m) gewonnen wird. Spätestens ab der **Frommeralm** (1743 m), die man 1,5 Kilometer vor der Tscheinerhütte passiert, ist die Fahrt ein einziger Genuß, bietet großartige Augenweiden. Von den obersten Häusern der Feriensiedlung **Karersee** (1724 m) geht es sogar leicht abwärts bis zu dem Punkt 1702 m, bei dem man auf die *Große Dolomitenstraße* Bozen – Cortina

Die Blütenpracht des Frühlings begeistert nicht alleine auf der Seiser Alm, sondern auch an den Flanken und auf den Plateaus der näheren Umgebung.

Zu Füßen des westlichen Rosengartens, zwischen Laurinswand und Teufelswand, verläuft die Rosengarten-Straße über den Nigerpaß zum Karerpaß (rechts).

d'Ampezzo stößt. Dort trennen uns 600 Meter vom **Karerpaß** (1752 m). Ein Kinderspiel verglichen mit dem bereits Geleisteten!

Nützliche Informationen

Entfernungen: Insgesamt 36 km. Tiers – Nigerpaß 10 km; Nigerpaß – Frommeralm 2 km; Frommeralm – Karerpaß 6 km.
Steigung: 850 Meter.
Unterkunft: In Tiers, St. Zyprian sowie an der Strecke.
Mountainbike-Variante: Vom Parkplatz gegenüber der **Nigerhütte** (1688 m) auf dem geschotterten *Forstweg Kanzental,* im Winter eine Natur-Rennrodelbahn, bergan. Nach 2 km an der Gabelung links, über zwei Wildbäche und geradeaus zur nahen, im Sommer einfach bewirtschafteten **Baumannschwaige** (1826 m). Hin und zurück 5,5 km.
Fahrradverleih: Für Hausgäste des *Hotels Zyprianerhof.*
Auskunft: Tourismusverein, I-39050 Tiers, Tel. (0471) 642127, Fax 642005.

22 Am Latemar

Vom Eggental ins Reiterjoch

Tourencharakter: Wenig befahren. Steigungen maximal 15%. Asphaltiert bis kurz hinter den Berggasthof Epircher Lahner. Danach 3 km passable Schotterfahrbahn (gesperrt für Kfz von Mitte Juni bis Ende September), auch ohne starkmantelige Reifen machbar.

Länge der Tour:
26 km.

Zwischen **Birchabruck,** einer Häuseransammlung mit Sägewerk im **Eggental,** wo wir uns in den Sattel schwingen, und dem Reiterjoch liegen mehr als 1100 Höhenmeter. Im Eggental und hinter **Stenk** ist vorerst vom verheißungsvollen Latemar nichts zu sehen. Doch ein Stück vor Rauth tritt er schlagartig ins Blickfeld, und zwar seine Westseite. Sie unterscheidet sich unverkennbar vom allseits bekannten Anblick, den der Karerpaß bietet (siehe Tour 21), zumindest optisch, denn brüchig ist das Gestein hier wie dort. Doch die Formen sind kompakter, was die Ansicht deutlich macht. Herausragend das Eggentaler Horn. Links davon die Erzlahnscharte und die Erzlahnspitze.

Das vormals bescheidene **Obereggen** hat der Wintersport – Skicenter Latemar – zu einer Hotelsiedlung verwandelt. Ein Sessellift schwebt bis an die Basis des Eggentaler Hornes. Das Sträßchen Richtung Reiterjoch erschließt die Flanken der Gruppe. Es darf jedoch hinter dem Eppircher Lahner aus Umweltschutzgründen zeitweise nicht befahren werden. Dann gehört die Strecke alleine den Radlern und den Wanderern – bis in den breiten Wiesensattel des **Reiterjoches** zwischen Latemar und Zanggenberg. Es handelt sich um einen uralten Übergang aus dem Eggental ins Stava- bzw. Fleimstal, aus dem ebenfalls ein Schottersträßchen mündet. Im Tümpel spiegelt sich ein kleiner Bildstock. Berge ringsum. Eigentlich nichts Ungewöhnliches in den Dolomiten, wäre da nicht die Entdeckung des Kieler Hobbyarchäologen Adolf Müller gewesen. Er stieß nämlich 1975 am Reiterjoch auf die Spuren eines mittelsteinzeitlichen Jägerrastplatzes aus der Zeit um 7000 v.Chr. Für den Südtiroler Altertumswissenschaftler Dr. Reimo Lunz stellt dies »den eigentlichen Ausgangspunkt der Mesolithforschung in unserem Lande dar«.

Auf dem Reiterjoch ist das »Tagwerk« vollbracht. Abgesehen natürlich von der Fahrt ins Eggental – bis 18 Prozent Gefälle. Manche werden dabei das eine oder andere Wirtshaus »testen«. Vielleicht in **Eggen** neben der Kirche den *Gasserhof* bzw. sein Biergärtchen, denn von dort ist es nicht mehr weit »nach Hause«!

Streckenbeschreibung

In **Birchabruck** (872 m) bei der Pension Rosengarten in die Fortsetzung des **Eggentales** und aufwärts entlang des gezähmten *Eggenbaches* 1,2 Kilometer zu den Häusern von **Stenk** (934 m). Hier verläßt man das Eggental. Geradeaus Richtung »Obereggen«. Nun begleitet uns der naturbelassene *Zanggenbach.* Entsprechend seinem anhaltenden Gefälle sind die Steigungen der Straße. Frühmorgens lagern noch Schatten auf dem Asphalt, strömt angenehme Kühle aus den hochstämmigen Wäldern. Nächste Gabe-

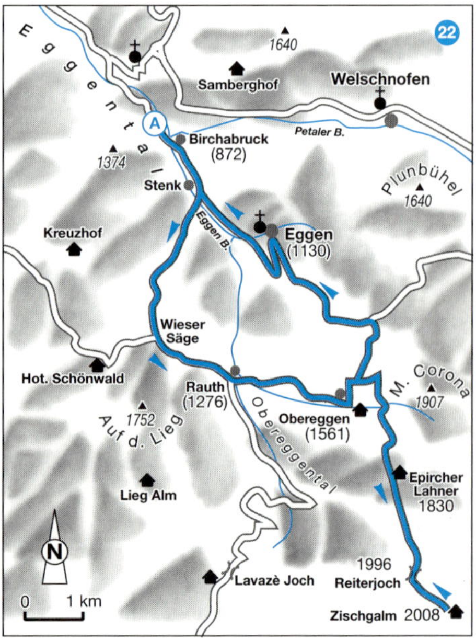

Obereggen und der westliche Latemar. Rechts das dominierende Eggentaler Horn.

lung (1131 m) beim Haus der ehemaligen *Wieser Säge.* Links halten! Wir sind im Gemeindegebiet von Deutschnofen. Streckenweise ist die Straße mit starken Eisendrahtzäunen vor Steinschlag geschützt. In der kleinen Ortschaft **Rauth** (1276 m) beim gleichnamigen Hotel abermals links, jetzt am *Obereggenbach.* Die Steigung bleibt während der folgenden 3 Kilometer bei 13 Prozent. Wunderschön das Latemarbild über saftigen Wiesen und Lärchen. Auf dem Eggentaler Horn kann man das Gipfelkreuz erkennen. Vorbei an der Sessellift-Talstation und am Sporthotel Obereggen erreichen wir den Sattel von **Obereggen** (1552 m).

Rechts in das Teersträßchen einschwenken, weiter bergan. Hotels und die Tennisplätze bleiben zurück. Das Gelände erlaubt kein Verschnaufen! Der Wald lichtet sich zunehmend. Wir unterfahren den Sessellift. Knapp 2,5 Kilometer nach Obereggen ermöglicht der kleine Berggasthof **Epircher Lahner** (1830 m) wenigstens eine Trinkpause. Das **Reiterjoch** (1996 m) bietet zwar keine Marende – die bewirtschaftete Zischgalm (2060 m) ist nur 1 Kilometer entfernt –, dafür aber eine wunderbare Aussicht südlich über das Fleimstal hinweg zu den nebeneinandergereihten Spitzen der Lagoraikette.

Wieder in **Obereggen** (1552 m), steuert man gleich rechts ins **Eggental.** Nach 2 Kilometern steht links das *Restaurant Wagger* (1330 m).

Wenig später, gegenüber dem *Fleckerlhof,* nehmen wir rechts die alte Straße 1 Kilometer durch das »Städtl« in den Kern des aufstrebenden Fremdenverkehrsortes **Eggen** (1130 m). Er gruppiert sich um die ursprünglich gotische *Pfarrkirche St. Nikolaus.* Rückwärts schenkt das Eggentaler Horn dem Radler einen letzten Gruß, ehe ihn die Talstraße nach **Birchabruck** (872 m) bringt.

Am Saum des Latemar bzw. auf dem flachen Sattel des Reiterjochs, dem Ziel der Radtour aus dem Eggental.

Nützliche Informationen

Entfernungen: Insgesamt 26 km. Birchabruck – Rauth 6 km; Rauth – Obereggen 3 km; Obereggen – Reiterjoch 5 km; Reiterjoch – Eggen 9,5 km; Eggen – Birchabruck 2,5 km.
Steigung: 1130 Meter.
Unterkunft: In den Orten sowie an der Strecke.
Abstecher: Von **Rauth** (1276 m) durch das Obereggental, insgesamt 7 Kilometer – 13% –, ins **Lavazéjoch/Passo di Lavazé** (1807 m).
Die weitläufige Wiesenhochfläche (Gasthöfe, Hotels) gehört bereits zur Provinz Trient.
Auskunft: Tourismusverein, I-39050 Deutschnofen, Tel. (0471) 616567, Fax 616727.

23 Um den Reschensee und Haidersee

Und ins Langtauferer Tal

Tourencharakter: Wenig befahrene, am Westufer des Haider- und Reschensees für Kfz teilweise gesperrte Strecken (Mountainbike ratsam!). Steigungen im Langtauferer Tal bis 10%, ansonsten an kürzeren Stellen bis 12%. Von Melag zur Melager Alm – hin und zurück 4,5 km – Mountainbike empfehlenswert. Melager Alm geöffnet von Mitte Juni bis Mitte Oktober.
Wählt man die Variante über Rojen, können auch Schmalreifen-Fahrräder benützt werden.

Länge der Tour: 48,5 km. Seen-Runde ohne Langtauferer Tal 23,5 km.

Neben dem »Brenner« ist der **Reschenpaß** das wichtigste Tor nach Südtirol im Alpenhauptkamm. Aus der langen Reschenfurche tritt der Paßsattel im Ort Reschen am Rande der Ötztaler Alpen nur schwach hervor. Möglicherweise hallten dort schon 15 v. Chr. die Schritte römischer Legionäre. Wissenschaftler sind sich nicht einig, ob die Okkupationsstreitkräfte des Drusus, eines Stief- bzw. Adoptivsohns von Kaiser Augustus, zur Eroberung der Gebiete nördlich der Alpen über den Reschenpaß vorrückten oder über den 138 Meter niedrigeren Brennerpaß. Verbürgt ist jedoch die antike Via Claudia vom Po über Trient – Bozen – Meran und den Reschen zur Donau nördlich von Augsburg. Das Zustandekommen der 350 römische Meilen (518 km) langen Fernstraße fiel um 46/47 n. Chr. mit der Institutionalisierung der Provinz Rätien – zu der auch der Vinschgau gehörte – unter Kaiser Claudius zusammen. Seitdem marschierten ungezählte Heere über den Paß an der Dreiländerecke Italien–Österreich–Schweiz. Jüngste, hoffentlich für immer letzte, Kriegshandlung übten alliierte Bomber im März 1945 aus. Sie töteten fünf Menschen in Graun. Das alte Graun mit 107 Häusern verschwand durch die Errichtung einer Staumauer bei St. Valentin bzw. die Flutung des Reschensees 1949/50. Der italienische Konzern Montecatini veränderte das Landschaftsbild elementar und nachhaltig. Aus dem bis dahin voneinander getrennten Grauner See und dem Reschensee entstand infolge Erhöhung des Pegels um 22 Meter eine Wasserfläche von 680 Hektar: 6,5 Kilometer lang, bis 1,5 Kilometer breit. Insgesamt verschwanden 523 Hektar nutzbaren Bodens; 163 Häuser – viele gehörten alteingesessenen Bauernfamilien – mußten knallharten wirtschaftlichen Kalkulationen weichen. Dafür erzeugt das Kraftwerk Schluderns, zu dem die Wasser durch einen 12 Kilometer langen Stollen gelangen, jährlich 250 Millionen Kilowatt Strom. Gestützt auf zahlreiche solche Energiequellen, sprach sich die italienische Bevölkerung im Herbst 1987 mit überzeugendem Votum, auch von Politikerseite, gegen Atomkraftwerke aus!

Reschen büßte im Stausee 47 Gebäude ein. Irgendwie fröstelt es einen dort immer, selbst wenn die Sonne scheint. Einbildung, durch die den Ort umgebende Bergwelt? Vielleicht, aber auch wegen der Temperaturen: Sommer-Mittelwerte 13 °C, im Frühling 3,5 °C, Herbst 5,4 °C, winters minus 5,4 °C. Reschen ist ein für den Transit typisches Straßendorf: Wechselstuben, diverse Geschäfte, Wirtshäuser, Hotels, Pensionen. Zu dieser »Moderne« paßt auch die 1953 geweihte *Pfarrkirche St. Sebastian.* Ihr Geläut, übernommen aus der Vorgängerkirche, habe einst Unwetter vertrieben, die eine auf dem nordöstlich hochragenden Piz Lat hausende Hexe und böse Zwerge über den Ort und seine Fluren trieben. Aberglauben! Die meisten haben andere Sorgen, geschäftliche. Es geht halt wie überall ums gute Geld!

Fotografische Dokumentationen von Alt-Graun und dem Aufbau von Neu-Graun zeigt das *Heimatmuseum* im Rathaus. Das zweite **Graun** erwuchs oberhalb des Sees. Allein der Kirchturm des 14. Jahrhunderts, im Wappen dargestellt, reckt sich als begehrtes Fotomotiv – mit Hintergrund Ortler – wie eine stille Anklage aus den Fluten; die Kirche wurde 1950 gesprengt. Vor der neuen *Pfarrkirche St. Katharina* thront auf einem Tuffsteinsockel die Bronzebüste von Heinrich Natter (1844–1892), einem Grauner. Er brachte es in München zum gefragten Bildhauer. Natter schuf so bekannte Standbilder wie das Walthers von der Vogelweide zu Bozen, Andreas Hofers am Bergisel, Zwinglis in Zürich und Haydns in Wien. Das Heimatmuseum würdigt Josef Duili (1776 bis 1863), der die Pläne der Brennerstraße, der Arlbergstraße und der Rhein-Begradigung entwarf.

Bei Graun führt das **Langtauferer Tal** in die Ötztaler Alpen. Warum schlummert diese Talschaft noch immer im Dornröschenschlaf? Es mag daran liegen, daß die meisten Touristen blindlings über den Reschen hasten, entweder auf der Heimfahrt, oder um so schnell wie möglich in sonnige Gefilde einzufallen. Langtaufers ist ein Dorado für Menschen, die nach Stille und Einsamkeit trachten. Lediglich ein Sessellift trübt den ansonsten einwandfreien Hochtalcharakter von herber Schönheit, aufgelockert mit Weilern und Höfen, an der wildreichen Schattseite dichte Lärchengürtel, durchflossen vom Karlinbach. Seine Quellbäche werden u.a. von den Fernern der Weißkugel genährt, der Landschaftskrone über den hintersten Talböden. Eines der hinreißendsten Gletscherbilder Südtirols – »Fortissimo einer urweltlichen Alpensymphonie«, schwärmt der Schriftsteller und Chefredakteur der Tageszeitung »Dolomiten«, Dr. Josef Rampold. Sollte allerdings der Skizirkus von Kappl bzw. Wiesen hinauf zum Weißseejoch (mit Anbindung an das Nordtiroler Skikarussell Kaunertal) realisiert werden, muß das Tal einen strukturellen Wandel bezüglich seiner Ursprünglichkeit erleiden!

Die Besiedelung des Langtauferer Tales dürfte im 12. Jahrhundert eingesetzt haben. Früheste Urkunden eines landesfürstlichen Schwaighofs (Kapron) stammen aus dem Jahr 1317. Die Einzelhöfe wurden durch fortgesetzte Erbteilung zu Weilern, wie sie heute existieren. Vor noch nicht allzu langer Zeit wuchs auf dem Sonnenhang mancherorts Flachs; außerdem zogen die Bauern Kartoffeln und Gerste für den Hausgebrauch. Vieh- und Milchwirtschaft sind die vorrangigen Erwerbszweige. Fremdenverkehr spielt eine sekundäre Rolle. Die Abwanderung junger Leute konnte gebremst werden durch staatliche Subventionen an die Landwirte entsprechend der Höhenlage ihrer Anwesen. Trotzdem arbeiten Langtauferer »draußen«; Frau und Kinder führen den Hof, der Mann hilft nach Feierabend.

Zwischen dem Reschensee und dem natürlich belassenen **Haidersee** (ca. 90 ha) liegt **St. Valentin,** einst bei wohlhabenden Meraner Bürgern eine bevorzugte Sommerfrische. Diese Tourismusabhängigkeit äußert sich heute in Form eines Sesselliftes zur Haideralm (2120 m). Um 1140, vor der Gründung des berühmten Gotthard-Hospizes, stiftete ein Burgeiser dem Märtyrer und Wegeheiligen St. Valentin eine Herberge für Reisende und Pilger – 1639 wurden z.B. 100 Nächtigungen registriert –, die auch Arme der Umgebung versorgte. Dem Spitalprobst oblag bei Schneestürmen die mühselige und gefährliche Suche nach Verirrten und Geschwächten zwischen der Paßhöhe und dem Langkreuz auf der Malser Haide. Sie verlieh dem Ortsnamen Valentin den Zusatz »Auf der Haide«. Die **Malser Haide,** vom Haidersee hinunter nach Mals, ist der größte Muren- und Schwemmkegel des Alpenraumes: 1550 Kubikmeter, 13 km^2. An ihrem obersten Saum berührt unsere Radtour den Weiler **Fischerhäuser:** einst Häuser jener Fischer, die laut landesfürstlichem Edikt von 1326 das Fasten der Mönche in Allerengelberg (siehe Tour 28) mit Renken, Hechten und Äschen »versüßen« mußten.

Aus dem **Haidersee** macht sich die **Etsch,** der zweitlängste Fluß Italiens, auf ihren Weg, den wir bei den Radtouren noch mehrmals kreuzen werden, gen Süden: 425 Kilometer zur Adria.

Streckenbeschreibung

In **Reschen** (1513 m), bei der *Pfarrkirche,* auf der Straße südwärts durch den Ort, über die kaum spürbare Kuppe des **Reschenpasses.** Kurz nach dem Ortsausgang kann man rechts unten auf dem geschotterten Seeweg weiterfahren. Zum **Grauner Kirchturm** im See sind es 3 Kilometer. Anschließend auf dem beschilderten *Radweg,* wodurch wir den Tunnel vermeiden und den unteren Ortsteil von Graun erreichen. Links neben dem *Gasthaus Traube-Post* steil in den Ortsmittelpunkt von **Graun** (1530 m) um die Kirche.

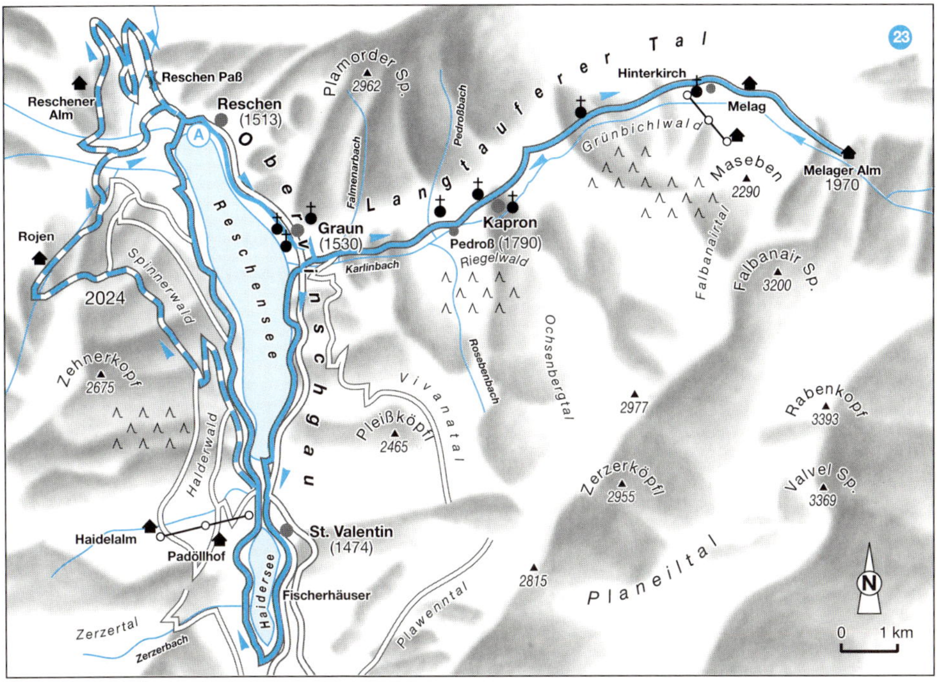

Kurz zurück, dann links abwärts zur Straße im **Langtauferer Tal** und wieder bergauf, vorerst nur mäßig, nach 2 Kilometern stärker. Der erste Kirchturm gehört zum Weiler **Pedroß** (1790 m). Im Talhintergrund erscheinen Felsgipfel. **Kapron,** eine Handvoll Häuser samt Kirchlein, bleibt links liegen. Die hauptsächlichen Steigungen sind geschafft! Bei *Wies* zeigen sich dann die Eisriesen der Weißkugelgruppe. Straßenschluß in **Melag** (1925 m).

Bei der Kapelle rechts und auf breitem Schotterweg zu der schon sichtbaren, vielbesuchten Jausenstation **Melager Alm** (1970 m).

Auf der Rückfahrt radeln wir direkt zur Straße am **Reschensee** (1491 m) bei **Graun.** Links, nach 300 Metern rechts in den *Radweg.* Er meidet das Asphaltband und führt außerhalb der Lawinenschutz-Galerien am Ufer entlang. Eine *Steintafel* gedenkt der Toten des Unglücks, als am 13. August 1951 ein Bus in den See stürzte; damals gab es noch keine Randsicherung der Straße.

Nach der **Reschensee-Staumauer** geht es rechts abwärts und auf einem Fahrweg durch Wiesen nach **St. Valentin** (1474 m). Am Ortsausgang, beim *Hotel Ortlerspitz,* wieder auf dem *Radweg,* nun am **Haidersee** entlang. Es folgt der Weiler **Fischerhäuser** (1467 m). Ein Kilometer nach Fischerhäuser wird die Staatsstraße rechts mit dem Radweg verlassen. Hinunter zur Kläranlage und auf der Holzbrücke über die junge **Etsch.** Während sich der Vinschgauer Radweg links wendet, schwenken wir rechts in das Schottersträßchen ein. Gegensteigung! An der Gabelung rechts. Jenseits des Haider Sees bilden Großkopf, Habicherkopf und Angerlikopf die alpine Szenerie; nordöstlich die Plamorderspitze über dem Eingang des Langtauferer Tals. Vorbei an einem verlassenen *Haus* (1454 m) und einem Gebäude des *Pumpwerks St. Valentin.* Dahinter wird der Weg sehr schmal und steinig. Anschließend auf der Uferwiese. Hernach bleiben wir links des Baches, bis man beim Sessellift rechts wieder nach **St. Valentin** (1474 m) gelangt.

Links, beim *Haus der Musik* erneut links (Durchfahrt). Vor dem *Simmethof* rechts und dem schwarzen Pfeil der Radwegtafel folgen. Wenig später auf der unteren Straße, die bald ansteigt, 2 Kilometer. Östlich sehen wir den breitgelagerten Endkopf. Fünf Kilometer nach St. Valentin stößt man auf die *Rojener Straße.* Rechts hinunter (15%) an das *Seeufer* und vorbei am **Badeplatz** nach Reschen (1513 m).

Nützliche Informationen

Entfernungen: Insgesamt 48,5 km. Reschen – Graun 3,5 km; Graun – Melag 10 km; Melag – Melager Alm knapp 2,5 km; Melager Alm – Graun 12,5 km; Graun – St. Valentin 5 km; St. Valentin – Fischerhäuser 2 km; Fischerhäuser – St. Valentin 4,5 km; St. Valentin – Reschen 8,5 km.
Steigung: Etwa 700 Meter.
Unterkunft: In Reschen, Graun, St. Valentin, Fischerhäuser.
Camping: In *Mals:* Zum Löwen, ganzjährig, Tel. (0473) 81598, Fax ebenso.
Besichtigung: *Graun:* Heimatmuseum im Rathaus, Montag bis Freitag 8–12.30 Uhr nach Absprache mit der Gemeinde.
Variante: • Über **Rojen,** Mehraufwand 6 km, bis 10% Steigungen sowie zusätzlich 400 Höhenmeter.
Bei der Rückfahrt, nach **St. Valentin,** entsprechend der Tafel »Schöneben/Rojen« auf asphaltierter Straße durch den Spinner Wald über **Schöneben** (2087 m, Seilbahn-Bergsta-

Der Talschluß von Langtaufers präsentiert uns bei Melag mit einem Teil der Weißkugelgruppe eines der faszinierendsten Gletscherbilder Südtirols.

Der Turm (14. Jh.) der einstigen Pfarrkirche von Graun reckt sich als beliebtes Fotomotiv aus dem Reschensee, in dem die alte Ortschaft Graun versank.

tion) und hinunter (2 km, bis 12%) nach **Rojen** (1968 m); freskierte St.-Nikolaus-Kirche aus dem 14. Jahrhundert. Abschließend auf der Straße 8,5 km nach Reschen, wobei 2 km unterhalb von Rojen links in die Reschener-Alm-Variante eingeschwenkt werden kann!

• Über die **Reschener Alm,** Mehraufwand 12,5 km, bis 12 und 15% Steigungen sowie zusätzlich 400 Höhenmeter.

Wo die beschriebene Rundtour die *Rojener Straße* erreicht, geht es auf dieser links durch den Gierner Wald 3,2 Kilometer. An der Gabelung rechts über den Bach und 5 Kilometer auf geschottertem, ehemaligem Militärsträßchen durch Lärchenwald zur aussichtsreichen, bewirtschafteten **Reschener Alm** (2001 m); stellenweise bis 12 und 15% Steigungen.

Weiter auf dem Sträßchen noch 1,5 Kilometer, dann rechts in die *Forststraße,* die sich mit langen Schleifen nach Reschen senkt.

Fahrradverleih: *Reschen:* Sport Folie; Sport Winkler.

Auskunft: Tourismusverein Vinschgauer Oberland, I-39020 Graun, Tel. (0473) 634603, Fax 634713.

24 Das romanische Mals

Nach Marienberg, ins Planeil- und Matscher Tal

Tourencharakter: Mit Ausnahme der Vinschgauer Staatsstraße wenig Verkehr. Die Tour kann beliebig verkürzt, verlängert oder im Gesamtausmaß erradelt werden. Von Planeil nach Pettasettas ist ein Mountainbike ratsam! Maximalsteigungen 14%.

Länge der Tour: 58 km.

Romanik und Romantik bilden in **Mals,** dem administrativen Zentrum der nach Sarntal zweitgrößten Gemeinde Südtirols, im historischen Zentrum eine geglückte Synthese. Mals hat sieben Kirchen und acht Türme, Gassengewinkel, Häuser mit Wappensteinen, bemalten Fassaden, steingerahmten Spitzbogen- und Rundportalen, Freitreppen und Erkern, schmiedeeiserne Wirtshausschilder, alte Bauernhöfe, das Murmeln dahineilender Wasserwaale. Einfach Menschenmaß! Über den Dächern der 33,5 Meter hohe Turm der im 12. Jahrhundert errichteten *Burg,* die 1562 an die Herren von Fröhlich kam und seitdem ihren Namen trägt. Es ist einer der sieben Rundtürme Südtirols; Schlüssel im Haus nebenan bei Franz Tumler. Primäres Kunstdenkmal: *St. Benedikt.* Betrachten Sie Details des Mauerwerks! Es reicht ins 8. Jahrhundert, in die karolingische Epoche, zurück. Die virtuosen Malereien sowie der Stuckdekor entstanden um das Jahr 800, der dreigeschossige Turm im 12. Jahrhundert. Obwohl die kleine, flachgedeckte Kirche 1786 unter Kaiser Joseph II. profaniert wurde, strömt ihre Schlichtheit nach dem Empfinden des Autors intensivere Spiritualität aus als jeder pompöse Klassizismusbau. Die üppig freskierte Altarwand gliedern drei Nischen: links hl. Gregor, wie die Majuskelinschrift »SCS. GREGORIVS« unterstreicht; in der Mitte: segnender Christus mit zwei Engeln; rechts der hl. Stefan. Auf den beiden Trennungsmauern der Nischen je eine Stifterfigur in karolingischer Hoftracht. Um die gesamte Bemalung – sie zählt zu den ältesten erhaltenen im deutschen Sprachraum – bzw. ihre motivliche Konzeption zu begreifen, muß man das ausliegende Heftchen studieren! Kurzgefaßte grundlegende Erklärungen gibt die Aufsichtsperson.

Die zweite wegweisende romanische Sakralarchitektur widerspiegelt *St. Martin,* das bis 1793 dem Nordtiroler Kloster Stams angegliedert war. Sein Turm ist sogar noch ästhetischer als der von St. Benedikt. Diesbezüglich das Optimum, auch an Höhe, erfährt das Triumvirat im romanischen Turm der 1799 durch die Franzosen eingeäscherten *Kirche St. Johann.*

Unsere Radtour peilt drei nicht zusammenhängende Ziele an, die aber in eine Art Rundfahrt eingebunden sind: Marienberg, das Planeiltal und schließlich das Matscher Tal, wobei jedes auch separat gemacht werden kann.

Die weißgetünchten, festungsähnlichen Mauern des **Klosters Marienberg** am Südosthang des Watlesstockes leuchten hinaus zur Staatsstraße auf der unteren Malser Haide, machen neugierig, was sich hinter den Mauern tut. Seit 1150, als Benediktiner aus Ottobeuren einzogen, leben und wirken Mönche im höchstgelegenen Benediktinerkloster nach den Grundregeln »ora et labora« – bete und arbeite – ihres Ordensgründers aus dem umbrischen Städtchen Norcia. Älteste Substanz der Klosterkirche ist die 1156 entstandene, ursprünglich wahrscheinlich doppelgeschossige Krypta. Auf ihr erwuchs 1201 eine romanische Basilika, die Vorgängerin der Mitte des 17. Jahrhunderts geweihten dreischiffigen Kirche. Damals ließ Abt Jakob die Gebeine des Klosterstifters Ulrich von Tarasp, seiner Gemahlin und seines Sohnes in die Benediktskapelle übertragen; Marmorplatte mit Messingkreuz sind in der Wand eingelassen. Das stilvolle Abschlußgitter der Kapelle ist ein Werk des Schnalstaler Ehrenbürgers und Vogelweide-Preisträgers (1976) Martin Rainer. Eine schmucklose Marmorplatte im linken Seitenschiff bezeichnet die Grabstätte des Matscher Vogtes Ulrich II. und seiner Gemahlin Hudolhildis. Makaber, denn: Ulrich II. enthauptete 1304 Abt Hermann von Marienberg, über das er die Schirmherrschaft hatte, weil der Mönch sich wegen Übergriffen seitens der Matscher beschwert hatte. Ulrich wiederum wurde 1309 von seinem Vetter Egno erschlagen. Er soll dessen Gattin »zu viel Aufmerksamkeit geschenkt haben«, vermutet Weingartner. Stufen führen in die Krypta mit ihren berühmten romanischen Fresken, dem »Werk eines genialen Künstlers«, um nochmals Weingartner zu zitieren, »dessen Ausdrucksvermögen für die Veranschaulichung geistig-religiöser Vorgänge ihn als einen der großen Maler der europäischen Kunstgeschichte ausweist«. Auch hier, ähnlich wie in St. Benedikt zu Mals, sprengen die Einzelheiten den Rahmen eines Radwanderführers. Spezielles, in der Kirche erhältliches Schrifttum ist notwendig oder die Interpretation durch einen Benediktiner des Klosters.

Nach so vielen und intensiven Kunstgenüssen erleben wir im Planeiltal, das nord-

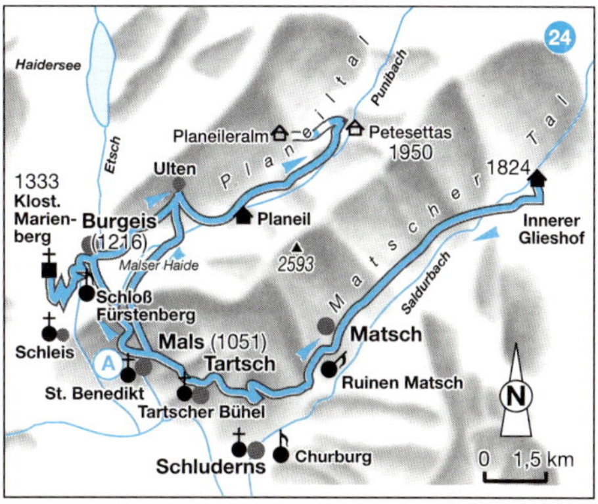

östlich in die Ötztaler Alpen zieht, einen alpinen Kleinkosmos. Natur pur! Gipfel – zahlreiche Dreitausender – riegeln den Talhintergrund majestätisch ab. Die achtziger Jahre bleiben den »Planoalern« ihr Leben lang in traumatischer Erinnerung. Das Dorf **Planeil,** eine typische Schwaighof-Gruppensiedlung, wurde nämlich von alttestamentarisch anmutenden Schicksalsschlägen heimgesucht. Es begann mit dem Pfingstunwetter 1983, als 66 Stunden pausenloser Regen den Punibach erschreckend anschwellen ließen und an den Talflanken Muren lauerten. Pfingstsonntag erfolgte die Evakuierung von Frauen und Kindern. Da lösten sich die Muren. Ein Anwesen, ein Wirtschaftsgebäude sowie den öffentlichen Parkplatz rissen die Erdmassen fort. Kaum hatten sich die 240 Einwohner leidlich erholt, nahm das nächste, folgenschwerere Unheil seinen Lauf. Am 17. Oktober 1985, gegen 17.45 Uhr züngelten am Ortsrand Flammen aus einem mit Heu vollgestopften Stadel. Die Feuersbrunst raste westlich oberhalb der Kirche, tobte durch die Gassen. Innerhalb von drei Stunden versank ein großer Teil des Ortes in Schutt und Asche. Und schon ein Jahr darauf, beinahe auf den Tag genau, diesmal am 16. Oktober, und merkwürdigerweise um die gleiche Uhrzeit, als die meisten Einwohner auf dem Gallus-Markt in Mals waren, stand Planeil erneut in Flammen. Abermals ein unfaßbares Inferno, wieder Obdachlose, Verzweifelte, arme Menschen. Herrgott! 1987 brannte eine Scheune; 1988 konnte ein Feuer rechtzeitig gelöscht werden. Brandstiftung als Rache-

Das romanische Mals im Obervinschgau stellt einen Dreh- und Angelpunkt der Radtouren zum Kloster Marienberg sowie ins Planeil- und Matscher Tal dar.

motiv? Teufelswerk eines Pyromanen? Die ermittelnden Behörden konnten weder bestätigen noch dementieren. Der mit einer Hellebarde »bewaffnete« Nachtwächter beginnt seine Rundgänge gewöhnlich erst gegen 21 Uhr. Früh um 2 Uhr löst ihn ein anderer ab, der bis 6 Uhr aufpaßt. Ein zahnloser Alter raunte mir hinter vorgehaltener Hand zu, man habe 1986 um die Tatzeit eine Gestalt im »Weiberrock« huschen sehen, ein verkleidetes Mannsbild. Wahrheit oder Kapriole der Phantasie? Der Wirt der »Gemse« hält sich verständlicherweise mit Verdächtigungen zurück. Alle seien sie heilfroh, erzählte er uns im Herbst 1994, daß nichts mehr passiert ist.

Im **Planeiltal,** beiläufig halbwegs zwischen Ortschaft und Pettasettas, postiert eine Sage jene Alm, deren Senn in frevelndem Übermut die Milch zum Geschirrspülen und Baden verwandte, mit der Butter die Fugen seiner Hütte strich. Eines Tages versanken Alm und Senn im Erdboden... Ganz anders droben auf der **Planeiler Alm,** die ehrgeizige Mountainbiker von Pettasettas mit Hilfe eines passablen Fahrweges »erklettern«. Unter dem Vordach schaut der Gekreuzigte über die Veranda. Die Küche blitzt vor Sauberkeit. Zur Alm gehören 80 Kühe, 300 Stück Jungvieh und 130 Kälber, versorgt von zwei Sennen und drei Hirten. Pro Tag schaffen die Sennen durchschnittlich acht Käselaibe, jeder zwischen acht und zehn Kilogramm schwer. Der Käsekessel ist ständig geheizt, um einen großen Teil der Milch in halbfette Käse zu verarbeiten. Nicht ohne Stolz öffnet der Senn die kühle, dunkle Kammer, wo Dutzende von Käselaiben in Regalen lagern. Da es sich um eine Sennereigenossenschaft handelt – nur 27 Prozent in Südtirol sind Privatalmen – wird die Milchmenge jedes Genossenschaftsmitglieds gemessen, um seinen Anteil an den Produkten zu errechnen.

In **Tartsch,** südöstlich von Mals, werfen wir einen Blick auf die Außenfresken des 16. Jahrhunderts der barock eingerichteten, 1994 renovierten *Pfarrkirche St. Andreas:* Zu Füßen des Christophorus schwimmen Fabelwesen im Wasser. Überdies ein Heiliger in vornehmer Tracht mit Schwert sowie ein

Heiliger mit Lendentuch bekleidet. Daneben – stark verblaßt – das betende Stifterpaar. Auf dem geheimnisumwitterten, prähistorisch besiedelten **Tartscher Bühel,** sagenhafter Standort eines heidnischen Tempels, errichtete man um 1100 das leider geschlossene Kirchlein St. Veit. Das auf dem »Bichl« gefundene Hirschhorn trägt, eingeritzt in rätischer Sprache, den ältesten bekannten Namen eines Vinschgauers: »Riviselchu«. Er lebte vor schätzungsweise 2000 Jahren. Im Zuge der Baumaßnahmen für den »Alpenwall« ließ Mussolini 1939 den gesamten Tartscher Bühel aus militärischen – wie sich herausstellte, vollkommen überflüssigen – Zwecken unterminieren.

Kurz nach Tartsch zweigt die Straße ab in das 20 Kilometer lange **Matscher Tal.** Es verläuft nordöstlich von Mals parallel zum Planeiltal, ist aber geschichtsträchtiger. Über der Mündung des Tales vor Schluderns saßen ab 1238 die einflußreichen Matscher Vögte auf einem Rücken über dem Saldurbach. Es waren üble, zeitkonforme Burschen, Herren über Leben und Tod, wie bei Marienberg eingeflochten. Von ihren ersten Burgen flüstern nur mehr eine Kapelle und Ruinen, denn das Geschlecht riß bereits 1297 die Churburg (siehe Tour 25) in seine Fänge. Die Glocke von 1497 des Gemeindeturmes an der Schule von **Matsch** soll den Bauern einst zur sklavischen Fron der Vögte geläutet haben. Im *Valfurhof,* gleich hinter Matsch am Sträßchen zu den Glieshöfen, sieht die Legende das Geburtshaus des hl. Florinus, Schutzpatron des Vinschgaus. Der Sohn »eines Angelsachsen und einer christlichen Jüdin, die auf der Rückkehr von einer Pilgerreise nach Rom sich im Vinschgau niedergelassen haben«, erzählt »Reclams Lexikon der Heiligen«, wirkte später als Priester in Graubünden. Dort soll sich unter seinen Händen am Altar Wasser in Wein verwandelt haben...

Noch in den fünfziger Jahren weideten 50000 Schafe an den Hängen des Tales, das bis 1927 selbständige Gemeinde war. Dann mußte es unter die Fittiche von Mals. Der Huldigung als »ungemein reitzende Hochgebirgsgegend« des Topographen Johann Jakob Staffler von 1839 kann man noch immer beipflichten. Rund 500 Menschen leben in der Talschaft; vor 150 Jahren seien es 100 mehr gewesen. Ein Teil der jungen Leute verdient sein Geld andernorts. Viele Matscher finden im Fürstentum Liechtenstein Beschäftigung – bei 7 Prozent Lohnsteuer –, erzählt mir einer vom Vorderen Glieshof. Der **Innere Glieshof,** bei dem das Talsträßchen ab Matsch endet, wurzelt im 13. Jahrhundert. Heute ist er eine gut eingeführte Ausflugsgaststätte mit Pension. Die Rückkehr von den Glieshöfen habe ich in bester Erinnerung. Es war Herbst, nach Allerheiligen. Die Lärchenwälder schienen zu glühen. Das Grün der Wiesen war noch nicht verblaßt. Die hohen Berge im Süden hatten sich das weiße Fell ihres Winterkleids übergezogen. Der Ortler schien an das blaue Himmelszelt zu stoßen.

Streckenbeschreibung

In **Mals** (1051 m), bei der Kirche *St. Benedikt,* folgt man der Radwegtafel in Richtung Schleis bis zum Bunker an der **Staatsstraße.** Auf ihr rechts. Bald tritt das Kloster Marienberg ins Blickfeld, etwas später die im 13. Jahrhundert durch das Bistum Chur erstellte Fürstenburg (Landwirtschaftsschule) in Burgeis.

Auf der Staatsstraße 2 Kilometer, dann links nach **Burgeis** (1216 m). Über die *Etschbrücke.* Danach steht rechts das Haus der ehemaligen Klostermühle (Tourismusverein), in dem Johann Evangelist Holzer 1709 das Licht der Welt erblickte. Er entwickelte sich zu einem der Fähigsten in der Malerzunft des bayerischen Barock.

Anschließend steil bergwärts mit instruktiven Blicken auf die Fürstenburg und zum Ortler. Von der zweiten Kehre zum nahen **Kloster Marienberg** (1333 m).

Wieder in **Burgeis** (1216 m), wendet man sich links, Richtung »Reschen«. Gegensteigung durch den Ort, über den malerischen *Dorfplatz.* Beim *Café Gerda* rechts und zur *Staatsstraße,* die man kreuzt. Der geteerte Fahrweg durchzieht die von einem ausgeklügelten System künstlicher Bewässerungsgräben (Waale) gespeisten Wiesen der **Malser Haide,** des ausgedehntesten Muren- und Schwemmkegels im Alpenraum. Wir erreichen die Häusergruppe **Ulten** (1434 m). Vor dem *Norigglhof* links, kurz danach rechts und 2 Kilometer nach **Planeil** (1596 m). Auf der schmalen »Hauptstraße« abwärts. Vom *Gasthof Gemse* wieder bergan, links an der *Nikolauskirche* vorüber und auf dem Schottersträßchen entlang des *Punibaches* in die Lokalität **Pettasettas** (1950 m). Rechts des Sträßchens schlummern die verfallenen Mauern von einem der sieben Planeiler Urhöfe. Er soll im Pestjahr 1635 vom »Schwarzen Tod« wundersam verschont worden sein. Hier beginnt der Güterfahrweg (3 km) zur Planeiler Alm (2203 m).

Auch bei der Rückfahrt begleitet uns der Punibach bis nach **Mals** (1051 m). Mittlerweile haben wir zwar lediglich 26 Kilometer, indes rund 1050 Höhenmeter bewältigt. Wer damit zufrieden ist, steigt aus dem Sattel. Ansonsten schaut man sich noch das Matscher Tal an. Vorneweg: Ab Mals zu den Glieshöfen im Talhintergrund sind es 16 Kilometer bei rund 800 Höhenmetern.

Vom Malser *Hauptplatz* durch die *General-Verdroß-Straße* zur *Staatsstraße* und links. Der Kirchturm von Tartsch erscheint, dahinter der Tartscher Bühel. Obwohl starker Verkehr durch **Tartsch** (1050 m) fließt, sind zahlreiche Häuser an der Hauptstraße kleine Schmuckstücke geblieben.

Am Ortsausgang, in Höhe des neuen Friedhofes, schwenken wir links in die Panorama-Straße nach Matsch ein. Sie steigt an. Rechts unten liegt die Churburg; schwach südwestlich zeigt sich der Ortler. Ungefähr 5 Kilometer nach Tartsch sieht man rechts unterhalb die Burgruinen sowie die Kapelle der Matscher Vögte.

Durch **Matsch** (1576 m) weiter auf dem ehemaligen Militärsträßchen durch das anmutige Tal zum **Berggasthaus Innerer Glieshof** (1824 m).

Nützliche Informationen

Entfernungen: Insgesamt 58 km. Mals – Burgeis 3 km; Burgeis – Marienberg knapp 2 km; Marienberg – Planeil 7 km; Planeil – Pettasettas 4 km; Pettasettas – Mals 10 km;

Das vordere Matscher Tal im Glanz des Herbstes, in der Woche nach Allerheiligen.

Mals – Matsch 9 km; Matsch – Glieshöfe 7 km; Glieshöfe – Mals 16 km.
Steigung: Etwa 1900 Meter.
Unterkunft: In den Orten sowie an der Strecke.
Camping: *Mals:* Zum Löwen, ganzjährig, Tel. (0473) 81598, Fax ebenso.
Besichtigungen: • *Mals:* St. Benedikt, Montag bis Samstag 9–11.30 Uhr, 13.30–17 Uhr, Schlüssel im Haus gegenüber bei Familie Weiskopf. • *Kloster Marienberg:* Führungen in der Krypta Mitte Juni bis Mitte September 10, 11, 15, 16.30 Uhr, Kirche geschlossen 11.45–13 Uhr.
Fahrradverleih: *Mals:* Sport Tenne.
Auskunft: • Tourismusverein, I-39024 Mals, Tel. (0473) 81190, Fax 81901. • Tourismusverein, I-39024 Burgeis, Tel. (0074) 81422, Fax 81690.

25 Kostbarkeiten bei Glurns

Churburg und Münstertal

Tourencharakter: Überwiegend verkehrsarme Strecken. Die ersten 2,5 km geschotterter Radweg. Von der Calvenbrücke nach Taufers bis 10% Steigung. Für den Grenzübertritt Personalausweis oder Reisepaß mitnehmen! Die Tour kann an jedem Ort entlang der Strecke angetreten werden.
Länge der Tour: 29 km.

Glurns, 1304 mit Stadtrechten begabt und ein frequentierter Umschlagplatz des Handels mit der Lombardei, erscheint im sumpfig sandigen Auengrund am Zusammenfluß von Etsch und Rambach wie ein Märchen aus längst verklungenen Zeiten, als alles schöner und menschlicher war, wie man zu sagen pflegt. Dem ist bei Gott nicht so! Der Mauergürtel – einzige unversehrt erhaltene Stadtbefestigung Tirols – entstand nämlich nach den leidvollen Maitagen 1499, als Tirol-Habsburg im Engadiner Krieg gegen die numerisch unterlegenen Graubündner in der »Calvenschlacht« am Ausgang des Münstertales 4000 bis 5000 Mann verlor, nicht zuletzt weil die adelige Reiterei in der entscheidenden Kampfphase die Flucht ergriff. Geschlossen wurde der Mauerkreis endgültig 1580. Doch schon drei Jahrzehnte später genügte er nicht mehr den durch Feuerwaffen bedingten militärischen Anforderungen, hat aber Glurns, mittlerweile vom Prinzen wie im Märchen wachgeküßt, zu unverwechselbarem Flair verholfen. Kleinste Stadt im Alpenraum! Die *Laubengasse* konserviert typische Tiroler Architektur des frühen 16. Jahrhunderts. Sämtliche wichtigen Bauwerke sind mit Informationstafeln versehen. Am *Malser Tor* hat man den Wehrgang rekonstruiert und begehbar gemacht; außen am Tor die Hochwassermarke von 1855 beim Ausbruch des Haider Sees. Am *»Kirchporten«,* dem zwischen 1500 und 1510 errichteten Tauferer- bzw. Etschtor, kamen 1990 Zugbrücken-Aufleger ans Tageslicht. Für Landeskonservator Helmut Stampfer »eine kleine Sensation«, denn das Tor verfügte an der Außen- wie an der Innenseite über eine Zugbrücke. Jenseits der Etsch steht die *Pfarrkirche St. Pankraz.* Bemerkenswert an der Nordwand des Turmes ist das fast fünfzig Quadratmeter große Fresko »Jüngstes Gericht«; im unteren Teil die »Auferstehung der Toten«, getrennt in die Seligen und die Verdammten. Kirchenschlüssel im Tourismusverein am Stadtplatz. Gedränge herrscht alle zwei Jahre (1996, 1998) Anfang August beim Laubenfest, ebenso jährlich an Allerseelen beim althergebrachten »Seelenmarkt«.

Die zweite Schatztruhe öffnen wir in der **Churburg,** oberhalb von **Schluderns.** Ohne den Erklärungen der Führerperson vorzugreifen: Die Churburg am Sonnenhang des Vinschgaues ist ein Diamant im Südtiroler Burgendiadem. Und die Rüstkammer – 50 Harnische – gilt als umfangreichste, an Ort und Stelle befindliche Sammlung von Familienrüstungen Europas. Burgherr ist Johannes Graf Trapp, wohnhaft in Nordtirol, Jahrgang 1948, verheiratet mit Gräfin d'Harnoncourt, ein Sohn, zwei Töchter, Volkswirt. Zwei seiner Vorfahren, Jakob I. Trapp (gest. 1533) und Jakob VII. (gest. 1563), haben ihre Marmorgrabmäler in der *Pfarrkirche St. Katha-*

rina. Der frühbarocke Hochaltar stand früher in der Klosterkirche Marienberg (siehe Tour 24). In der 1518 geweihten *Friedhofskirche St. Michael* sind im Untergeschoß in der Fassung eines Rosenkranzes die Medaillons jener Familien, welche die Pest 1635 verschonte. Außen an der Ostseite die Familiengruft der Grafen Trapp. Prominenteste Person, aus alpinhistorischer Sicht, auf dem *Friedhof* (Nordwestseite) ist Josef Pichler, vulgo »Psaier Josele«, Jäger der Churburg, 1804 Erstbesteiger des Ortlers.

In **Mals** (siehe Tour 24) nimmt die *Kirche St. Benedikt* den Mittelpunkt feinsinniger Interessen ein. Sie steht allerdings ein Stück oberhalb der Abzweigung, die uns nach **Laatsch** bringt. Rund 650 Einwohner zählt diese possierliche Malser Fraktion, hauptsächlich Landwirte. Die Pfarre ist dem churrätischen Glaubensboten Lucius des 5./6. Jahrhunderts geweiht, der bei der Verkündung des Evangeliums in seiner Heimat den Märtyrertod erlitt. Von der alten, 1907 abgerissenen Kirche am Ortseingang steht rechts im Friedhof noch der ansehnliche romanische Turm. Weihe der neuen *Pfarrkirche St. Lucius:* 1910. Davor liegen Stammteile einer im Laatscher Wald 1989 umgestürzten, etwa 280 Jahre alten Weißtanne. Im Ort ist die Straße stellenweise noch mittelalterlich breit. Sie benützt einbahngeregelt die tonnengewölbte Durchfahrt der originellen, zweigeschossigen *Kirche St. Leonhard.* Unmittelbar nach der Durchfahrt ist rechts die im 17. Jahrhundert ausgemalte Gruftkapelle zugänglich; Oberkirche verschlossen. Das »Sarikirchl« – *St. Cäsar* – entläßt uns aus Laatsch. Hier wurde ein Teil der Gefallenen aus der »Calvenschlacht« bestattet. Ihren Schauplatz bei der *Calvenbrücke* über den Rambach, wo die Straße von Glurns mündet, berührt die Weiterfahrt. Die Bündner Sieger von 1499 seien in einen »Blutrausch« verfallen, berichten Überlieferungen. Brandschatzungen, Massenmorde an der Zivilbevölkerung sowie – nicht verbürgt – an allen männlichen Bewohnern über zwölf Jahren, sofern sie nicht ins Gebirge fliehen konnten. Hans Kramer, Verfasser einer Kriegshistorie des Vinschgaues, schreibt anläßlich der Schlacht vom »Tiefpunkt in der Geschichte der Zivilisierung der

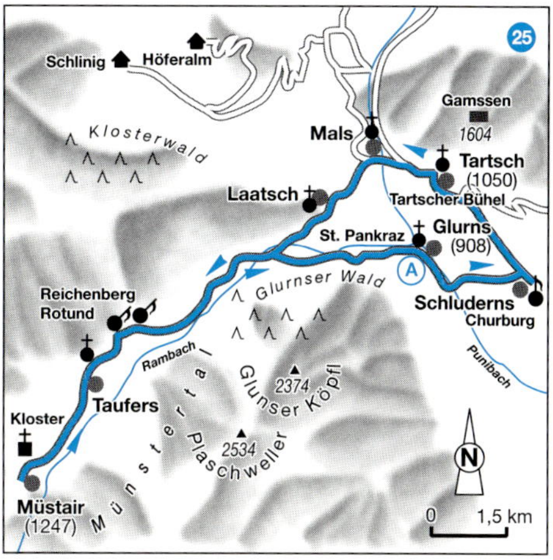

Kriegsführung«. Doch derartige »Tiefpunkte« sind heutzutage eine von allen Medien offenbar lustvoll verbreitete Selbstverständlichkeit!

Bei der *Calvenbrücke* empfängt uns die Trichterenge des 23 Kilometer langen Münstertales, von dem 8 Kilometer Südtiroler Gebiet, der Rest eidgenössisches Terrain sind. Sobald sich der Trichter öffnet, vor dem Straßendorf **Taufers,** sieht man rechts oben die Ruinen der Burgen Reichenberg und Rotund aus dem 12. Jahrhundert. Und gleich am Ortseingang verdient »Santa Hans«, wie der Volksmund die *Kirche St. Johann* nennt, Aufmerksamkeit. Den Schlüssel erbitten wir nebenan im Haus Nummer 8. Dort gibt es auch eine farbig illustrierte Broschüre, die zum besseren Verständnis des bis ins 9. Jahrhundert zurückreichenden Bauwerkes beiträgt. An der Westseite führt außen eine Holztreppe in das seines gloriosen Freskoschmuckes aus der Zeit um 1385 wegen berühmte Obergeschoß.

Das 820-Seelen-Gemeinwesen **Müstair** liegt bereits in der Schweiz, im rätoromanischen Graubünden. Nahezu alle Bezeichnungen sind »rumantsch« – rätoromanisch, ähnlich dem Ladinischen der vier Täler um den Sellastock in den Dolomiten. Der Ortsname rührt zweifellos vom lateinischen »monasterium« her. Das heißt Kloster, in diesem Falle das *Clastra St. Jon – Kloster St. Johann.* Weltkulturgut der UNESCO! Ungefähr 1000 v. Chr. stand an der Stelle des Klosters ein Holzpfostengebäude, das größte

Auf dem kaum befahrenen Sträßchen von Glurns zur Churburg bei Schluderns; im Hintergrund das Matscher Tal.

bisher entdeckte aus dieser Zeit in Graubünden. Die Gründung des Klosters erfolgte im Zuge der strategischen Maßnahmen Karls des Großen, mit Hilfe des Churer Bischofs den Ofenpaß für die Eroberung des Langobardenreiches (772–774) zu sichern. Benediktiner kamen ins Münstertal. Sie wurden um 1100 von Nonnen ihres Ordens abgelöst. Schenkungen von Bischof Egino (gest. 1170) brachten ihnen Ländereien im Unterengadin und im Vinschgau, ja sogar im Ötztal. Den wirtschaftlichen Wohlstand der Abtei förderten später zahlreiche Adelige aus begüterten Tiroler und Bündner Geschlechtern, die dem Orden beitraten und ihre »Aussteuer« einbrachten, zum Beispiel Ursula III. von Schlandersberg, Äbtissin von 1585 bis 1597. Heute beten zwölf Benediktinerinnen hinter den Mauern, kümmern sich um das Museum und fertigen Handarbeiten.

Die um 1170 gemeißelte Skulptur Karls des Großen steht unter einem Baldachin am rechten Apsispfeiler der *Klosterkirche*. Wesentlichster Sakralbau vor der Jahrtausendwende in der Schweiz! Größte Dreiapsidenanlage überhaupt im sogenannten »churrätischen Schema«. Dieser Typus floß aus Byzanz über die Adriagebiete in Churrätien ein. Superlative: Einzigartiger karolingischer Bilderzyklus, den Wissenschaftler zwischen 750 und 800 datieren. Das christologische Programm ist von der Südwand zur Nordwand in Streifen von links nach rechts zu lesen – mit Hilfe der ausliegenden Kirchenführer-Broschüre. Sie ist für eine gründliche Betrachtung der romanischen, expressionistischen Fresken sowie des Gesamtkomplexes unentbehrlich.

Sehen wir uns im Dorf Müstair um! Die nächsten Restaurants warten unweit des Klosters am *Plaz Grond*. Kulinarische Leckerbissen sind Münstertaler Nußtorten sowie Bündner Fleisch- und Wurstwaren, welche die Spezialitäten-Metzgerei B. Grond verkauft.

Südtirols Bergkönig, der Ortler, grüßt, den Radler optisch begleitend bis weit hinaus in den oberen Vinschgau.

Streckenbeschreibung

Glurns (908 m) wird durch den *»Kirchporten«* verlassen. Vor der *Etschbrücke* links, getreu der Radwegtafel Richtung Schluderns. Nach 1,5 Kilometern auf der Brücke über die **Etsch.** Links, vorbei an der übel riechenden Kläranlage. Bei der zweiten Brücke links und auf einem gewundenen Sträßchen durch die *Krauerwiesen* – im Vorblick die Churburg – nach **Schluderns** (921 m), wo es im Ort steil hochgeht zur *Churburg.*

Den Ort nordwestlich durch die *Haflingerstraße* und die *Josef-Pichler-Straße* verlassen. Auf der *Staatsstraße* rechts. Vorbei an der *Kraftwerks-Zentrale* des Reschensees nach **Tartsch** (1050 m, siehe Tour 24) und weiter auf der *Staatsstraße,* die den Ortskern von **Mals** (1051 m) umgeht. Nach dem *Hotel Garberhof* folgt man links der Beschilderung nach **Laatsch** (967 m), das abseits der Hauptstraßen vor sich hindöst.

Zu Füßen des Verschleiberges fahren wir über die *Calvenbrücke* und durch einen Lärchenwald ins **Münstertal.** In **Taufers** (1240 m) läßt die Steigung nach. Und in **Müstair** (1247 m) haben wir den Wendepunkt der Tour erreicht. Die Rückfahrt führt direkt nach **Glurns** (908 m).

Nützliche Informationen

Entfernungen: Insgesamt 29 km. Glurns – Schluderns/Churburg 5 km; Churburg – Mals/Abzweigung 4,5 km; Mals – Laatsch 1 km; Laatsch – Taufers 5,5 km; Taufers – Müstair 2,5 km; Müstair – Glurns 10,5 km.
Steigung: Nicht ganz 400 Meter.
Unterkunft: In den Orten und an der Strecke.
Camping: • *Mals:* Zum Löwen, ganzjährig, Tel. (0473) 81598, Fax ebenso. • *Prad:* Sägemühle, ganzjährig, Tel. (0473) 616078; Kiefernhain, 10.4.–31.10., Tel. (0473) 616422.
Besichtigungen: • *Schluderns:* Churburg, Führungen 20.3.–31.10. von 10–12 Uhr, 14–16.30 Uhr, Montag (außer Feiertage) geschlossen; Obervinschgau-Museum, Eröffnung 1995/96. • *Müstair:* Klostermuseum, Juni bis Oktober werktags 9–11 Uhr, 14–17 Uhr, Sonn- und Feiertage 15- 17 Uhr, Februar bis Mai Montag bis Freitag 14–17 Uhr, Sonntag 15–17 Uhr.
Verlängerung: Umrundung der Sesvennagruppe ab **Müstair** (1247 m) über den *Ofenpaß* (2149 m) nach *Zernez* und durch das Unterengadin zur *Kajetanbrücke* (991 m). Von dort über den *Reschenpaß* (1508 m) und auf beschildertem Radweg nach *Glurns.* Insgesamt 125 Kilometer; Höhenunterschied der Auffahrten knapp 1800 Meter. Am Ofenpaß Steigungen bis 10%; sonst maximal 8%, einschließlich Reschenpaß.
Fahrradverleih: *Mals:* Sport Tenne.
Auskunft: • Tourismusverein, I-39020 Glurns, Tel. (0473) 81097, Fax 80601. • Tourismusverein, I-39020 Schluderns, Tel. (0473) 615258, Fax 615444. • Tourismusverein Mals, I-39024 Mals, Tel. (0473) 81190, Fax 81901. • Tourismusverein, I-39020 Taufers im Münstertal, Tel. (0473) 82164, Fax 82350.

26 Stilfser Joch und Umbrailpaß

Die Königstour

Tourencharakter: Stilfser Joch während der Sommerferien zeitweise stark befahren, ab 9 Uhr. Steigungen etwa 12%, beim Weißen Knott ein kurzes Stück 15%. Paßsperren zwischen 31. Oktober und 1. Juli. Vom Umbrailpaß 3 km Schotterstraße (Stand 1995). Reisepaß oder Personalausweis nicht vergessen, obschon die Grenzbeamten bei Radfahrern diesbezüglich sehr großzügig sind.
Erleichterung für die Rundfahrt: Der Bus ab Prad zum Stilfser Joch (1.7.–13.9.; Abfahrt gegen 8 Uhr) befördert auch Fahrräder.
Länge der Tour: 63 km.

Das Stilfser Joch, die Königin der Südtiroler Bergstraßen, ist der härteste Paß-Leistungstest für einen Radler in Südtirol. Und als solcher wird sie irgendwie geliebt und – in den Spitzkehren – verflucht. Schmalstellen sind knapp zweispurig. Da kann es bei erhöhtem Verkehrsaufkommen, an schönen Sonntagen, im August, oder wenn Busse in den Kehren »rangieren«, schon einmal eng und der Rhythmus empfindlich gestört werden. Je höher wir uns schrauben, desto dünner wird die Luft, merklich ab 2000 Metern. Das Leistungsvermögen sinkt! Man spürt die Kühle der nahen Gletscher.

Wie Verkehrswege generell, insbesondere Paßstraßen, hat auch das Stilfser Joch seine Historie. Der älteste Übergang, der »Wormisionsteig«, verlief von Prad über Stilfes zur Höhe und über das Wormser Joch (Umbrailpaß) nach Bormio, dem damaligen Worms. Die Geschichte der neuzeitlichen Straße wurde zwischen 1820 und 1825 geschrieben, als Österreich sie trassierte und die kürzeste Verbindung von Tirol in die Lombardei schuf, die bis 1856 zur Monarchie gehörte. Der Erbauer war ein Lombarde: Ingenieur Carl Donegani aus Brescia. Ihm verlieh der Kaiser in Wien den Adelstitel »Nobile di Monte Stelvia«.

»Etappen« und Einkehren sind außer den Ortschaften Gomagoi und Trafoi der **Weiße Knott,** so benannt nach einem hellen Kalkfels, 15 Kilometer von Prad. Der vom Österreichischen Alpenklub 1884 erstellte Gedenkstein erinnert an Josef Pichler, 1804 Erstbesteiger des Ortlers (dessen Spitze noch nicht zu sehen ist). Das Gasthaus **Franzenshöhe** – 18,5 Kilometer von Prad – trägt den Namen des österreichischen Monarchen Franz I. Er gab den Auftrag zum Bau der Straße und befuhr sie 1832.

«Jüngstes Gericht« heißt scherzhaft die letzte Kehre. Und was dann? Das **Stilfser Joch** erscheint mir wie die Apokalypse, im übertragenen Sinne. Bergwelt, beerdigt unter monströsen Schlafbunkern, unter Beton, Parkplätzen, Andenkenläden, Pommesfrites-Buden, vernebelt von Auspuffgasen. 2757 Meter mißt der Scheitelpunkt. Bis 1936 war das Joch die höchste Alpenstraße, heute ist es der 12 Meter höhere Col de l'Iseran in den französischen Seealpen. Wasserscheide zwischen Etsch und Adda, Provinzgrenze Bozen-Sondrio. Wer zu Fuß zehn Minuten aufsteigt zum kleinen Restau-

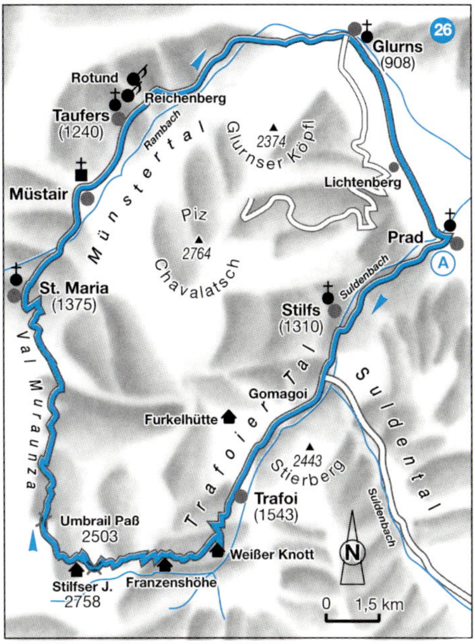

rant auf der platten Kuppe *Dreisprachenspitze* (2843 m), verschafft sich Distanz zur Paßhöhe. Hier treffen sich drei Sprachräume: Deutsch (Südtirol), Italienisch (Veltin/Lombardei), Rätoromanisch (Graubünden/Schweiz). Als Überraschung im Südwesten das Firndiadem der Bernina. Nordöstlich die Ötztaler Alpen von der Weißkugel bis zum Similaun. Im Osten Tschengelser Hochwand, Angelus, Vertainspitze, Ortler, an dessen linkem Grat man ohne Fernglas die Bergsteiger erkennt, die von der Payerhütte dem Gipfel zustreben. Rechts hinter dem Ortler der Monte Zebru und der Gipfelgrat der Königsspitze. Dann der himmelstürmende Horizont der Thurwieserspitze, Schneiden und Flanken der Trafoier Eiswand, die drei Madatschspitzen, Tuckett-, Payer- und Geisterspitze, von der die alte Grenze parallel zum Ebenferner ins Stilfser Joch verläuft. Rechts des Grenzverlaufs könnte der Monte Scorluzzo (3095 m), österreichische Schlüsselstellung zur Verteidigung des Joches im Ersten Weltkrieg, von der Waffentat des Kaiserjäger-Hauptmannes Andreas Steiner und seiner Handvoll Soldaten erzählen, die den Berg mutig den Italienern entrissen. Dadurch konnte die k.u.k. Armee die Front nach Südosten vorschieben – ins ewige Eis.

Eine Kehre der Stilfser-Joch-Straße löst die andere ab. »Nagelprobe« für leistungshungrige Radwanderer.

Von der Franzenshöhe aus sind die letzten 21 Kehren der Straße von Trafoi ins Stilfser Joch zu verfolgen.

Die meisten Ankömmlinge »per pedalare« kehren auf dem Stilfser Joch beobachtungsgemäß um. Schließlich hat man das große Ziel erreicht! Wenigstens einmal im Leben! Und schließlich bietet die Abfahrt nach Prad neue alpine Perspektiven, denen man sich bar jeglicher Anstrengung hingeben kann.

Andere, neue Eindrücke vermittelt die Fortsetzung der Tour. Am **Umbrailpaß** (2501 m) passieren wir die Schweizer Grenzstation und werden vom Muraunzatal empfangen.

Im **Münstertal** macht das schmucke, typische unterengadinische Straßendorf **Santa Maria** seine Aufwartung. Die *Casa Capòl* war einst Probstei der Benediktiner von **Müstair** (1247 m). Dort übernehmen uns die Schilderungen von Tour 25, lediglich in umgekehrter Richtung. Sie gelten auch für **Taufers** und **Glurns,** den letzten Stationen an der Strecke nach **Prad.**

Streckenbeschreibung

Einen Vorgeschmack auf Kommendes geben die zehnprozentigen Steigungen hinter **Prad** (915 m), entlang des Suldenbaches. Das hochgelegene Dorf Stilfs erscheint mit seinem spitzen Kirchturm. Nach 4,5 Kilometern das *Gasthaus Stilfserbrücke* (1150 m) passieren. In **Gomagoi** (1273 m), wo ein kleines, 1860 betoniertes österreichisches Fort die Straße sperrte, zeigt eine Tafel die Linksabzweigung nach Sulden (1866 m). Dieser Abstecher würde hin und zurück 22 Kilometer in Anspruch nehmen, bei Steigungen bis 13 Prozent.

Die vorerst noch eintönige **Stilfser-Joch-Straße** verflacht einen Kilometer vor Trafoi. Am Ortsschild treten erstmals die Eisberge der Ortleralpen vor Augen. In **Trafoi** (1543 m) wieder steiler bergwärts. An der Rechtskurve steht der *Gasthof Schöne Aussicht,* das Geburtshaus des erfolgreichen Skirennläufers Gustav Thöni.

Strapaziös wird es ab Kehre Nummer 44–12 Kilometer von Prad. Etwa 3 Kilometer danach sind wir beim Gasthaus am **Weißen Knott** (1876 m). Dort trennen uns noch 3,5 Kilometer zur **Franzenshöhe** (2188 m), wo in der Rechtskehre mancher Stilfser-Joch-Tiger links einschwenkt, hinunter zum *Gasthaus,* und sich das effektvolle Finale in Ruhe betrachtet. Die Trasse scheint an den Felsen zu kleben: 21 Kehren bis ins **Stilfser Joch** (2757 m).

Jenseits durch die kahle Landschaft 3 Kilometer abwärts. Am *Ristorante Cantoniera*

geht es rechts, kurz bergan und über den **Umbrailpaß** (2501 m). Dann senkt sich unsere Tour im stillen Graubündener *Val Muraunza* endgültig. Das Gefälle überschreitet an keiner Stelle 12 Prozent. Rechts die schroffen Wände des Piz Stabels. Der idyllische *Muraunza-Alpkessel* (2178 m) nimmt uns auf. Hinter der Brücke (2013 m) über die *Muraunzina* wird der Asphalt von Schotter abgelöst, etwa 3 Kilometer. Ab dem **Gasthaus Alpenrose** haben wir wieder tadellosen Belag auf der kehrenreichen Strecke 4,5 Kilometer nach **Santa Maria** (1386 m) im **Münstertal.** Rechts durch das entzückende bündnerische Dörfchen. Am Ortsausgang, links, das feine *Hotel-Restaurant Casa Capòl.* Die ältesten Mauerteile des Gebäudes stammen aus dem 8. Jahrhundert.

Talauswärts erscheinen die Burgruinen Rotund und Unterreichenberg. In **Müstair** (1247 m) am Benediktinerinnenkloster vorbei zur schweizerisch/italienischen **Grenze.** Auf Südtiroler Boden fahren wir durch **Taufers** (1240 m), halten uns an der *Calvenbrücke* rechts und lassen **Glurns** (908 m) links liegen. Oberhalb von **Lichtenberg** lehnen am Hang die mehrstöckigen Palasmauern der gleichnamigen Burgruine. Noch 3 Kilometer Flachstrecke bis **Prad** (915).

Nützliche Informationen

Entfernungen: Insgesamt 63 km. Prad – Gomagoi 6,5 km; Gomagoi – Trafoi 4,5 km; Trafoi – Weißer Knott 4 km; Weißer Knott – Franzenshöhe 3,5 km; Franzenshöhe – Stilfser Joch 6,5 km; Stilfser Joch – Umbrailpaß/Schweizer Grenze 3,5 km; Grenze – Santa Maria 13 km; Santa Maria – Müstair 4 km; Müstair – Glurns 10,5 km; Glurns – Prad 7 km.

Steigung: Bis zum Stilfser Joch 1850 Meter.

Unterkunft: In den Orten und an der Strecke.

Camping: • *Prad:* Sägemühle, ganzjährig, Tel. (0473) 616078; Kiefernhain, 10.4.–31.10., Tel. (0473) 616422. • *Trafoi:* Trafoi, 1.6.–30.9., Tel. (0473) 611533.

Besichtigungen: • *Santa Maria:* Casa Capòl, Führungen 11, 16 Uhr. • *Müstair:* Klostermuseum, Juni bis Oktober werktags 9–11 Uhr, 14–17 Uhr, Sonn- und Feiertage 15–17 Uhr.

Fahrradverleih: *Prad:* Ortler Sport; Sport Baldi.

Auskunft: • Tourismusverein, I-39026 Prad, Tel. (0473) 616034, Fax 616776. • Tourismusverein, I-39020 Trafoi, Tel. (0473) 611677, Fax 613182.

27 Im Martelltal

Vielleicht bis zur Zufallhütte

Tourencharakter: Außerhalb der Ferienzeit wenig Verkehr. Vor dem Zufrittsee 13 %, vor dem Gasthof Enzianhütte 14 % Steigung. Ab der Enzianhütte geschotterter, stellenweise steiniger Weg; Mountainbike erforderlich, Steigungen bis 10 %.
Der erwähnte Abstecher (hin und zurück 1,5 km) bei Morter nach Obermontani ist in der Tourenlänge und bei den Steigungen nicht berücksichtigt. Das Stichsträßchen zweigt 1 km nach Morter links ab.

Länge der Tour: 46 km (einschließlich Zufallhütte). Ohne Zufallhütte 42 km.

Pater Beda Weber, der mitteilsame Südtirol-Schilderer aus dem Benediktinerkloster Marienberg, sah 1838 im **Martelltal** »grauenvolle Bilder einer steilabschüssigen Alpennatur, in enger Schlucht«. Das 27 Kilometer lange Tal im Nationalpark Stilfser Joch vermittelt geradezu plutonische Eindrücke, die aber keineswegs unfreundlich sein müssen, wenn man die Landschaft als Romantiker erlebt und in der Wildheit Schönheit sucht. Grauenvolles ereignete sich allerdings am 24. August 1987: »Innerhalb von 10 Minuten schwoll der Marteller Bach, die Plima, am Montag abend zu einem reißenden Wildbach an, der große Mengen von Wasser und Geröll mitführte. Vor der Ortschaft Gand schoß er aus seinem Bett und ergoß sich über rund 40 Häuser. Die 220 Einwohner konnten buchstäblich im letzten Augenblick von Feuerwehr und Bergwacht gerettet und evakuiert werden«, meldete die Südtiroler Tageszeitung »Dolomiten«. Das Wasser kam – auch anderswo in Südtirol – wie eine Sturzflut, Habseligkeiten verschlingend, Geräte, Maschinen, Autos. Im Wüten der Natur verloren 120 Menschen ihr Obdach, elf Häuser wurden völlig zerstört, 30 schwer beschädigt, 20 Brücken weggerissen, Leitungsmasten brachen wie Streichhölzer. Der Zufritt-Stausee hatte den Strom der Wildbäche nicht mehr fassen können, der Damm drohte zu brechen. Deshalb öffnete man den Überlauf. Die Katastrophe war perfekt! Sachschaden: 53 Milliarden Lire. In den ersten Instanzen sprachen Gerichte in Bozen und Trient die Betreibergesellschaft von jeder Schuld frei. Der Staatsanwalt reichte jedoch Revision bei der 4. Strafkammer des Appellationsgerichtes in Rom ein. Sie übertrug die Entscheidung über die Eröffnung eines Strafverfahrens 1992 an das Gericht in Brescia. Doch bis zum 24. August 1994, als in Gand die jährliche Gedenkfeier stattfand, war nichts entschieden!

Morter, das politisch zu Latsch im Untervinschgau gehört, ist die Pforte ins Martelltal. Auf der Umgehungsstraße rollt der Verkehr am Ort vorbei zu den Parkplätzen im Talhintergrund. Dadurch blieb die Schatztruhe Morter den Liebhabern vorbehalten. In der spätgotischen *Pfarrkirche St. Dionysius* legte das Landesdenkmalamt die vollständige Ausmalung des Latschers Adrian Mair aus den Jahren 1604 bis 1609 frei und stufte sie als »kunsthistorische Rarität von seltener Schönheit« ein. Vergessen steht in den Obstbaumwiesen das ehrwürdige romanische *Kirchlein St. Vigilius,* am Chorgiebel die Glockenmauer, geweiht 1080, wie diverse Inschriften bestätigen. Ungewöhnlich sind am rechteckigen Schiff die kreuzförmigen Apsiden, verwandt mit frühchristlichen Dreikonchenanlagen. Außen über der Türe eine Anfang des 15. Jahrhunderts freskierte Kreuzigungsgruppe mit Vigilius, Blasius und dem Stifter. Kirchenschlüssel bei Leo Haringer im Bauernhaus Nr. 30.

Vor mehr als 1000 Jahren war der Ausgang des Martelltales hinter Morter durch eine Moräne, die der Talgletscher an den Felsstock geschoben hatte, praktisch abgeriegelt. Taleinwärts bildete sich ein See – bis der natürliche Staudamm brach. Seitdem fließt der Plimabach ungehindert zur Etsch. Auf die höchste Stelle des Rückens, wo Funde eine frühchristliche Wallburg bestätigen, setzte Graf Albert III. von Tirol kurz vor 1228 eine Trutzfeste: »castrum quod dicitur Montania«, vermerkt Huters Tiroler Urkundenbuch. Sie stand widerrechtlich auf Churer Territorium, das damals den gesamten

Vinschgau einschloß. Bischof Berthold trat dieser Anmaßung energisch entgegen und zwang Graf Albert durch einen im November 1228 in Glurns besiegelten Vertrag, die Burg als Churer Lehen zu akzeptieren. Graf Meinhard von Tirol ignorierte Ende des Jahrhunderts das vom Vater unterzeichnete Pergament, reihte Montani, Bestandteil der Heiratsgutverschreibung für seine Gemahlin Elisabeth, in die landesfürstliche Verwaltung ein und belehnte damit loyale Gefolgsleute. Der Verfall begann Ende des 19. Jahrhunderts. Zum Glück rettete der Marienberger Mönch Beda Weber die zweitälteste, 1233 niedergeschriebene Fassung des Nibelungenliedes. Sie wird in der Berliner Nationalbibliothek aufbewahrt. **Obermontani,** zur Unterscheidung gegenüber der nördlich, tiefer stehenden Burgruine Untermontani, kann nur von außen besichtigt werden. Kunstgeschichtliche Attraktion auf besagtem Rücken ist die *Kapelle St. Stephan* aus dem frühen 15. Jahrhundert, eine der sehenswertesten Kirchen Südtirols. Das gesamte Innere ist verschwenderisch freskiert. Zum Beispiel sehen Sie, wie sich der ganz offensichtlich vom höfischen Stil beeinflußte Maler die Stadt Köln bei einer Belagerung Mitte des 15. Jahrhunderts vorstellte, an der östlichen Schiffswand im Rahmen der Ursulalegende. Alles weitere erklärt die Führerperson. Deshalb fahren wir – am Anfang oder am Ende der Tour – zuerst zum *Montaniger Hof,* denn der Bauer ist für St. Stephan zuständig. Außerdem finden beim Bauernhof täglich um 16 Uhr Flugvorführungen der Falknerei statt.

Auf den Talweitungen, wo Sonne längere Zeit am Tag einfließen kann, gedeihen Erdbeeren und Äpfel. Ihr Verkauf, karge Landwirtschaft und der Tourismus sind Haupterwerbszweige der 860 Marteller. **Bad Salt,** heute ein Gasthof, wurde bis Ende des Ersten Weltkriegs wegen seines eisenvitriolhaltigen, radioaktiven Heilwassers besucht.

Bei **Gand** hat der Nußbaum seinen Wachstumszenit im Tal. »Die« Gand, so der Volksmund, ist der Hauptort von **Martell.** Bereits um 1203 gab es hier eine Kirche. Das 1557 gemalte Fresko des hl. Christophorus außen am Turm der *Pfarrkirche St. Walburg* könnte symbolisch sein für die

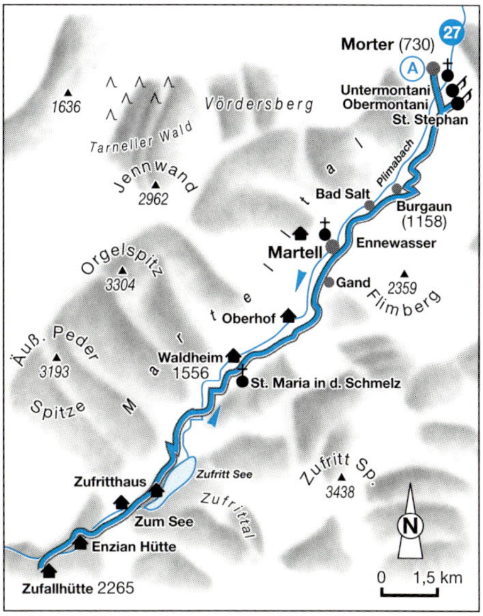

Überschwemmungskatastrophen der Vergangenheit. Dazu paßt der Brückenheilige Johannes Nepomuk an der Fassade des Gasthofes Adler.

Das Tal bleibt noch drei Kilometer eng, bis zum *Gasthaus Waldheim.* Dann wird es breiter. Links steht die **Kapelle Maria Schmelz,** erbaut 1711 durch Graf Hendl für seine im Talhintergrund arbeitenden Knappen. Wahrscheinlich erfolgte hier das »Schmelzen«, die Verhüttung der gewonnenen Erze. Der große, leicht ersteigbare Felsblock trägt ein Eisenkreuz. Und dieser Block soll das Kirchlein vor dem Bergsturz 1876 auf wunderbare Weise verschont haben...

Etliche Straßenschleifen winden sich empor zur *Staumauer* des von der Edison AG betriebenen **Zufrittsees,** der sich bei hohem Pegel kaum störend in das Landschaftsbild fügt. Fassungsvermögen: 19,6 Millionen Kubikmeter. Ein Druckstollen durch den mehr als 3000 Meter emporragenden Bergkamm nordwestlich des Sees leitet das Wasser zum Elektrizitätswerk in Laas.

Der Asphalt endet beim **Gasthof Enzianhütte,** womit wir die Zweitausendmetergrenze bereits überfahren haben. Von der **Zufallhütte** trennen uns noch exakt 214 Höhenmeter. Das Schutzhaus, geführt vom Südtiroler Georg Hafele, dient schon Generationen als Herberge, Tourenbasis und

An der Pforte des Martelltales, nahe bei Morter, begrüßt uns die mittelalterliche Burgruine Obermontani.

Wanderziel, genau seit dem 23. August 1882, als die Sektion Dresden des Deutsch-Österreichischen Alpenvereines auf den Zufallplatten die Hütte eröffnete. Offiziell heißt sie Rifugio Nino Corsi, denn die im Laufe der Zeit mehrmals vergrößerte Unterkunft kam infolge der Enteignungsmaßnahmen nach 1918 an die Sektion Mailand des Club Alpino Italiano. Zufall hat übrigens nichts mit Glücksfall zu tun, sondern bedeutet »beim Wasserfall«, nämlich bei dem der nahen **Plima** in einer 30 Meter tiefen Felsklamm. Südwestlich schauen wir durch das Madritschtal zur pyramidenförmigen Madritschspitze; rechts davon das Madritschjoch, ein Übergang nach Sulden, sowie die Hintere Schöntaufspitze.

Südlich leuchten die Gletscherfelder des Kammes von der Zufallspitze zu den Veneziaspitzen. Von hier nicht einsehbar: Oberhalb der Hütte sperrt ein Damm aus Felsblöcken den Hochtalboden. Nach verheerenden Überschwemmungen – letztmals 1891 – ließ das Land Tirol 1893 die Mauer fügen. Dadurch konnte zumindest der Gletschersee-Ausbruch 1918 keine Schäden anrichten. Und auch zukünftig, wenn das Eis durch die Folgen des »Ozonloches« stärker schmilzt, dürften sich die damaligen Investitionen bezahlt machen!

Im Nahbereich der Hütte verfallen die Gebäude des österreichischen Cevedale-Abschnittskommandos aus dem Ersten Weltkrieg. Schwach südwestlich auf der Kuppe, dem sogenannten »Klösterle«, war früher ein Hospiz bzw. ein Nonnen- und Mönchskloster, weiß die Sage. Da jedoch die monastische Gemeinschaft das Keuschheitsgelübde unbekümmert gebrochen habe, sei die Zelle aufgelöst worden…

Streckenbeschreibung

In **Morter** (730 m) vom *Hotel Krone* bergan, die *Pfarrkirche* passierend, zur *Landesstraße 2.* Auf ihr rechts. Links sieht man die Ruinenstümpfe der Burg Untermontani, darüber Obermontani. Und direkt oberhalb der Straße wird das Stephanskirchlein sichtbar.

Zunehmend bergan, erweist uns die Wildheit des **Martelltales** ihre Reverenz. Sechs Kehren sind Auftakt der Steilstrecken und zugleich »Nagelprobe«: 10 Prozent. **Burgaun** und **Bad Salt** (1158 m) bilden den ersten Scheitel. Die Straße senkt sich 700 Meter zum *Sport- und Freizeitcenter Martell.* Gegensteigung durch *Ennewasser* (1220 m) nach **Gand** (1267 m); rechts oben im Hang liegt *Martell-Dorf* mit der Pfarrkirche.

Eine Talstufe löst die andere ab. Vorbei am *Café Hölderle* und am *Restaurant Waldheim* (1556 m). Links folgt nach 350 Metern die **Kapelle Maria Schmelz.** Bald erscheinen Eisberge. Steigungen und kurze Flachstücke gliedern die Talstraße, ehe sich dreizehnprozentige Kehren hochwinden zum **Zufrittsee** (1860 m). Die ebene Uferstrecke erlaubt ungehindert Blicke zum vergletscherten Talschluß der Ortleralpen. An Gasthäusern und Rastplätzen besteht kein Mangel. Vorbereitung für den »Endspurt«: acht Kehren – 14 Prozent – zum **Gasthof Enzianhütte** (2051 m).

Wer noch höher hinaus will: Von den Parkplätzen setzt sich ein ehemaliges Militärsträßchen fort, durch schütteren Wald, auf einem Talboden den *Madritschbach* überschreitend, zur **Zufallhütte** (2265 m).

Rückblick von der Zufallhütte zum Zufrittsee im Martelltal. Das rötliche Gebäude in der Bildmitte markiert das Ende der Asphaltstraße.

Nützliche Informationen

Entfernungen: Insgesamt 46 km. Morter – Burgaun 3 km; Burgaun – Gand 5 km; Gand – Restaurant Waldheim 4 km; Waldheim – Zufrittsee 4,5 km; Zufrittsee – Enzianhütte 4,5 km; Enzianhütte – Zufallhütte 2 km; Zufallhütte – Morter 23 km.
Steigungen: Insgesamt 1700 m. Morter – Enzianhütte rund 1400 m; Enzianhütte – Zufallhütte 214 m.
Unterkunft: In den Orten und an der Strecke.
Camping: • *Goldrain:* Cevedale, 1.3.–31.10., Tel. (0473) 742132. • *Latsch:* Latsch, ganzjährig, Tel. (0473) 623217, Fax ebenso.
Fahrradverleih: *Morter:* Hotel Montani.
Auskunft: • Tourismusverein Latsch-Goldrain-Morter-Tarsch, I-39021 Latsch, Tel. (0473) 623109, Fax 622042. • Tourismusverein Martell, I-39020 Martell, Tel. (0473) 744598, Fax 744698.

28 Schnalstaler »Schmankerl«

Karthaus und Pfossental

Tourencharakter: Verkehrsarme Strecke, ausgenommen die Schnalstalstraße. Im Schnalstal maximal 13% Steigung, zum Vorderkaser bis 18%. Die geschotterte, stellenweise steinige Strecke Vorderkaser – Eishof (5,5 km) kann nur mit dem Mountainbike bewältigt werden; Steigungen bis 16%, Höhenunterschied 380 Meter.
Länge der Tour: 44 km, ohne Eishof 34 km.

Sie haben richtig gelesen: Wir picken uns die Rosinen aus dem Kuchen Schnalstal! Dazu gehören nach meiner Ansicht weder der gestaute Vernagtsee noch die am Schluß der 24 Kilometer langen Talstraße futuristisch anmutende Hotelsiedlung Kurzras mit Parkplätzen und Seilbahnstation. Die einst so heile Welt des Kurzhofbauern ist zusammengebrochen wie ein Kartenhaus, das Imperium des Leo Gurschler, ehemals größter Grundbesitzer in Südtirol. Der Kurzhof wirkt wie verloren, eingeklemmt zwischen Hotelkästen, und – Ironie des Schicksals – im Wohnhaus ist eine Zweigstelle der Raiffeisenkasse untergebracht: symptomatisch für den Senkrechtflug des Gurschler-Leo an wächsernen Flügeln ins heiße Licht und für seinen schrecklichen Sturz. Stoff genug für ein Drama von unerhörter Tragik auf einer Bühne mit verschlungenen Gängen und düsteren Kulissen. Der Mann, den von rund 1400 »Schnolsern« nicht wenige noch heute in Gedanken verehren, erschoß sich mit seinem Jagdgewehr zu Allerheiligen 1983. Indes haben Menschen das in der Vinschgauer Schieferzone eingekerbte Tal – es taucht um 1273 erstmals als »Snalles« auf – auch anders geprägt, in Form stolzer, behäbiger Anwesen, von denen manche zu den höchstgelegenen Kornhöfen Europas zählten, sowie droben in den Ortschaften Karthaus und Katharinaberg sowie im Pfossental.

Das **Schnalstal,** ein linkes Seitental des Etschtales, reicht vom Wein bis ins ewige Eis, denn vor der Mündung des Tales bei Naturns gedeiht die Rebe. **Naturns,** ein Luftkurort mit häufig stockendem Durchgangsverkehr auf der Vinschgauer Staatsstraße, entspricht annähernd den klimatischen Werten des 12 Kilometer entfernten, 230 Meter tiefer gelegenen Meran. Im Gemeindebereich stehen 4750 Einwohnern mehr als 3100 Gästebetten gegenüber. Bei den Römern war Naturns eine Station der im ersten nachchristlichen Jahrhundert angelegten »Via Claudia« vom Po über die Alpen zur Donau. Nördlich gipfeln die »Hausberge« – Kirchbachspitze, Lahnbachspitze, Zielspitze – in über 3000 Metern. Das Kultivieren des Talbodens, der einstigen Sümpfe und Auenwälder, begann mit der Etschregulierung 1904. Mittlerweile ernten die Bauern außer Äpfeln und Birnen jährlich 15 Tonnen Marillen (Aprikosen), die im Vinschgau besonders gut gedeihen, sowie Trauben für 22000 Liter Wein. Am östlichen Rand der Marktgemeinde scheint sich *St. Prokulus* hinter Obstbäumen vor neugierigen Blicken zu verbergen, kann sich aber dem allgemeinen Interesse

Wer es bis zum Eishof im hintersten Pfossental schafft, genießt den Anblick dieser herausragenden Gipfel der Texelgruppe. Von links: Hohe Weiße und Schrottner.

nicht entziehen. Schließlich birgt das Kirchlein »die ältesten Wandgemälde, die bis heute auf gesamtdeutschem Boden aufgefunden worden sind«, betont Edmund Theil, Verfasser der Kirchenführer-Broschüre, die für eine gründliche Visite unverzichtbar ist. Deshalb sei hier nur auf die »Mega-Figur« der Darstellungen hingewiesen, den im Volksmund »Schaukler« genannten Heiligen an der inneren Südwand. Er wird an Seilen von einer Mauer heruntergelassen. Flucht des Bischofs Prokulus vor heidnischen Verfolgern aus Verona? Ähnliches berichtet die Prokulus-Legende. Der Bau wird nach jüngsten Erkenntnissen in die Mitte des 7. Jahrhunderts datiert. Die zeitliche Einordnung der Malereien schwankt zwischen 770 und 830. Bewiesen ist ein frühmittelalterlicher (bis ca. 720) Friedhof. Das ergaben die archäologischen Untersuchungen 1985/86, bei denen man – erstmals im Vinschgau – auf ein Germanengrab aus der Zeit um 630 stieß. Ein Jahrtausend später war dort der Pestfriedhof.

Unmittelbar über der Mündung des Schnalstales hat Reinhold Messner (geb. 1944) im *Schloß Juval* ein Refugium gefunden. Messner erwarb die Anlage 1983 in schäbigem Zustand und sorgte idealistisch mit enormen Privatmitteln für die originalgetreue Renovierung. Beim Straßenbau nach Juval kamen steinzeitliche, 3500 bis 4500 Jahre alte Funde zutage. Ehe die Schnalstalstraße unserer Tage 1875 eröffnet wurde, ging nämlich der Urweg über »Jufal«, wie man es ausspricht.

Durch eine wilde Felsschlucht dringen wir ins Tal ein. Etwa 100 Meter hinter dem im frühen 18. Jahrhundert gegründeten Bauernhof **Alt-Rateis,** dem das neue Gebäude vorgepflanzt ist, befindet sich die Talstation der Klein-Kabinenbahn zur *Jausenstation Kopfron* (1436 m). Es folgt der Gasthof **Neu-Ratteis.** An der Veranda ein Wandbild des stets unter Geldmangel leidenden Tiroler Landesfürsten Friedrich – »Friedl mit der leeren Tasche« –, der 1471 auf der Flucht aus

Ein lohnender Abstecher der Tour 28 führt aus dem Schnalstal zur heimeligen Ortschaft Katharinaberg, wo 350 Menschen leben.

dem Ötztal hier Unterschlupf gefunden haben soll. Auf der Brücke über den Schnalserbach beginnt der ursprüngliche Weg nach Katharinaberg.

Zunächst sehen wir uns in **Karthaus** um, dem Sitz der Gemeinde Schnalstal. Wie der Name verrät, entwickelte sich die Ortschaft aus einem Kartäuserkloster: Mons omnium angelorum – Allerengelberg, gegründet 1326, reichster Grundherr im Schnalstal, 1525 im Bauernkrieg geplündert und danach wehrhafter ummauert, aufgelöst 1782. Mustergültige Dorfsanierung und Restaurierungsmaßnahmen lassen wieder die Gegebenheiten erkennen: Priorhaus, Klosterkirche, Kreuzgang mit den angebauten Mönchszellen bzw. -häuschen sowie die schrägen, gebrochenen Maueröffnungen (zur Vermeidung von Blickkontakten), durch die man die Speisen reichte. Zur besseren Übersicht der Gesamtanlage trägt eine schematische Instruktionstafel vor der einstigen Klosterpforte bei.

Das landschaftliche Glanzlicht unserer Tour bringt das **Pfossental** zwischen der Texelgruppe und dem zentralen Alpenhauptkamm. Es hieß früher – was kaum noch bekannt ist – Rableidtal, nach dem Rableidhof, einem uralten Rodungskern. Die Besiedelung geschah angesichts der sperrenden Schnalstalschlucht von Naturns über das Patleideck und Katharinaberg. Kirchlich gehörten die Pfossentaler bis 1735 zur Pfarre Naturns. Das bedeutete für die Gläubigen fünf Stunden Kirchgang. Aber auch nach Katharinaberg, dessen Kuratie das Pfossental bis 1857 einschloß, war es ein langer Weg. Generationen hausten nahezu isoliert von der Außenwelt, lebten recht und schlecht von den Erträgen des Hofes. Während der zweiten Hälfte des 19. Jahrhunderts vollzog sich aus dem hinteren Tal ein Exodus. Die

Im Schnalstal blieb uraltes Bergbauerntum bis in unsere Tage nahezu unverfälscht erhalten.

Leute von Mitterkaser, Rableid und Eishof verließen ihr Zuhause. Sie sind seitdem nur mehr im Sommer bewohnt bzw. als Jausenstationen und Gasthöfe eingerichtet. Der Wildbestand kann sich sehen lassen. Die drei 1977/78 ausgesetzten Steinböcke vermehrten sich auf über 50 Stück. Das Asphaltsträßchen läuft beim **Vorderkaser** aus, einem unverfälschten Schnalstaler Hof, integriert das **Gasthaus Jägerrast.**

Beginn des »Reiches« der Mountainbiker. Der Almgüterweg führt talein über Geländestufen. Bald öffnet sich das Hochtal. Der **Mitterkaser** ist zwar kleiner als der Vorderkaser, aber noch malerischer. **Rableid,** 1867 aufgelassen, erlebte 1985 eine »Wiedergeburt« als Jausenstation. Durch die Sanierung blieben beim Lawinensturm 1986 die alte Stube und die rußgeschwärzte Küche, in der Speckseiten zum Trocknen hängen, verschont, während der Stadel vollständig niedergerissen wurde. In Rableid gab es, weiß Dr. Josef Rampold, »1821 noch 48 Rinder, 600 Schafe und zahlreiches Gesinde«. Der aus dem 13. Jahrhundert stammende **Eishof** steht wie fest verankert auf dem flachen Hintergrund des Tales, das (von rechts) Trübwand, Schrottner, Hohe Weiße, Grafspitzen, Schnalsberg abschließen; ganz links das Eisjöchl. Bis zur Auflösung 1897 war es die höchstgelegene, ganzjährig bewohnte ostalpine Dauersiedlung. 1973 fiel der Hof gewissenloser Brandstiftung zum Opfer, ist aber wieder erwachsen, als Gaststätte.

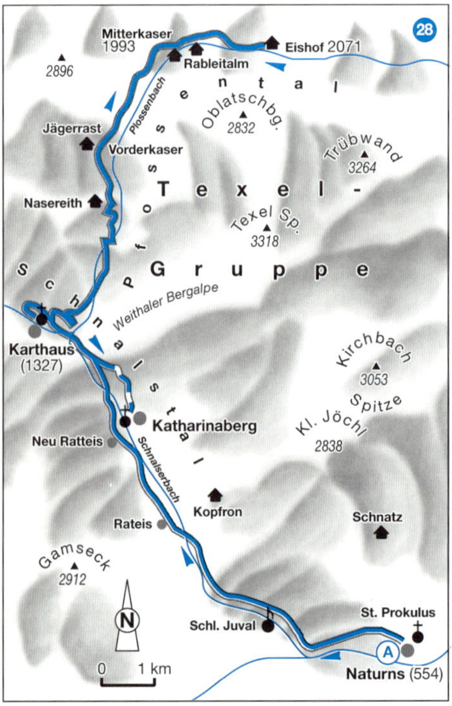

Die herrliche, bereits aus dem Tal zu bewundernde Lage von **Katharinaberg** lädt zu einem stimmungsvollen Abstecher ein. Vor dem Bau der Straße 1970 gab es nur den Untermair- und Obermairhof, das Mesnerhaus, den Pfarrhof und die Kirche. Dann wies die Gemeinde Bauzonen aus, wodurch 20 Familien – Kinder von Bergbauern – das Abwandern erspart blieb. Vor dem imponierenden *Untermairhof* dengelt der Bauer die Sense. Er half uns beim Entziffern der Kerbinschrift am Holzbalken der Giebelfront: »Wer will bauen lassen bei Weg und Straßen, muß Heiden, Narren roden lassen kostet es was es will, keiner kommt und zahlt es mir«. Die *Pfarrkirche* nahm 1499 den Platz der um 1350 von den Allerengelberger Kartäusern abgebrochenen Burg Schnals ein. Das Hochaltarbild »Vermählung der hl. Katharina« malte Simon Ybertrachter aus Naturns Mitte des 18. Jahrhunderts. In einer Nische die Skulptur »Schmerzensmann« (1803), Werk eines blinden Schnitzers aus Nauders.

Streckenbeschreibung

Rechts in die gigantische Felsschlucht des **Schnalstales.** Muskelkraft und günstige Übersetzung sind gefragt, vorerst 2,5 Kilometer. Dann läßt die Steigung etwas nach. Eine Tafel kündet die *Gemeinde Schnals* an. Vorbei an den Häusern von **Ratais.** Auf der Höhe wird Katharinaberg sichtbar. Hinter der Steinbrücke über den *Schnalsbach* sind 13 Prozent Steigung angesagt. Etwa 12 Kilometer nach Naturns verläßt man die Talstraße links. Beim *Unterpifrolhof* sehen wir einen original erhaltenen Pfostenspeicher. Hinauf nach **Karthaus** (1327 m).

Wieder hinunter zur *Talstraße.* Rechts, nach 1 Kilometer links, über den *Schnalsbach* und ziemlich steil hoch. Nach 3,5 Kilometern, ab dem *Gasthof Nassereith*

(1535 m), erfolgt die Befahrung des Sträßchens auf eigene Gefahr: enge Kurven, ein Tunnel – 1,5 Kilometer bis zum **Vorderkaser** (1693 m). Talein leitet ein breiter Almgüterfahrweg über den **Mitterkaser** (1954 m) und **Rableid** (2004 m) zum **Eishof** (2071 m). Gelegentlich radeln »Extreme« weiter. Das ist zunächst recht verlockend auf ebener Talsohle. Doch nach 1 Kilometer, bei einem Viehstall, steigt der 1927 von »Alpinis« ausgebaute Militärweg spürbar und kehrenreich an – fast 900 Höhenmeter ins *Eisjöchl* unweit der *Stettiner* Hütte.

Üblicherweise beläßt man es beim Eishof, macht deftig Brotzeit und fährt dann – aller Sorgen über Steigungen enthoben – zurück nach **Naturns** (554 m), wobei man vom Schnalstal einen Blick auf Schloß Juval erhascht. Wen es nun nach einem deftigen Essen gelüstet, fragt nach der »Waldschenke«!

Nützliche Informationen

Entfernungen: Insgesamt 44 km. Naturns – Karthaus 13 km; Karthaus – Vorderkaser 7 km; Vorderkaser – Eishof 5 km; Eishof – Naturns 19 km.
Steigungen: Rund 1700 Meter; nach Karthaus 780 Meter.
Unterkunft: In den Orten und an der Strecke.
Camping: *Naturns:* Adler, 1.2.–15.11., Tel. (0473) 827242, Fax 88346.
Besichtigung: *Naturns:* St. Prokulus, 9.30–12 Uhr, 14–18 Uhr, Sonntag 10–15 Uhr, Montag geschlossen.
Abstecher: • Aus dem **Schnalstal,** beschildert, 3 Kilometer (10% Steigung) nach **Katharinaberg** (1245 m). • Vom **Restaurant Schnalser Hof** an der *Schnalstalmündung* (550 m) 200 Meter weiter auf der Staatsstraße 38, dann rechts und auf dem Teersträßchen bergan (bis 18%) 4 km, vorbei am originell eingerichteten *Schloßwirt,* zur Einsattelung vor **Schluß Juval** (927 m); keine Innenbesichtigung.
Fahrradverleih: *Naturns:* Karl Höllrigl; Karl Zischg.
Auskunft: • Tourismusverein, I-39025 Naturns, Tel. (0473) 666077, Fax 666369. • Tourismusverein Schnals, I-39020 Karthaus, Tel. (0473) 89148, Fax 89177.

29 In den Passeier

Zum Sonnenbalkon Stuls

Tourencharakter: Bis St. Leonhard verhältnismäßig stark befahren. Maximalsteigungen 12%; längere Flachstücke.
Länge der Tour: 61 km.

Sollte es wahr sein, daß der Herrgott die Landschaft Südtirols an einem Tag geschaffen hat, so ist **Meran** bei dieser Schöpfung offensichtlich begünstigt worden. Göttergefilde, vor allem im Frühjahr: auf der Höhe die Gipfel im Schnee, auf dem Talboden der warme Süden bereits in köstlicher Entfaltung voll blühender Geselligkeit, subtropischer Pflanzenvielfalt, heiterer Atmosphäre unter seidig-blauem Himmel, der sich zum Abend hin in glühender Dämmerung zuweilen unwirklich rötlich-violett färbt.

Im Herzen des Burggrafenamts, der einstigen Zelle von ganz Tirol, liegt die Stadt, gebettet in grüne Teppiche von Rebhängen und Obstgärten, gerahmt von Bergen und Burgen. Internationaler Kurort seit Mitte des 19. Jahrhunderts. Damals wies Dr. Josef Huber aus Wien nach, daß in Meran sämtliche Voraussetzungen für einen Kurort vorhanden sind: Klimagunst, Heilwasser, Traubensaft und – Zeitgeist. Umwälzende Folgen stellten sich wenige Jahre später ein. 1855 erhielt Meran die staatliche Anerkennung als erste Fremdenverkehrsregion Tirols, ja in der Donaumonarchie überhaupt. 1874 entstand das Kurhaus, 1893 das Kurmittelhaus, 1900 das Stadttheater. Kaiser, Könige, Fürsten und Künstler fanden an der Passer Erholung. Inzwischen gehört die zweitgrößte Stadt Südtirols mit 33800 Einwohnern und jährlich rund 2,5 Millionen Nächtigungen zu den bedeutenden Ferienmetropolen der Alpen. Bei aller Zuneigung darf jedoch eine Erscheinung nicht verschwiegen werden. Schon 1978 orakelte die in Bozen erscheinende Tageszeitung »Dolomiten« hinsichtlich des zeitweisen Rummels: »Wenn die menschenmäßige Entwicklung des Frem-

Der Schildhof in Saltaus findet 1230 erstmalige Erwähnung. Seine heutige Gestalt stammt allerdings aus dem frühen 16. Jahrhundert.

St. Leonhard, durchflossen von der Passer, ist der Hauptort des Passeiertales und Sitz der gleichnamigen Gemeinde mit mehr als 3000 Einwohnern.

denverkehrs im Meraner Raum auch in Zukunft mit dem Tempo der letzten zehn Jahre fortschreitet, dann besteht die Gefahr, daß gewissermaßen der Fremdenverkehr sich selbst tötet. Was sich in Meran an Regentagen abspielt…, das ist mit dem Gedränge von Großstädten vergleichbar.« Die Entwicklung ist weiter gehetzt, oftmals den Kollaps streifend – trotz breiter Umgehungsstraße seit 1987! Die gepflegten *Kuranlagen* an der Passer und die altertümlichen *»Lauben«* der Altstadt sind das Muß eines jeden Meran-Besuches. Die 400 Meter langen *»Lauben«* aus dem 16./17. Jahrhundert verbinden den *Pfarrplatz* mit dem *Kornplatz;* nördlich die »Berglauben«, südlich die »Wasserlauben«. Ein Geschäft neben dem anderen, Reklame, Souvenirs. Da nimmt sich die *Algunder Weinstube* bescheiden aus, halt so, wie Tiroler Wirtshäuser früher waren. Unweit davon, hinter dem Rathaus, träumt das einstmals *Landesfürstliche Schloß,* ab 1474 die Südtiroler Stadtresidenz des lebenslustigen Landesfürsten Sigmund. Der Herzog weilte gerne an der Passer, manchmal sogar längere Zeit, des öfteren begleitet von seiner musischen und jagdbegeisterten Gattin Eleonore, Tochter des schottischen Königs Jakob I. Die Prinzessin ist an der Südwand des Wehrganges abgebildet, wie sie den Vogelfang beobachtet. Zuweilen kam Sigmund alleine. Dann munkelte das Volk, der Landesherr vergnüge sich mit verführerischen Frauen bei amourösen Spielen… Er habe 60 Kinder gezeugt, wurde kolportiert; ehelicher Nachwuchs blieb aus. Kraftproben Sigmunds waren Ringkämpfe mit den stärksten Burggräfler Mannsbildern. Seine Vitalität soll der Halswirbelknochen eines Mammuts zum Ausdruck bringen. Negativ tendierende Überlieferungen müssen kritisch begutachtet werden, da sein Nachfolger Maximilian I., Kaiser ab 1486, Verleumdungskampagnen betrieb und Tiroler Historiker vieles verzerrten, was erst Wilhelm Baum 1987 mit seinem Buch »Sigmund der Münzreiche« korrigierte. Die Einrichtung des Schlosses stammt – mit wenigen Ausnahmen – nicht aus dem Schloß, wurde aber entsprechend dem Inventarverzeichnis der Jahre 1518 bis 1528 von der Stadt Meran sorgfältig zusammengestellt.

Zwischen der gotischen *Pfarrkirche St. Nikolaus,* deren 83 Meter hoher Turm die Stadt überragt, und dem doppelgeschossigen Zentralbau der *Barbarakapelle* aus dem 15. Jahrhundert führen Steinstufen hoch zum Tappeinerweg, der populärsten Promenade Merans. Ihre Eröffnung hat sich 1993 zum hundertsten Male gejährt. Um Meran wächst hauptsächlich die Vernatschtraube, in Württemberg als »Trollinger« getrunken. Sie ergibt einen gehaltvollen Tropfen, hier rubinrot, im Geruch fein, fruchtig, anhaltend, der Geschmack lebhaft mit angenehmer Fülle, ein wenig schwerer als der Vernatsch vom Kalterer See.

So sehr der Startort unserer Radtour in vieler Munde ist, so wenig bekannt dürfte das Ziel **Stuls** sein, selbst bei eingefleischten Südtirolfreunden. Stuls? Eine Fraktion der Passeiergemeinde Moos, östlich davon, in den Südflanken des Kreuzspitzkamms der Stubaier Alpen. Sonnenbalkon des Passeier! Die »Stuller« genießen den Sonnenschein am längsten, laut Statistik exakt 9,8 Stunden pro Tag im Jahresmittel, im Dezember sogar noch sechs Stunden. Stuls wartet mit weiteren Galanummern auf: Unterhalb des Dorfes die höchsten Wasserfälle Tirols, die dritthöchsten Europas: 342 Meter insgesamt, höchste Kaskade 230 Meter. Und auf der Silberhütthöhe, von den Einheimischen »Stuller Heache« genannt, entdeckte Dr. Reimo Lunz die »eindrucksvollste und bedeutendste Urzeitsiedlung im Passeier«: Funde von Tonscherben einer Dauersiedlung aus der mittleren bis späten Eisenzeit, d.h. aus dem

4. bis 2. vorchristlichen Jahrhundert. Dort sollte nach der Legende die erste Stulser Kirche errichtet werden, was aber daran scheiterte, daß Vögel die Holzspäne der Zimmerleute an den heutigen Platz trugen und so ein »Zeichen« setzten.... *St. Josef,* die Kuratiekirche, erfuhr ihre Weihe 1785 und erhielt den Barockaltar des 1782 auf Anordnung von Kaiser Joseph II. geschlossenen Meraner Klarissenklosters.

Nördlich von Meran lagert das **Passeiertal** zwischen Texelgruppe und Sarntaler Alpen. An der Talstraße, 1899 in Anwesenheit von Kaiser Franz Joseph I. dem Verkehr übergeben, reihen sich adrette Ferienorte. Vielfach hat der dörfliche Charakter im Fortschrittsdenken gelitten. Immerhin sind aber noch mehr als 500 Bauernhöfe über die Talschaft verstreut.

Von Meran bis Saltaus spricht man vom Äußeren Passeier. **Kuens** liegt links der *Staatsstraße 44.* Die kleinste Gemeinde (1,66 km²) Südtirols führt den hl. Korbinian (geb. 675) in ihrem Wappen, denn der bischöfliche Vater des oberbayerischen Bistums Freising hatte sich nach Streitigkeiten mit Herzog Grimoald im frühen 8. Jahrhundert an die Mündung des Spronser Tales zurückgezogen und die Ortschaft gegründet. Für die Rückfahrt einplanen: Ab 16 Uhr im *Hilberhof* Schweinshax'n und Hendl frisch vom Grill!

Riffian markiert die nördliche Rebengrenze im Tal. Es ist im Burggrafenamt, der Umgebung Merans, der älteste Wallfahrtsort, diesbezüglich schon 1310 beurkundet. Das verehrte Gnadenbild, eine Pietà aus der Zeit um 1420, ist im Hochaltar der *Pfarr- und Wallfahrtskirche zur Schmerzhaften Muttergottes.*

Die kunsthistorisch höherstehende, zweigeschossige *Friedhofskapelle* wird von den meisten Besuchern ignoriert. Ihre spätgotischen, böhmisch und oberitalienisch beeinflußten Fresken schuf 1415 der bischöflich-trentinische Hofmaler Wenzeslaus.

Der Verwaltungsbezirk Passeier sowie das Vorderpasseier beginnen in **Saltaus,** das aus einem *Schildhof* hervorging. Und der steht noch (Hotel), rechts an der Straße. Insgesamt kennen wir im Passeier elf Schildhöfe. Diese ansitzähnlichen Gebäude sind eine Beson-

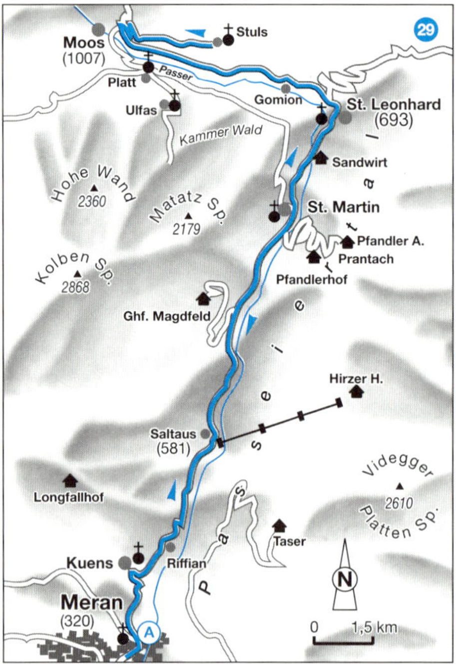

derheit des Tales und ein Unikum für ganz Tirol. Ihre Gründung reicht ins 13. Jahrhundert, als Graf Albert von Tirol (1190–1253) den militärischen Beistand von Passeier Schildknappen benötigte. Schildhofbauern, Angehörige des Landadels, genossen u. a. Steuerfreiheit, Fischerei- und Jagdrechte. Dafür mußten sie im Kriegsfall dem Landesherrn innerhalb der Grenzen Tirols gerüstet und mit Pferd dienen.

Radeln Sie in **St. Martin** durch die alte Dorfstraße! An der *Pfarrkirche* zeugt der Turmunterbau von romanischen Ursprüngen. Ihre heutige Gestalt stammt aus der Mitte des 16. Jahrhunderts. Später erfolgten barocke Ausstattung und quellende Stuckierung. Im Chorfenster sind die respektabelsten Söhne des Passeier dargestellt: Andreas Hofer und Kardinal Johannes Haller (1825–1900). Neben der Kirche die Michaelskapelle von 1508. Exquisite profane Bauwerke: das freskengeschmückte Haus der *Passeier Malerschule* (1719–1845), die dem Nazarenerstil huldigte, sowie der *Schildhof Steinhaus.* Das *Heimatmuseum* ist im Keller der Raiffeisenkasse an der Durchgangsstraße untergebracht.

Östlich von St. Martin führt ein asphaltiertes Sträßchen 5 Kilometer zum Bergweiler *Prantach* mit dem Gasthaus Pfandlerhof (1040 m). Dorthin war Andreas Hofer nach der Kapitulation des Tiroler Widerstandes zunächst geflohen, später zur höher gelegenen Pfandleralm. In dieser Hütte nahmen ihn seine Häscher am 28. Jänner 1810 um 4 Uhr morgens fest.

Sein Vaterhaus, der **Sandwirt** kurz vor St. Leonhard, ist für manchen Patrioten eine Art Wallfahrtsstätte. Die holzgetäfelte Gaststube mit dem Kruzifix im Herrgottswinkel erweckt den Eindruck, als habe sie der »Hofer« soeben erst verlassen. Der »Rote« funkelt im Glas. Ein Prost dem wackeren »Ander«!

Bei **St. Leonhard,** dem Hauptort des gesamten Passeier, gabelt sich das Tal. Westlich und nordwestlich setzt sich das Passeiertal fort.

Das Dörfchen **Gomion** in windgeschütztem Kessel am Eingang des Hinterpasseier hat als Zelle den gleichnamigen *Schildhof* (heute Peterjörglhaus), der 1312 als Besitz des Albert von Gomion, unehelicher Sohn des Tiroler Grafen Meinhard II., urkundlich bestätigt wird. Das Kirchlein stifteten die Einwohner der Muttergottes von Lourdes 1870 zum Dank für die Verschonung von einem drohenden Felsrutsch.

Moos ist Hauptort und Verkehrsknotenpunkt des Hinterpasseier, Zentrum der gleichnamigen Kommune, wo 2181 Menschen heimisch sind, in der zwar flächenmäßig größten (194,58 km^2), aber einwohnerschwächsten Gemeinde des Tales. Tun Sie einen Blick in die *Pfarrkirche Maria Himmelfahrt!* Der Heimatkundler Christoph Gufler sieht sie als eines der »Kleinodien der Passeier Kunstlandschaft«, erbaut im frühen 15. Jahrhundert. Wunderschöne Wessobrunner Stuckzier. Toskanische Säulen trennen die beiden Schiffe. Das Hochaltarbild – »Tod und Himmelfahrt Mariens« – schuf 1724 der Begründer der Passeier Malerschule in St. Martin, Nikolaus Auer d.Ä (1690–1753), in mysthischem Helldunkel.

In der Höhe von Moos beginnt die eigentliche **Timmelsjochstraße.** Auf ihr etwas mehr als einen Kilometer, dann rechts nach **Stuls**.

Streckenbeschreibung

An der Ostseite des **Kurparks** (320 m) über die *Passer,* vor der *Spitalkirche zum Hl. Geist* links und der *Staatsstraße 44* folgen ins fruchtbare **Passeiertal.** Zur Rechten sehen wir Schenna, dahinter den kantigen Ifinger, das alpine Wahrzeichen Merans. Durch **Kuens** (492 m) und **Riffian** (504 m), in **Saltaus** (581 m) am Schildhof vorbei, steigt die Straße an, stellenweise schmal in unübersichtlichen Kurven, begleitet vom breiten Bett der Passer. Hinter **St. Martin** (588 m) überqueren wir die *Passer* letztmals. Kurz danach steht rechts an der Straße das **Sandwirtshaus** (638 m), von dem es 1,5 Kilometer nach **St. Leonhard** (693 m) sind.

An der Straßengabel geradeaus Richtung »Moos/Timmelsjoch«. Das Passeiertal schnürt sich zusammen. Berge rücken nahe an Fluß und Straße heran. Die Steigung nimmt zu. Wir passieren **Gomion** (760 m). Noch 5 Kilometer, durch zwei kurze Tunnels, und man erreicht **Moos** (1007 m).

Weiter auf der *Timmelsjochstraße,* die wir aber schon nach der zweiten Kehre verlassen. Rechts in das 3 Kilometer entfernte Bergdorf **Stuls** (1315 m).

Nützliche Informationen

Entfernungen: Insgesamt 61 km. Meran – St. Leonhard 20 km; St. Leonhard – Moos 7,5 km; Moos – Stuls 3 km.
Steigung: 1000 Meter.
Unterkunft: In den Orten und entlang der Strecke.
Camping: *Meran:* Meran, 3.4.–2.11., Tel. (0473) 35524.
Besichtigungen: • *Meran:* Landesfürstliches Schloß, Montag bis Freitag 9.30–12 Uhr, 14–17 Uhr, Samstag 9–12 Uhr; Städtisches Museum, Montag bis Freitag 10–12 Uhr, 15–18 Uhr, Samstag 10–12 Uhr; Museum Steiner, nach Professor Hermann Steiner (1878–1963), einmalige Skulpturen- und Gemäldesammlung, Montag bis Samstag 11–12.30 Uhr, 15–17 Uhr. • *St. Martin:* Heimatmuseum, Mittwoch 17–18 Uhr, Sonntag 10–11 Uhr. • Neben dem *Sandwirt:* Andreas-Hofer-Gedenkraum, Führungen 9–12 Uhr, 13.30–18 Uhr.

Abstecher: Von **Moos** (1007 m) zum **Timmelsjoch** (2509 m), 23 km. Maximalsteigungen 13%. Streckenweise sehr schmale, im oberen Teil schlechte Straße. Unterwegs drei Berggasthöfe: Saltnus (1650 m), 9 km nach Moos; Schönau (1700 m), 11 km von Moos; Hochfirst (1840 m), 14 km von Moos.
Fahrradverleih: *Meran:* Sport Max, Cavourstraße 18. Gemeindeeigener, kostenloser Verleih von Normal-Fahrrädern (bis 4 Std.), Juli/August am Parkplatz Alpina und am Bahnhof.
Auskunft: • Kurverwaltung Meran, I-39012 Meran, Tel. (0473) 235223, Fax 235524.
• Tourismusverein Riffian-Kuens, I-39010 Riffian, Tel. (0473) 241076, Fax 241422.
• Tourismusverein, I-39010 St. Martin, Tel. (0473) 641210, Fax 656188. • Tourismusverein, I-39015 St. Leonhard, Tel. (0473) 656188, Fax 656624.
• Für Stuls: Tourismusverein, I-39013 Moos, Tel. (0473) 643558, Fax 648880.

30 Von Meran nach Bozen

Über Hafling und den Salten

Tourencharakter: Wenig Verkehr, ausgenommen die Straße Meran (320 m) – Hafling (1290 m), Maximalsteigung 12%. Bis Hafling 6 mehr oder weniger gut beleuchtete Tunnels! Zwischen Mölten und Lafenn bis 16 Prozent Steigung. Vorsicht bei der Fahrt von Jenesien nach Bozen in den Krümmungen der Tunnels!
Rückkehr von Bozen nach Meran am besten mit dem Zug, da die Straße (27 km) im Etschtal permanent überaus heftig frequentiert ist!

Länge der Tour:
53 km.

Schaut man aus dem Talkessel **Merans** (siehe Tour 29) südöstlich hoch, zeigt sich das gotische Kirchlein »St. Kathrein in der Scharte«. Es grüßt seit mehr als 700 Jahren über das 1000 Meter tiefer lagernde Tal. Hinter dem Höhenrand breitet sich die Streusiedlung **Hafling** aus. »Seilbahnvorort Merans« nannte Gunther Langes die Gemeinde. Das traf bis 1984 zu. In diesem Jahr mußte die Haflinger Seilbahn vom Meraner Stadtteil Obermais aus Rentabilitätsgründen eingestellt werden. Seit 1980 führt nämlich eine breite Straße auf das Mittelgebirge. Über sie strömt der Verkehr zum namhaften Fremdenverkehrsort, der zweifellos an Liebreiz einbüßte: rund 700 Gästebetten bei 630 Einwohnern. Hafling! Wer denkt da nicht unwillkürlich an den »Haflinger«, das Pferd. Allerdings schlug die Geburtsstunde des »Haflingers« nicht auf Hafling, sondern in Schluderns, 1874 im Stall des Züchters Josef Folie. Vorausgegangen waren Überlegungen des in der k.u.k. Monarchie für Pferdezucht zuständigen Militärinspektorates, die Zucht in Tirol gezielt zu fördern, einmal, um den Pferdebedarf für die Truppe vor Ort decken zu können, andererseits sollte den armen Bergbauern ein Zubrot ermöglicht werden. Wunschvorstellung der Militärs war die Züchtung eines kräftigen Trag- und Saumpferdes für die Erfordernisse der alpinen Kriegführung. Dem entsprach Josef Folies Goldfuchs: Sohn eines echten Araberhengstes und einer Landstute galizischer Herkunft. Er wurde vom Heer als Deckhengst angekauft und versah 19 Jahre seinen »Dienst«. Der »Haflinger« war praktisch geboren, obwohl das Habsburger Ackerbauministerium die Rassebezeichnung »Haflinger« erst 1899 genehmigte. Bis dahin war »Haflinger« in Südtirol ein gängiger Ausdruck für Saum- und Transportpferde. Nun hatten die Züchter im Vinschgau, auf Hafling, am Tschögglberg, in Jenesien, am Ritten, im Sarntal einen konkreten Anhaltspunkt. Mittlerweile gehören dem Südtiroler Haflinger Pferdezuchtverband 1700 Mitglieder an, von denen gute 80 Prozent Bauern sind. Manche unter ihnen haben ihren größten Tag am Ostermontag bei der Teilnahme am Bauerngalopp auf der Meraner Pferderennbahn.

Von Vöran auf der Westseite des Salten schweift das Auge über den Etschtalboden zur Laugenspitze.

An das Haflinger Plateau schließt sich südöstlich der **Tschögglberg** an mit der langgestreckten Kuppe des **Salten.** Lärchenwiesen und Fichtenwälder, durchsetzt mit vereinzelten Kiefern. Diesen Teil der Bozener Porphyrplatte zeichnet Pflanzenreichtum aus. Trotzdem: keine Blumen pflücken! Sie sind am schönsten dort, wo sie blühen. Außerdem stehen die meisten unter Naturschutz. Auf dem höchsten Punkt des **Salten** (1526 m) erwartet uns **Lafenn:** Bauernhof, Jausenstation und Kirche St. Jakob, ursprünglich romanisch, 1510 gotisiert. Sie sei von einem Riesen erbaut worden, lautet die Gründungslegende, an der Stelle einer großen Stadt, die unterging, weil ihre Bewohner Gott frevelten…

In der Ostseite des Salten lernen wir seine stillen Reviere kennen. Da ist das Dörfchen **Flaas** in schöner Aussichtslage, uralt, was der Fund des Grabsteines einer romanischen Keltin namens Ana belegt. Die Kirche wird 1237 erstmals erwähnt.

Etwa 800 Meter vor Flaas erklärt ein Wegweiser das Fahrsträßchen zum *»Lanzenschuster«* auf den lanzenförmigen Lanzenwiesen (1518 m). Der Hof wurde 1983 von Karlpeter Platter erworben und als Jausenstation eingerichtet. Zum Anwesen gehören 30 Ziegen, »die einzige in Südtirol kontrollierte Herde von bunten deutschen Edelziegen«, erklärt der Wirt stolz. Die Tiere liefern frische Milch, aus der Molke und Käse gewonnen werden. Eine andere Spezialität ist der selbsthergestellte Zehn-Kräuter-Schnaps nach einem Rezept aus dem 17. Jahrhundert. Kurz vor dem Erreichen von Flaas zweigt links das nichtasphaltierte Sträßchen (4 km) ab zur Einöde *Kampidell* (1482 m). Der Schwaighof existierte nachweislich schon 1272. Heute haben dort die Benediktiner von Bozen-Gries eine Sommerfrische. Von Kampidell führt ein Waldfahrweg (3 km) zur Jausenstation Jenesier Jöchlalm (1664 m).

Jenesien hat eine ähnliche Entwicklung durchlaufen wie Hafling: je mehr die Straße von Bozen verbreitert wurde, desto mehr Menschen kamen, desto mehr wucherte der Ort am südöstlichen Rand des Tschögglberges aus. Und diese Straße bringt uns im »Sauseschritt« hinunter nach **Bozen**.

Streckenbeschreibung

In **Meran** (320 m), östlich des *Kurparkes,* über die *Passer.* Vor der *Spitalkirche zum Hl. Geist* links in die *Camillo-Cavour-Straße.* Nach 500 Metern rechts, auf der *Schennastraße* durch den Villenvorort *Obermais,* vorbei an den Ansitzen Rosenstein (links) und Reichenbach (rechts). Etwa 3 Kilometer nach der Passerbrücke wird die Schennastraße rechts verlassen: Beschilderung u.a. »Hafling«. Die Talstation der Ifinger-Seilbahn bleibt rechts liegen. Anschließend schwenkt die Straße, merklich steiler werdend, in Südrichtung ein, beschreibt zwei lange Schleifen und führt durch fünf Tunnels. Danach ist die Steigung vorläufig geschafft. Eine hohe Brücke überspannt den Sinnichbach. Erneut bergan. Rechts der Straße folgt das Pfarrdorf **Hafling** (1290 m) mit seiner *Johanneskirche,* deren Vorläuferin 1291 Erwähnung findet.

Im weiteren Verlauf halten sich Abfahrten und Steigungen die Waage. Beim insgesamt 7. Tunnel erscheinen die dunkelroten Porphyrbastionen des Rotensteinkogels. Bald taucht der Turm der Kuratiekirche in **Vöran** (1204 m) auf. Der Ortskern liegt unterhalb der Straße. Nun verläßt man das Burggrafenamt, die historische Gegend um Meran. Rund 100 Höhenmeter bzw. 1,5 Kilometer, und wir erreichen den paßähnlichen Sattel (1317 m) beim **Gasthof Grüner Baum.** Links führt ein Asphaltsträßchen (3 km) zum Ausflugslokal *Leadneralm* (1514 m).

Geradeaus hinunter zur Häusergruppe **Aschl** (1238 m); das neuromanische Annakirchlein wurde 1905 geweiht. Jenseits des Aschlerbaches beginnt das Gemeindegebiet (36,90 km^2) Mölten und eine 2 Kilometer lange Steigung. Etwas später halten wir uns an die Tafeln »Jenesien«. Achtung: Das Gefälle nach Mölten hat 17 Prozent!

Um so wenig wie möglich an Höhe zu verlieren, biegen wir am Ortsrand von **Mölten** (1140 m) links in die Straße nach Jenesien ein: 16 Prozent Steigung über 3 Kilometer. Schieben gestattet! Ebenso vom Scheitel des Sträßchens rechts auf einem Schotterweg in 10 Minuten nach **Lafenn** (1526 m), dem aussichtsreichsten Platz der Tour. Von Meran 31 Kilometer.

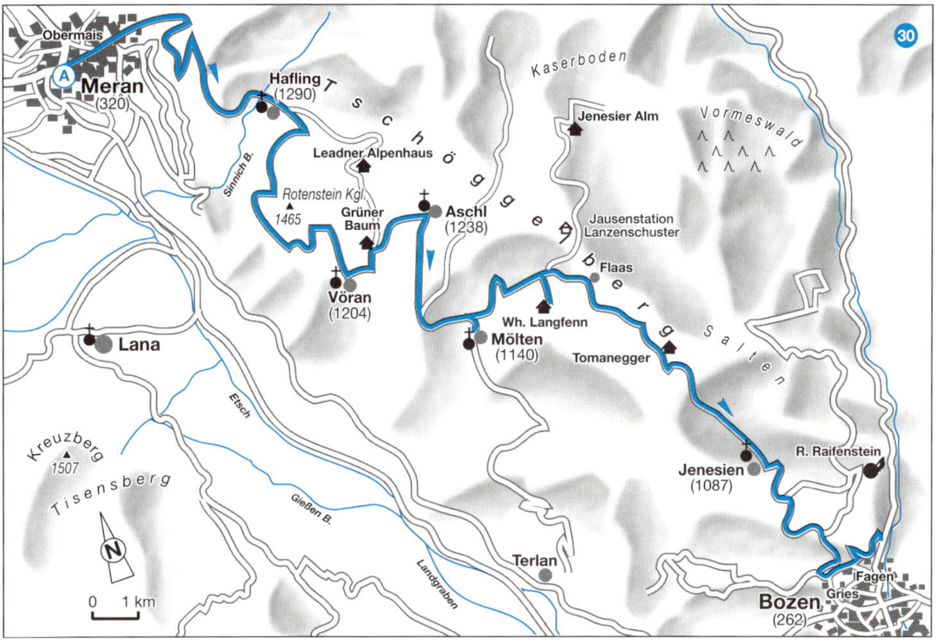

Aus dem Straßensattel abwärts. Nach 700 Metern ist links die Abzweigung zum »Lanzenschuster« (Montag Ruhetag) angezeigt. Geradeaus, einen kurzen Steilaufschwung bewältigend, in das 300-Einwohner-Dörfchen **Flaas** (1354 m), das bereits zur Gemeinde Jenesien gehört. Erneut ein Extremgefälle: 18 Prozent.

Anschließend »hügelig« durch die bewaldete Ostflanke des Salten, vorbei an der Höfegruppe *Wegmann* von 1739. Der gediegene **Gasthof Tomanegger** unter alten Ahornen erhielt 1993 sein heutiges Aussehen. Hier trennen uns noch 4,5 Kilometer von **Jenesien** (1087 m).

Die Abfahrt – bis 9 Prozent – auf der neuen **Jenesienstraße** erweist sich als Augenweide, über den Kessel von Bozen zu Rosengarten und Latemar, südlich in das Bozener Unterland. Beim zinnengefaßten »Gscheibten Turm«, dem runden (=im Dialekt »gscheibt«) Bergfried einer verschwundenen Burg, stoßen wir auf die *Sarntaler Straße*. Links, nach 300 Metern rechts über die *Talfer*, vorbei am ehemaligen *Schloß Klebenstein*, und rechts durch die *St.-Heinricher-Straße* gemäß der Einbahn-Pfeile in die **Bozener** Altstadt (262 m).

Nützliche Informationen

Entfernungen: Insgesamt 53 km. Meran – Hafling 12,5 km; Hafling – Vöran 8 km; Vöran – Mölten 7 km; Mölten – Lafenn 3,5 km; Lafenn – Flaas 2 km; Flaas – Jenesien 7,5 km; Jenesien – Bozen 12,5 km.
Steigung: Etwa 1600 Meter.
Unterkunft: In den Orten u. an der Strecke.
Camping: *Meran:* Meran, 3.4.–2.11., Tel. (0473) 35524.
Besichtigungen: • *Meran:* siehe Tour 29. • *Bozen:* siehe Tour 34.
Fahrradverleih: *Meran:* Sport Max, Cavourstraße 18. Gemeindeeigener, kostenloser Verleih von Normal-Fahrrädern Juli/August am Parkplatz Alpina und am Bahnhof.
Auskunft: • Kurverwaltung, I-39012 Meran, Tel. (0473) 235223, Fax 235524. • Tourismusverein, I-39010 Hafling, Tel. (0473) 279457, Fax 279540. • Tourismusverein, I-31090 Vöran, Tel (0473) 59200, Fax 59289. • Tourismusverein, I-39010 Mölten, Tel. (0471) 668282, Fax 668276. • Tourismusverein, I-39050 Jenesien, Tel. (0471) 354196, Fax 354085. • Tourismusverein, I-39100 Bozen, Tel. (0471) 970660, Fax 980300.

Die vormaligen Herren des Ultentales, ein Zweig der Eppaner Grafen, saßen ab dem 12. Jahrhundert auf der Burg Eschenlohe am Eingang des Hochtals.

Selbst restaurierte und auch neue Höfe von Ulten entsprechen der traditionsreichen Bergbauernkultur des Tales.

31 Das Ultental

Bergbauerntum in Reinkultur

Tourencharakter: Abgesehen von Sonntagen und der Ferienzeit wenig befahren. Maximalsteigung 15 % zwischen St. Gertraud und dem Weißbrunn-Stausee. Mehrere beleuchtete und unbeleuchtete Tunnels.

Länge der Tour: 74 km.

Das **Ultental** schlängelt sich südwestlich von **Lana** (siehe Tour 33) rund 40 Kilometer in die Ortleralpen. Die Ortleralpen reichen alpin-geographisch bis in die Höhe von Nals. Diese südlichen Säume entbehren wohl die gewaltigen Gletscherszenerien der zentralen Gruppe, doch über dem hintersten Ultental, nordwestlich des Grünsees, an der Weißbrunnspitze, der Lorchenspitze und den Eggenspitzen, blinken Eisfelder. So haben wir auch im Ultental, wie im Schnalstal, die enorme Vegetationsspanne von der Rebe und dem Edelobst über Kastanien, dichte Nadelwälder und Almwiesen in die Öde des Hochgebirges. Dementsprechend steigern sich die Eindrücke und – die Anforderungen. Sind es zu Anfang noch 8 bis 10 Prozent, werden es in den Kehren vor St. Gertraud 14 Prozent, schließlich 15 Prozent.

Die einstmalige Entrücktheit, da man als Radler von den Bauern als gleichwertiger armer Teufel gastfreundlich behandelt wurde, ist zeitgemäßer Erschließung gewichen. Die Errichtung der Stauseen sowie eines Skigebietes bedingte breitere, bessere Straßen, und die wiederum lockten zunehmend Touristen zum »Geheimtip« Ultental, dessen Bauernhöfekultur in Südtirol einen absoluten Spitzenrang einnimmt.

»Ultimo«, so die Nennung im Jahr 1175, sollte möglicherweise die Abgeschlossenheit des Tales betonen. Von außen betrachtet, wohlgemerkt, denn die Bewohner haben sich bestimmt nicht als die »Letzten« gefühlt. In Anbetracht dessen ist nicht auszuschließen, daß der ursprüngliche Talname gar nicht überliefert wurde. Für diese Hypothese spricht der Name Falschauer für den Talbach. Anno 1189 erscheint Ulten als Lehen eines Zweiges der Eppaner Grafen. Sie saßen im vorderen Hochtal auf der **Burg Eschenlohe,** deren 22 Meter hoher Bergfried links unterhalb der Straße zu sehen ist.

Die Gemeinde **Ulten** vereint das Gebiet politisch, kirchlich und wirtschaftlich auf einer Fläche von 208,52 km^2. Die meisten der 2980 Bewohner leben im Hauptort **St. Pankraz.** Mittelpunkt ist der »Innerwirt«, das Geburtshaus (1839) des Geschichtsschreibers Dr. Joseph Egger. Zu der 1268 erstmals erwähnten Pfarre, die im Mittelalter dem württembergischen Kloster Weingarten unterstand, gehörte einst das gesamte Tal. »Jede Stunde die naht Sei Himelstaat«, liest das scharfe Auge an der Turmuhr der *Kirche St. Pankraz.* Beachtenswert ist im rechten Seitenaltar die Marienstatue aus der Zeit um 1510. Mit der Pfarrkirche bilden die weißgetünchte, 1492 dem hl. Sebastian geweihte *Friedhofskapelle* und deren zierliche Fassadenglockenmauer ein reizvolles Ensemble. Anstelle des Krieger-Ehrenmales war früher die sogenannte »Gruft«, eine unter den schrecklichen Eindrücken der 460 Pesttoten des Jahres 1636 errichtete Votivkapelle.

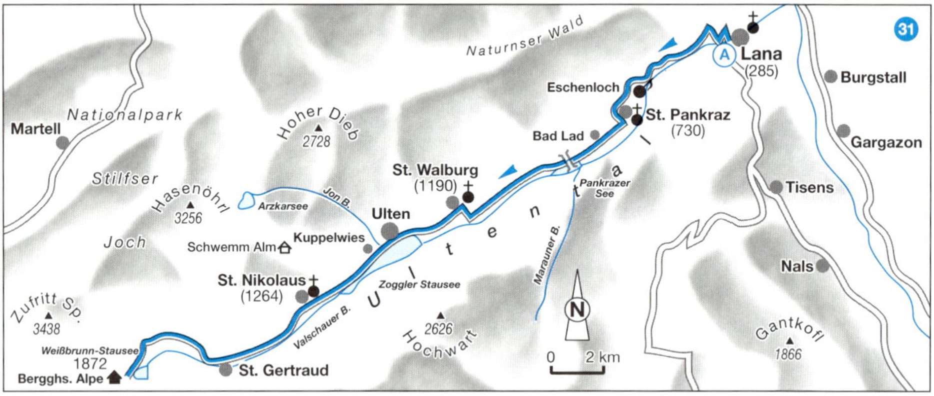

Beim gestauten **Pankrazer See** mündet südlich das Tal des Marauner Baches. Durch dieses Tal wird zur Zeit (1995) an einer Straße nach Proveis gearbeitet, um die seit langem herbeigesehnte Verbindung aus dem Burggrafenamt in das zu Südtirol gehörende, bisher »ausgegrenzte« Gebiet von Deutsch-Nonsberg herzustellen.

St. Walburg, der Sitz der Gemeinde Ulten, wurde 1622 eine eigene Pfarre. Auf einem Hügel steht idyllisch die Kirche, in deren unmittelbarer Umgebung man bei Bauarbeiten auf Leichenbrandspuren und Keramikresten aus der Zeitenwende zwischen Bronze- und Eisenzeit stieß.

Am **Zoggler Stausee** – Abzweigung der Straße zum Skigebiet Schwemmalm – lagern in **Kuppelwies** hohe Bretterstapel des Sägewerkes. Ursprünglich stand hier ein wahrscheinlich adeliger Bauernhof.

Oberhalb der Talstraße gruppiert sich **St. Nikolaus** um die gotische *Pfarrkirche;* das prächtige Portal schnitzte 1899 der Grödner Josef Senoner. Unweit der Kirche vermittelt das sehenswerte *Ultener Talmuseum* einen Querschnitt durch das bäuerliche Leben und die heimische Tierwelt. An der Südwestmauerkante des 500 Jahre alten *Turnerhofes* geben geheimnisvolle Steinbilder – Kopf, Schlange, Vogel – Rätsel auf.

Letzte Ortschaft: **St. Gertraud,** 500 Einwohner. Kurz davor zeigt ein Wegweiser links zu uralten, mehrhundertjährigen Lärchen mit Umfängen bis zu 8,20 Meter. Das Dorf selbst liegt über der Talstraße, abseits und unberührt von den Autoschlangen, die zeitweise hochschleichen zum **Weißbrunn-Stausee,** gelegen in ansehnlicher alpiner Szenerie auf der Ostseite der Ortler-Cevedale-Gruppe.

Streckenbeschreibung

Am nördlichen Ortsrand von **Lana** (285 m), jenseits der *Falschauer,* schwenkt man kurz nach dem *Hotel Teiss* links in die *Ultner Straße* ein. Die Spreu scheidet sich vom Weizen, denn schon die ersten 4,5 Kilometer in den Weinleiten sind bis 10 Prozent steil, mit engen Kurven, indes sehr aussichtsreich, was man aber normalerweise erst bei der Rückfahrt unbeschwert genießt. Linker Hand haben wir Schloß Braunsberg über der Gaulschlucht. Beim *Gasthaus Altbreid* tritt plötzlich der Turm von **Eschenlohe** ins Blickfeld. Wir fahren über die »Kleine Europabrücke«, wie die Ultener den 1965 fertiggestellten Viadukt in Höhe von Eschenlohe nennen. Es geht ein Stück weit abwärts, ehe die Gegensteigung in den Ortskern von **St. Pankraz** (730 m) leitet.

Bad Lad (740 m, Gasthaus) hat längst seine ursprüngliche Funktion als Heilbad eingebüßt. Nach dem zweiten Tunnel führt die Straße an dem 1951 gestauten **Pankrazer See** (900 m) entlang, auch Stallbach-Stausee genannt, nach dem Gehöft Stallbach, dem der vierte Tunnel folgt. Bei Steigungen zwischen 8 und 10 Prozent sowie einem Flachstück erreichen wir die langgezogene Ortschaft **St. Walburg** (1190 m).

Das Tal wird fruchtbarer, freundlicher, breiter. Es bietet genügend Raum für den drei Kilometer langen **Zoggler Stausee.** An den Hängen sind altehrwürdige, sonnengebräunte holzschindelgedeckte Bauernhöfe verstreut. Südlich bestimmen Ultener Hochwart und Samerberg die Szenerie. Eben dahin. Rechts zeigen Tafeln zum Skigebiet Schwemmalm. In der Folge verschmälert sich die Talstraße zwischen originellen Holzzäunen. Vor der *Pension Bergland* führt rechts eine Straße hoch nach **St. Nikolaus** (1264 m).

In **St. Gertraud** nimmt uns der **Nationalpark Stilfser Joch** auf. Kehren wir im rustikalen *Gasthaus Edelweiß* ein und überlegen! Bis zum Weißbrunn-Stausee sind es noch 6 Kilometer – und bis 14 Prozent Steigung auf schmaler Straße, die dem Radler gelegentlich kaum Platz läßt neben den Autos. Bei starkem Verkehr bringt die Befahrung nur Ärger! Früh am Vormittag sind die Verhältnisse ideal.

Etwa 1 Kilometer nach dem »Edelweiß« geht es links zum 400 Meter entfernten *Ortskern*. Die »Hauptstraße« steigt weiter an durch Wald und über Wiesenlichtungen. Abschließend von den Parkplätzen am **Weißbrunn-Stausee** (1872 m) 250 Meter zum **Berggasthaus Alpe.**

Nützliche Informationen

Entfernungen: Insgesamt 74 km. Lana – St. Pankraz 10 km; St. Pankraz – St. Walburg 8 km; St. Walburg – Zoggler Stausee 2,5 km; Zoggler Stausee – St. Nikolaus 6 km; St. Nikolaus – St. Gertraud 4,5 km; St. Gertraud – Weißbrunn-Stausee/Gasthaus Alpe 6 km.
Steigung: 1700 Meter.
Unterkunft: In den Orten und an der Strecke.
Camping: • *Lana:* Arquin, 10.3.–15.11., Tel. (0473) 51187, Fax 51857; Schloßhof, ganzjährig, Tel. (0473) 51469, Fax 220769. • Zwei Plätze in *Völlan.*
Besichtigungen: • *Lana:* siehe Tour 33. • *St. Nikolaus:* Ultener Talmuseum, Mitte Juni bis September am Dienstag, Freitag und Sonntag 11–12 Uhr, 15–17 Uhr.
Fahrradverleih: *Lana:* Hotel Teiss.
Auskunft: • Tourismusverein, I-39011 Lana, Tel. (0473) 51770, Fax 51979. • Tourismusverein, I-39016 Ulten, Tel. (0473) 795387, Fax 795049.

32 Das Tisenser Mittelgebirge

Von Lana auf der Gampenpaßstraße

Tourencharakter: Außer in den Sommerferien und der Zeit des Törggelen um Allerheiligen wenig befahren. Hauptsächliche Steigung – 9 Prozent – auf der Gampenpaßstraße (6 km); im Tunnel Beleuchtung ratsam!
Länge der Tour: 23,5 km.

Die Strecke von **Lana** (siehe Tour 33) Richtung Gampenpaß präsentiert nach vier Kilometern eine historische Jausenstation in der mittelalterlichen Ruine der **Leonburg,** wenige Minuten links von der Straße entfernt. Im Zwinger, dem Hof, läßt man das Fahrrad stehen. Die acht Meter tiefe, aus dem Fels gehauenene Zisterne füllte Regen- und Sickerwasser. Rechts der 18 Meter hohe Nordturm, die Mauern teilweise 1,80 Meter stark; der Südturm ist 1,5 Meter niedriger. Im ehemaligen Saal (Theke) umreißt eine Informationstafel die Geschichte der Burg. Laut einer Sage habe ihren Baumeister droben am Kirchlein St. Hippolyt, das wir bei der Auffahrt gesehen haben, ein Blitz erschlagen, »weil er in sündhafter Liebe zur Frau des Leonbergers entbrannt sei«. Fenstersitzbänke bieten zwei stilvolle Plätze. Auch die beiden »Kammern« dienen der landestypischen Gastronomie. Der »Hinteren Stube« verleiht Zirbenholztäfelung Behaglichkeit. Im Garten stehen Bänke und Tische. Vom Wehrgang guckt man durch Zinnenlücken über das Etschtal – wie weiland die Burgwachen.

Eine Geländeetage höher liegen die sonnenglücklichen Etschtal-Logen um Tisens und Prissian. Dorthin, wo die Franken das Langobardenkastell »Tesana« schleiften, verlegt der Schriftsteller Heinrich Noë das »Paradies Südtirols«. Johann Jakob Staffler aus St. Leonhard im Passeier notierte 1857, die Gegend sei »freundlich, fruchtbar in Saat und Wiese, da und dort selbst der Rebe noch hold, und des gefälligen Wechsels wegen auch mit Burgen und Ruinen geschmückt«. Kirchliches Zentrum des Mittel-

Neben dem Wein ist Obstanbau der Haupterwerbszweig der Bauern um den Kalterer See.

Die doppeltürmige Leonburg der Grafen Brandis an der Gampenpaßstraße birgt außer mittelalterlichem Flair eine empfehlenswerte Jausenstation. Den linken Turm überragt der Ifinger bei Meran 2000.

gebirges: *Maria Himmelfahrt* zu **Tisens,** seit mehr als 800 Jahren. Das Gotteshaus birgt, was dem flüchtigen Betrachter entgeht, ein kunstgeschichtliches Kleinod ersten Ranges: Neun, vermutlich in Augsburg um 1520 gefertigte Renaissance-Glasmalereien, die zu den schönsten Tirols zählen. Sie sind jeweils zu dreien in drei der vier Chorfenster eingesetzt. Von links: Johannes der Evangelist mit der gewappneten Figur des materiellen Stifters Hans Veit von Andrian, Kreuzigungsgruppe, Anbetung der Könige, Johannes der Täufer mit dem geistlichen Stifter Veit von Niederthor (Pfarrer zu Tisens, später Dompfarrer in Augsburg), Maria mit Kind und musizierenden Engeln, hl. Veit, hl. Erasmus als Patron der Wehrburg sowie die Ehefrauen des Hans Veit von Andrian, Clara Scheck von Terlan und Regina von Boymont-Payersberg, Geburt Christi. Das neunte Gemälde finanzierte Martin von Boymont-Payersberg, den das Bild mit der hl. Barbara und seinen Gattinnen Katharina Khuen von Auer und Barbara von Conzin zeigt.

Adelige hatten sich bereits Anfang des 13. Jahrhunderts auf der steil in das Etschtal abfallenden Bergstufe niedergelassen. Zwei ihrer Burgen berührt unsere Radtour in **Prissian.** Zunächst die *Fahlburg,* seit dem 16. Jahrhundert Besitz der Grafen Brandis in Lana. Die heutige Anlage (Hotel-Pension), ein Renaissance-Viereckbau mit zwei Fassadentürmen, entstand 1648. Im Vorgängerbau soll Oswald von Wolkenstein gefoltert worden sein. Origineller ist *Katzenzungen,* jenseits des Prissianer Baches. Es dürfte gegen 1200 gegründet worden sein als »kleiner Ansitz«, meint Weingartner. Der dreigeschossige Renaissancebau in Würfelform stammt aus der Mitte des 16. Jahrhunderts. Die auf drei Seiten unter dem Dach haftenden, ungewöhnlich großen Gußerker (lichte Weite 1,80 m) sind wohl als »Zier« gedacht, da andere Verteidigungswerke fehlen. Eine 26 Meter lange, dreibogige Brücke löste die hölzerne Zugbrücke ab. Vor dem Aufgang, links unten, wächst die größte Rebe Europas, eine der ältesten erhaltenen überhaupt, gepflanzt um 1450. Ihr Laubdach beschirmt

350 Quadratmeter. Jährliche Ernte: 300 bis 700 Kilogramm Trauben einer Sorte, die aus Versailles stammt bzw. früher im Untervinschgau stark vertreten war. Davon gewinnt die Kellereigenossenschaft Nals-Margreid/Entiklar einen grünlichgelben Weißwein: »Schloß Katzenzungen« – zartblumig, trocken, fruchtig, »mit viel Spiel und voll nachhaltiger Fülle«, verspricht die jeder Flasche beigegebene Urkunde.

Nals erzeugt auch andere Spitzenweine sowie Qualitätsobst. Es breitet sich zu Füßen des Mittelgebirges aus, bildet die südöstliche Grenze. An der Dorfeinfahrt erinnert links der *Ansitz Stachelburg* an die Stachelburger aus Partschins. Sie verloren ihren letzten Sproß 1809 im Tiroler Freiheitskrieg.

Der Kreis dieses »Giro« schließt sich in **Niederlana** mit der ehemaligen *Pfarrkirche Mariä Himmelfahrt.* Sie birgt den populären spätgotischen Schnatterpeck-Altar, den größten Flügelaltar im Alpenraum; Führungen. Die in den Obstgärten gewonnenen Eindrücke vertieft das *Obstbau-Museum* von Niederlana im Ansitz Lärchgut. Wer eine unverfälschte, typische Jausenstation sucht, herben roten Eigenbauwein mag, heiße »Erdäpfel« in der Schale, guten Speck und Käse, spaziert von Oberlana zum *Runggöglhof* der gastfreundlichen Familie Unterholzner.

Streckenbeschreibung

In **Oberlana** (285 m), südlich der *Falschauer Brücke,* beginnt rechts am *Gasthof Mondschein* die 1939 dem Verkehr übergebene *Gampenpaßstraße* mit 9 Prozent. Bald öffnen sich instruktive Perspektiven über Lana, zur Hochfläche von Hafling, auf den markanten Ifinger. Nach knapp 3 Kilometern zweigt rechts die Straße nach Völlan ab. Wir bleiben auf der Paßstraße. Hinter einem kurzen Tunnel erscheinen die doppeltürmige **Leonburg** und hoch oben das *Kirchlein St. Hippolyt,* im Volksmund »St. Pölten«. Es folgt ein zweiter, längerer Tunnel.

In **Naraun** (700 m) biegt man links ab und ist nach 1,5 Kilometern in **Tisens** (635 m). Wie das Mittelgebirge überhaupt, hat auch die Gastronomie Tradition. Der »Schwarze Adler«, beispielsweise, an der schmalen Hauptstraße existiert seit 1619. Es folgt das enggassige **Prissian** (617 m). Links der Straße das unauffällige Tor der *Fahlburg.* Der gutbürgerliche *Gasthof zum Mohren,* von den Einheimischen kurz »Mohrenwirt« genannt, ist im Besitz der Familie Holzer, ebenso die als Hotel-Pension geführte Wehrburg in Prissian. Auf der bedachten Holzbrücke über den *Prissianer Bach.* Gleich nach dem Martinskirchlein steht links, unterhalb, *Schloß Katzenzungen.*

Ein Gefälle von 14 Prozent führt, vorbei am *Nalserbacher Weinkeller,* der ab 16 Uhr ausschenkt, in das Wein- und Obstbauerndorf **Nals** (331 m). Bei der ersten, links Richtung Lana weisenden Tafel folgt man dieser auf einem Seitensträßchen durch die Gärten und stößt nach 4,5 Kilometern auf die übliche Straße. Von hier bis Lana gibt es zwei Einkehren: *Pirchers Grillstube* und 800 Meter weiter *Kathi's Jausenstation.*

In **Niederlana,** 300 Meter nach der »Schnatterpeck-Kirche«, hält man sich beim modernen Bildstock vor der Raiffeisenkasse links (Kirchweg-Kapuzinergasse). An der Kreuzung neben der *Kapuzinerkirche* links in das alte *Oberlana.* Dort leitet die Straße *Am Gries* durch ein »Hintertürchen« zum Ausgangspunkt.

Nützliche Informationen

Entfernungen: Insgesamt 23,5 km. Lana – Naraun 6 km; Naraun – Prissian 3 km; Prissian – Nals 3 km; Nals – Lana 11,5 km.
Steigung: 450 Meter.
Unterkunft: In den Orten und an der Strecke.
Camping: • *Lana:* Arquin, 10.3.–15.11., Tel. (0473) 51187, Fax 51857; Schloßhof, ganzjährig, Tel. (0473) 51469, Fax 220769. • *Völlan:* Lido, 15.3.–15.11., Tel. (0473) 58138; Hofer, 29.3.–6.11., Tel. (0473) 58056. • *Nals:* Zum guten Tropfen, 15.3.–31.10., Tel. (0471) 678516.
Besichtigungen: *Niederlana:* Pfarrkirche mit Schnatterpeck-Altar, Führungen werktags

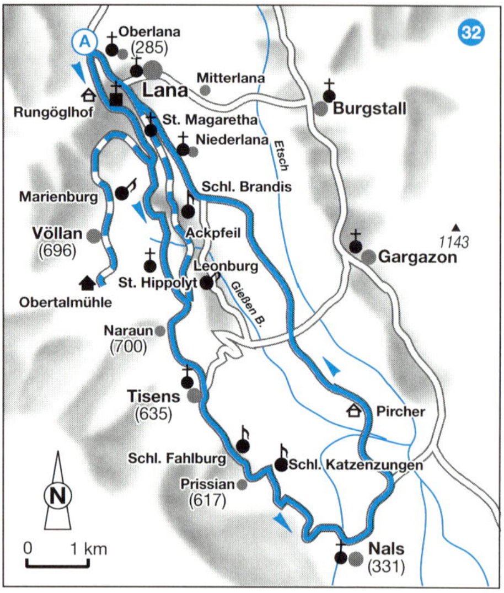

9.30–11.30 Uhr, 14–18.30 Uhr; Obstbau-Museum, außer Montag 10–12 Uhr, 14–17 Uhr, sonntags 14–18 Uhr.
Mountainbike-Variante: In **Niederlana** links neben der Kirche dem *Brandis-Weg* folgen, vorbei am *Brandiser Weinkeller* und am *Schloß Brandis.* Anschließend auf geschottertem Fahrweg durch den Wald bergan, begleitet von Kreuzwegstationen. An der VI. Station, beim *Ackpfeifhof,* rechts und noch um einiges steiler, jedoch geteert, den *Buschenschank Obererhof* passierend, zur *Gampenpaßstraße,* die man 100 Meter vor der Einfahrt zur **Leonburg** erreicht.
Abstecher: Auf der **Gampenpaßstraße** etwa 3 Kilometer, dann spitzwinkelig rechts und 3 Kilometer (bis 12%) nach **Völlan** (696 m) zum Turmwirt, unterhalb der Maienburg. Geradeaus zum *Bauernmuseum;* geöffnet Dienstag und Freitag 14–18 Uhr. Von dort senkt sich ein Natursträßchen zur originellen **Jausenstation Obertalmühle** (geöffnet ab 10 Uhr, Montag geschlossen), deren Sägewerk noch funktioniert. Hin und zurück 8 km.
Fahrradverleih: *Lana:* Hotel Teiss.
Auskunft: • Tourismusverein, I-39011 Lana, Tel. (0473) 51770, Fax 51979. • Tourismusverein, I-39010 Tisens, Tel. (0473) 90822, Fax 91010. • Tourismusverein, I-39010 Nals, Tel. (0471) 678619, Fax 678141.

33 Nach St. Pauls in Eppan

Durch die Obstgärten

Tourencharakter: Verhältnismäßig geringer Verkehr. Bis Unterrain keine erwähnenswerten Steigungen. Abschließend 3 Kilometer maximal 10% nach St. Pauls.
Die Rundfahrt kann auch an allen anderen Orten entlang der Strecke angetreten werden.

Länge der Tour: 44 km.

Die »Apfel-Autobahn«, eine anfangs schmale Straße durch die Obstgärten von Lana in Richtung Eppan, ist erfahrungsgemäß die beliebteste Radpiste Südtirols. Vornehmlich an Sonn- und Feiertagen sowie spätnachmittags sausen Italiener einzeln und scharenweise durch die Kurven, sportlich-modern und farbenfroh »geoutet«, mit ernsten, verkniffenen Mienen, als ginge es um ein wettkampfmäßiges Zeitfahren. Zwischendurch dahinzuckelnde Eltern und ihre Kinder mit herkömmlichen Drahteseln, Dreigang betrieben, auf dem Gepäckträger ein Körbchen. Besonders lohnend ist die Tour im Frühjahr zur Obstblüte. Bei Nachtfrösten treten automatisch Sprengelanlagen in Funktion, um die Blüten vor dem Erfrieren zu schützen. Dann begeistert am nächsten Morgen das pittoreske Bild der in Eismäntelchen farbig glitzernden Blütenpracht.

Die Trockenlegung der Etschsümpfe begann 1786 unter Kaiserin Maria Theresia. Aber noch Mitte des 19. Jahrhunderts sah der Volkstumsforscher Zingerle im 3000 Hektar umfassenden Moor zwischen Lana und Bozen ein Terrain, wo »Menschengestalt fieberfröstelnd verkümmert«. In Andrian waren die Leute »abgezehrt und ohne Wangenroth ... wandelnden Leichen gleich«. Erst die Etsch-Regulierung 1875 bis 1896 schuf die Voraussetzungen für eine dauerhafte Kultivierung und den intensiven Obstanbau des 20. Jahrhunderts.

Lana ist die größte Obstgemeinde Südtirols mit einer Fläche von 1500 Hektar. Übrigens erreichten die 8174 Südtiroler Obstbauern, von denen aber nur 39 Prozent Vollerwerbsbetriebe führen, im Jahr 1994 auf rund 18000 Hektar mit 75000 Waggons (1 Waggon =10000 Kilo) Äpfel und Birnen einen Anteil von beinahe zehn Prozent der EU-Produktion, der allerdings über die Absatzmöglichkeit hinausgeht. Zwischen 1960 und 1970 hatte die Obstanbaufläche jährlich um 300 Hektar zugenommen, von 1970 bis 1993 immerhin noch um 100 Hektar. Aufschlußreich in diesem Zusammenhang ist das *Obstbau-Museum* in **Niederlana,** im Ansitz Larchgut, u.a. älteste erhaltene »Torggl« (Weinpresse) Südtirols (um 1570). Niederlana, genau gesagt die alte *Pfarrkirche,* bewahrt den kostbarsten Schatz des Ortes: den Schnatterpeck-Altar, spätgotisch, größter Flügelaltar im Alpenraum; Führungen. Ein sakrales Kleinod hingegen stellt am Brandis-Waalweg die kaum beachtete, 1215 von Kaiser Friedrich II. dem Deutschen Orden in Lana geschenkte Margarethenkirche mit ihren romanischen Fresken dar; Führungszeiten im Verkehrsamt erfragen.

Die direkte Strecke nach Eppan ist bis Unterrain brettleben. Der kleine Umweg, den wir bei der Hinfahrt in Kauf nehmen, hat kaum spürbare Steigungen bis Unterrain. Auf ihm lernen wir die Ortschaften »abseits« kennen. Den Anfang macht das verwinkelte Wein- und Obstbauerndorf **Nals,** überragt von der weit über das Etschtal schauenden *Burgruine Payersberg* (Gasthof), zu der ein geteertes Sträßchen (2,5 km) führt. Die unter August Freiherr von Boymont-Payersberg (gest. 1581) prunkvoll ausgestattete Nalser *Schwanburg* mußte von seinem Sohn unter dem Druck hoher Schulden veräußert werden und ist heute Weinkellerei. Kenner schätzen ihre »Cabernet« und »Weißburgunder«.

Im gewachsenen Ortskern von **Andrian** steht rechts das um 1600 erbaute Haus des »Schwarzen Adler« bzw. der *Weinstube Sichelburg.*

Mit **Eppan** verbindet man gemeinhin nur Weinbau, was auch in einem großen Maß zutrifft. Außerdem ist es die viertgrößte Obstbaukommune Südtirols. Den Ort Eppan als solchen gibt es nicht. Es ist eine Großgemeinde auf 59,69 km² mit 11152 Einwoh-

Ehe man St. Pauls erreicht, liegt rechts oberhalb der Straße Missian, das nördlichste Weindorf des Überetsch. Das spätgotische Kirchlein wurde 1490 der hl. Apollonia geweiht. Dahinter die Höhen des Salten.

nern in sieben Fraktionen, unter denen **St. Michael** politischer und wirtschaftlicher Mittelpunkt ist. Infolge dieser Gegebenheiten sowie der Lage an der Südtiroler Weinstraße sucht der Massentourismus Eppan in St. Michael, weshalb beispielsweise **St. Pauls,** Urpfarre des Überetsch, ein wenig stiefmütterlich behandelt wird, was man als Individualist wohltuend empfindet. Die Häuserfronten der Hauptstraße sind vom sogenannten »Überetscher Stil« geprägt, einer Sonderform der Renaissance aus dem späten 16. und dem frühen 17. Jahrhundert. Mitten im Dorf steht der überdimensionale, 1647 vollendete, 85 Meter hohe Turm der gotischen Pfarrkirche. Er springt – dem kühnen Baugedanken entsprechend – in das Kircheninnere ein, gestützt von einem Pfeiler. Nach dem Motto »mir sein mir« ließen die reichen »Paulser« ab 1461 den »Dom auf dem Lande« errichten: stattlichste Dorfkirche Südtirols, für den Laien verblüffender als für den Kunstgeschichtler, wenn man ab-

Zu dem Burgentriumvirat über Eppan/St. Pauls gehören Schloß Korb (unten, Hotel-Restaurant), die Ruine Boymont (oben) und Hocheppan (außerhalb des Bildrands).

sieht von den Feinheiten der reich gestalteten, infolge der Turmposition asymmetrischen Fassade. Konzentrieren wir uns im Inneren auf das Beachtenswerteste! Hoch im Gewölbe hängt zwischen Chor und Langhaus ein Triumphkreuz des 13. Jahrhunderts. Von Experten als noch wertvoller eingeschätzt wird die 1460 gefertigte Statue »Maria mit Jesuskind« an der Säule gegenüber der Kanzel. Das Kanzeldach trägt eine um 1520 von Jörg Lederer genial geschnitzte Jakobus-Figur. Volkskundlichen Charakter besitzt an der Südwand das Votivbild einer Bittprozession um Regen aus dem Jahr 1839 samt Musikkapelle, Schützen, Kapuzinern, Ortsgeistlichen und dem Gnadenbild. Ungewöhnlich für die Gegend ist der 1571 angelegte *Friedhof* mit dreiflügeligen, kreuzgratgewölbten Arkaden, denn als Vorbild diente der Campo Santo Teutonico in Rom. Warum nicht einmal einen »Gott'sacker« besuchen, zumal Friedhöfe in Südtirol vielfach ausgesprochen kunstvoll angelegt sind? In St. Pauls kommt man dabei am *Weingut Kößler* vorbei, in dessen Probierstube schon mancher wackere »Pedalritter« versumpfte. Ab 17 Uhr öffnet am Ortsanfang der *Schrekkensteinkeller* sein Tor. Er zählt zu den selten gewordenen Lokalen, die bezüglich Interieur und Räumlichkeit den »klassischen« Vorstellungen eines bewirtschafteten Weinkellers entsprechen. Gegenüber kocht die Wirtin des »Paulser Hof« bodenständig Kulinarisches. Und beim Donat-Max im nahen Hotel Weingarten gibt's neben gutem Essen den selbstgekelterten süffigen »Rot'n« des Wirtes. Richtig turbulent wird es in St. Pauls eigentlich nur beim Dorffest am ersten September-Wochenende sowie um Allerheiligen während des Törggelen.

Streckenbeschreibung

Von *Oberlana* (285 m) auf der *Maria-Hilf-Straße* und der *Hofer-Straße* durch **Lana.** Auf dem *Tribusplatz* rechts und (Treibgasse) nach *Niederlana.* Über den *Brandisbach* und in die Obstplantagen des Etschtalbodens. Verspätetes Frühstück vielleicht in *Kathi's Jausenstation* oder in *Pirchers Grillstube.* Sieben Kilometer nach der Kirche in Niederlana zeigt eine Tafel rechts Richtung

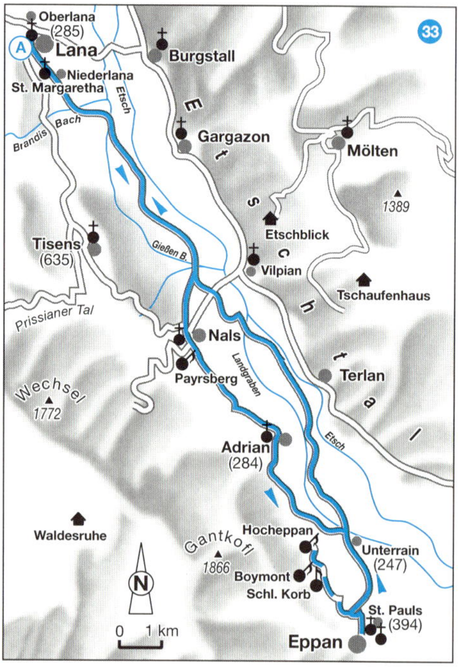

Nals (331 m), das wir durch Apfelgärten erreichen.

Nun gelten die blau-weißen Schilder »Andrian« und »Eppan«. Zu Füßen steiler Waldhänge und am Saum des Meeres von Obstbäumen leitet die kaum befahrene Straße nach **Andrian** (284 m). Obwohl auf dem Platz vor der *Weinstube Sichelburg* das Schild »Eppan« links weist, steuern wir geradeaus durch die *Wolfsthurnstraße,* bis links die *Eppaner Straße* abzweigt. Halbrechts vorne sieht man die Burgruine Hocheppan, darunter den sogenannten »Kreidenturm«, bei dem früher im Falle anmarschierender Feinde Alarmfeuer brannten. Vor der Häusergruppe **Unterrain** (247 m) stößt man auf die breite Straße. An der Gabelung beim Kirchlein geht es rechts, spürbar bergan, geradeaus und zunehmend anstrengender, zuletzt mittels zweier Kehren an der *Pizzeria Vajolet* in die Ortseinfahrt von **St. Pauls** (394 m).

Ab dem *Kirchplatz* 3 Kilometer zurück nach **Unterrain** (247 m). Dann weiter auf der breiten Straße, erneut durch scheinbar nicht enden wollende Obstgärten. Jetzt haben wir die Burgruine Hocheppan und den

Gantkofel zur Linken. Nordwestlich die Gipfel der Texelgruppe. Acht Kilometer nach St. Pauls ist rechts über die provisorische *Etschbrücke* ein Abstecher in das vom Durchgangsverkehr böse heimgesuchte *Terlan* möglich, der fünftgrößten Obstbaugemeinde Südtirols.

Wir bummeln oder »bolzen« orographisch rechts der Etsch auf einer langen Geraden. Von Prissian grüßen die Türme der Wehrburg. Am Ortsanfang von **Nals** darf man die Rechtsabzweigung »Lana« nicht übersehen! Nach 800 Metern bei der Tankstelle geradeaus über die Kreuzung. Schließlich wieder vorbei an der Kirche in *Niederlana.* Etwa 300 Meter danach an der Gabelung (moderner Bildstock) links durch den *Kirchweg* und die *Kapuzinergasse.* An der Kreuzung neben der *Kapuzinerkirche* links in das alte *Oberlana.* Die Straße Am Gries leitet zur *Falschauerbrücke.*

Nützliche Informationen

i

Entfernungen: Insgesamt 44 km. Oberlana – Nals 11,5 km; Nals – Andrian 3,5 km; Andrian – St. Pauls 7 km; St. Pauls – Nals 10,5 km; Nals – Oberlana 11,5 km.
Steigung: Etwa 200 Meter.
Unterkunft: In den Orten und entlang der Strecke.
Camping: • *Lana:* Arquin, 10.3.–15.11., Tel. (0473) 51167, Fax 51857; Schloßhof, ganzjährig, Tel. (0473) 51469, Fax 220769. • Zwei Plätze in *Völlan.* • *Nals:* Zum guten Tropfen, 15.3.–31.10., Tel. (0471) 678516.
Besichtigungen: *Niederlana:* Pfarrkirche mit Schnatterpeck-Altar, Führungen werktags zwischen 9.30–11.30 Uhr, 14–18.30 Uhr; Obstbau-Museum, außer Montag 10–12 Uhr, 14–17 Uhr, Sonntag 14–18 Uhr.
Abstecher: Knapp 1 Kilometer vor **St. Pauls** zweigt rechts in spitzem Winkel ein steiles Teersträßchen ab zum Vier-Sterne-Hotel **Schloß Korb** (Montag Ruhetag) mit aussichtsreicher Terrasse. Das Panoramasträßchen setzt sich fort zur Jausenstation Unterhauser Keller. Leistungsfähige können kurz nach Schloß Korb links das Teersträßchen »hochklettern« zur *Burgruine Boymont* (Jausenstation) oder hinter dem Unterhauser Keller die noch interessantere *Burgruine Hocheppan* (Jausenstation) erreichen.
Fahrradverleih: *Lana:* Hotel Teiss.
Auskunft: • Tourismusverein, I-39011 Lana, Tel. (0473) 561770, Fax 561979. • Tourismusverein Nals, I-39010 Nals, Tel. (0471) 678619, Fax 678141. • Tourismusverein, I-39010 Andrian, Tel. (0471) 257300, Fax 257241. • Tourismusverein, I-39057 Eppan, Tel. (0471) 662206, Fax 663546.

34 Der Kaiserweg über den Ritten

Von Bozen nach Klausen

Tourencharakter: Von Bozen (262 m) bis Klobenstein (1154 m) normaler Verkehr; Maximalsteigungen 9 Prozent. Ab Klobenstein verkehrsarm. Hinter Lengstein schmale Asphaltstraße bis Villanders.
Erleichterung: Von Bozen mit der Ritten-Seilbahn in 12 Minuten nach Oberbozen (1221 m); erste Bergfahrt gegen 7 Uhr. Von Oberbozen 5 km annähernd eben zur Ritten-Straße. Dadurch erspart man sich streckenmäßig zwar nur 7 km, aber die hauptsächliche Steigung.
Länge der Tour: 42 km.

Auf der Strecke unserer Radtour über den Ritten zogen während des Mittelalters mehr als sechzig Züge deutscher Könige zur Kaiserkrönung bzw. zwecks politischer und militärischer Missionen nach Rom und wieder zurück. Der »Kaiserweg« verließ, vom Brenner kommend, in Kollmann das Eisacktal und führte über den Ritten nach Bozen, denn die Talstraße durch die größte Porphyrschlucht der Alpen war nach Untergang des Weströmischen Reiches verfallen. Rund 800 Jahre oblag dem Ritten eine Schlüsselfunktion an der wichtigsten mitteleuropäischen Nord-Süd-Verkehrsader. Erst 1314 entstand ein neuer Weg durch die Talschlucht.

Kein Wunder also, daß **Bozen** schon sehr früh enorme Bedeutung besaß, genaugenommen seit Mitte des 1. Jahrhunderts, als die römische »Via Claudia« vom Po über den Reschenpaß zur Donau in »Pons Drusi« – vermutlich der heutige Stadtteil Rentsch – Station machte. Mittlerweile ist Bozen Provinzhauptstadt, wirtschaftliches, kulturelles und kirchliches Zentrum Südtirols. Begegnungspunkt zwischen Nord und Süd seit jeher, Treffpunkt verschiedener Kulturen, voller Widersprüche, was der Stadt eine unverkennbare Note verleiht, in Architektur, Flair und Lebensstil. Von den 97924 Einwohnern sind 68109 Italiener.

Ein Spaziergang beginnt gewöhnlich auf dem *Waltherplatz* beim Marmor-Denkmal des Minnesängers Walther von der Vogelweide (siehe auch Tour 18). An der Südseite des Platzes steht die *Dompfarrkirche Mariä Himmelfahrt.* Wunderschön der 62,5 Meter hohe, spätgotische, fein ziselierte, 1509 vollendete Glockenturm, das in Rhombenform mit bunt glasierten Ziegeln belegte Dach sowie das lombardische Westportal. Die reich gegliederte Sandsteinkanzel von 1513/14 des Schussenrieders Hanns Lutz, in dessen Händen die Bauleitung lag, brilliert mit detaillierten Steinmetzarbeiten (Reliefs der vier Kirchenlehrer). Im linken Chorseitenschiff eine hervorragende Steinguß-Pietà aus der Zeit um 1420. Der »Volksaltar« von 1977 war von der »Bürgerschaft fast einhellig abgelehnt« (Rampold) worden.

Vom Dom rechts am Postamt vorbei zum ehemaligen, 1272 gegründeten *Dominikanerkloster.* Die Anfang des 14. Jahrhunderts errichtete Klosterkirche war der erste gotische Sakralbau in Südtirol. Bestaunen Sie in der Johanneskapelle die brillanten Fresken in Giotto-Nachfolge der durch italienische Wandermaler beeinflußten Bozener Schule.

Eine Fußgängerunterführung bringt uns in die *Altstadt.* Die Atmosphäre wird dichter. Das Herz Bozens ist der *Obstmarkt.* Die Stände quellen über vor bunten Landesprodukten, gestapeltem Obst und Gemüse, dazwischen rote Peperoniketten und Knoblauchzöpfe. An der Kreuzung, dem *Obstplatz,* vespern »Hoamische« als Zwischenmahlzeit eine heiße »Stadtwurst«, stets frisch aus dem Kessel. Dort münden die betriebsamen *»Lauben«*. In den »Lauben« offeriert die Athesia-Buchhandlung das breiteste Sortiment Südtirols.

Vom Obstplatz geradeaus gelangt man zum *Franziskanerkloster* mit einem der bedeutendsten, spätgotisch eingewölbten Kreuzgänge Tirols. Den Chor der Klosterkirche bereichert der wirkungsvolle, gotische, um 1500 geschnitzte Flügelaltar des Brixener Meisters Hans Klocker.

Möchten Sie Abstand gewinnen zum städtischen Temperament? Am Obstplatz links

Auf dem Kaiserweg vor Saubach an der Straße vom Ritten nach Barbian über dem unteren Etschtal.

in die Museumsstraße; vor der Talferbrücke rechts auf der Wassermauer-Promenade unter exotischen Bäumen, bis rechts *Schloß Maretsch* erscheint. Gar lieblich ist das Bild: in Weingärten ein burgenähnlicher Komplex. Als Kulisse im Hintergrund der Rosengarten. Im Schloß erwartet uns eine rustikale Wirtsstube. Hierher »verirren« sich kaum einmal Touristen!

Vergessen wir unsere Radtour nicht! Erwägenswert ist eine Unterbrechung in **Unterinn,** der ältesten Pfarre des Ritten. Dort lebt der bekannte Aquarellist Rudolf Comployer, von dem Werke im *Gasthof Wunder* hängen, zart in der Farbgebung, verliebt in die Landschaft des Ritten. Neben dem Gasthof die *Pfarrkirche St. Lucia.*

Wir sind in der Gemeinde **Ritten.** Unter Ritten versteht man landläufig die zwischen 1100 und 1300 Meter gelegenen stufenförmigen, unter Landschaftsschutz stehenden Hochflächen nordöstlich von Bozen. Die politische Gemeinde mit 6340 Einwohnern umfaßt dieses Gebiet auf einer Fläche von 111,48 km^2 und greift darüber hinaus bis in die Täler. Hauptort ist **Klobenstein.** Sieht man davon ab, daß auf dem Piperbühel 400 v. Chr. eine Pfahlbausiedlung existierte, so setzte die Urbanisierung im 16./17. Jahrhundert ein, als Bozener Patrizier und Geschäftsleute ihre Sommerhäuser und -villen errichteten. »Der Unterhaltungen sind mancherlei, ja das ganze Daseyn ist eine ununterbrochene Unterhaltung«, ließ der Bene-

Die Erdpyramiden im Finsterbachgraben bei Lengmoos auf dem Ritten gehören zu den erstrangigen Landschaftsbildern Südtirols.

diktiner Beda Weber aus dem Kloster Marienberg um 1840 hören. Seit den neunziger Jahren des 20. Jahrhunderts wuchs die vormals heimelige Siedlung durch zahlreiche Neubauten und hat bald schon kleinstädtischen Charakter. Hingegen blieb **Lengmoos** eine Idylle. Die zwischen 1220 und 1227 entstandene *Kommende* des Deutschen Ritterordens diente als Hospiz für die Reisenden auf dem »Kaiserweg«. Heute betreuen die »Deutschhaus-Herren« seelsorgerisch die Pfarreien des Ritten. Bei Lengmoos siegelte am 1. Juni 1027 Kaiser Konrad II. jene Urkunde, welche die Grafschaft Bozen dem Bischof von Trient verlieh.

Die nahen **Erdpyramiden** ziehen den Tourismus an, busweise an manchen Tagen. Bei den braunen bis rötlichen, schlanken »Pyramiden« im Finsterbachgraben handelt es sich um Säulen aus dem Lockermaterial der eiszeitlichen Moräne. Beschirmt von einem Deckstein, der sie vor Niederschlägen schützt, »leben« sie so lange, bis der »Kopf« abstürzt. Dann fallen die Türme in sich zusammen, neue werden herausgewittert.

Der »Kaiserweg« schwenkt in die stillen Ostflanken des Ritten ein. Auf lieblichen Frühlingswiesen blühen Veilchen, Schlüsselblumen und Osterglocken. Obstbäume hüllen sich in duftendes Weiß und Rosa. Der Herbst leuchtet mit seinem Füllhorn an Früchten, bringt »Keschtn« (Kastanien), Most, in tieferen Lagen den »Nuien«, den neuen Wein für das im Eisacktal verwurzelte Törggelen.

Mittelberg. Die Nikolauskirche, 1982 von der Rittener Schützenkompanie renoviert, wobei Fresken von 1460 zutage traten, ist ein begehrtes Fotomotiv – den Schlern als Hintergrund. Zur Wallfahrtskirche St. Ottilie in **Lengstein** kamen früher die Pilger bei Augenleiden. Hungrigen Radlern sei der *Schwaigerwirt* mit seinem unverfälschten Ambiente empfohlen. Das Wappen über dem Eingang wurde den Besitzern, der Familie Mayr in der Sulz, von Kaiser Karl V. am 12. März 1575 verliehen.

Dem Weiler **Saubach** sieht kein Mensch seine einstige Rolle an. Hier erreichte der »Kaiserweg« von Kollmann im Eisacktal kommend das Mittelgebirge. Die *Kirche St. Ingenuin und Albuin* zählt zu den verborgenen sakralen Kostbarkeiten des Eisacktales. Die Jahreszahl 1512 über der gotischen Portalfassung dürfte ihre Vollendung dokumentieren. Prächtig der dreiteilige gotische Flügelaltar (um 1500); im Schrein die Krönung Marias zwischen den Brixener Diözesanpatronen Ingenuin und Albuin. Kirchenschlüssel nebenan im Gasserhof. Drumherum intakte bäuerliche Kulturlandschaft. Zum Gänderbach hin erstreckt sich der größte Kastanienhain Südtirols.

Barbian ist seit Klobenstein der erste größere Ort: Mittelpunkt einer aus mehreren »Malgreien« (Fraktionen) bestehenden Gemeinde mit 1490 Einwohnern. Karl Finsterwalder leitet den Namen von »Barbius« ab, einem Römer. Der »Schiefe Turm« von Barbian, der 38 Meter hohe Turm der Jakobuskirche, geht 1,42 Meter aus dem Lot, also bei weitem nicht soviel wie sein »schräger Bruder« in Pisa. Dafür wird er dem Dorf länger erhalten bleiben!

Es liegt dem Autor natürlich fern, aus der Radtour einen Wirtshausbummel zu »konstruieren«, doch im *»Steinbock«* zu **Villanders** sollte man unbedingt einkehren, nicht alleine der kulinarischen Spezialitäten wegen. Hervorgegangen aus einem Ansitz des 12. Jahrhunderts der Herren von Villanders, war das Gebäude Gerichtssitz und erscheint 1750 erstmals als »Wirtstafern«. Holztäfelung und Leistendecke der Gaststube stammen aus dem 16. Jahrhundert. Als Ausklang empfiehlt sich ein Spaziergang durch die malerische *Alte Dorfgasse.* Sie bildete den Hintergrund für Franz von Defreggers bekanntes Gemälde »Das letzte Aufgebot« des Andreas Hofer. Dann tauchen wir ein in das mittelalterliche Stimmungsbild **Klausen** (siehe Tour 17).

Streckenbeschreibung

In **Bozen** (262 m), bei der *Ritten-Seilbahn-Talstation,* an der Straßengabel links; Beschilderung: »Ritten«. Durch den Stadtteil *Rentsch* und nach 1,5 Kilometern links in die 1973 ausgebaute **Ritten Straße.** Ihre Steigung beläuft sich auf 9 Prozent. Beiderseits ein Meer von Reben. Linker Hand sehen wir St. Magdalena, Heimat des gleichnamigen »Roten«. Nach 4 Kilometern geht es zwischendurch kurz abwärts. Für den *Buschenschank Terlhof* links der Straße dürfte es noch zu früh sein! Über dem Grün des Weinlaubs leuchten dunkelrote Porphyrfelsstöcke. Die Steigung geht auf 6 Prozent zurück. Östlich erscheint der Schlern. **Unterinn** (904 m) wird durchfahren. Danach rechts die expansive *Fensterfabrik Finstral.* Sie fiel 1994 einem Brand zum Opfer, produzierte aber im gleichen Jahr schon wieder. Zwei Kilometer nach Unterinn mündet (1141 m) links die Straße von *Oberbozen.*

Die wesentlichen Steigungen liegen hinter uns. Ein Flachstück leitet nach **Klobenstein** (1154 m), von dem es nicht weit ist nach **Lengmoos** (1164 m). Ab dem empfehlenswerten *Gasthaus Spögler* radeln wir noch 500 Meter auf der Straße. Kurz nach dem *Café Erdpyramiden* wechseln wir rechts auf den Fußweg über und schieben ¼ Stunde zur ersten Plattform in den **Erdpyramiden**. Weiter auf dem breiten Hangweg zu den *Kreuzwegstationen.* Rechts mit der bedachten Holzbrücke über den *Finsterbach* und

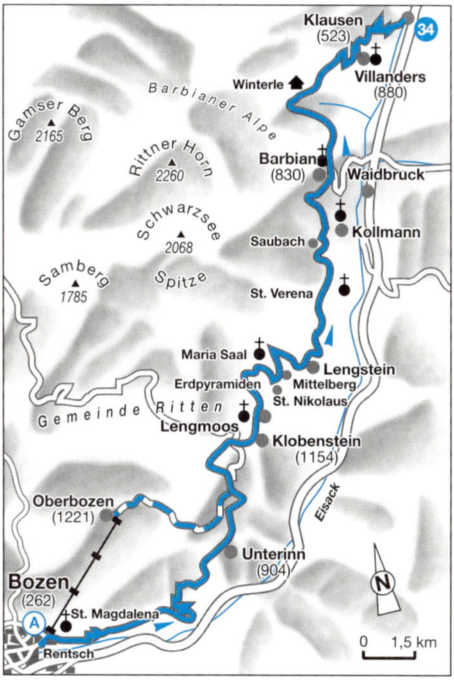

zur Straße in den Weiler **Maria Saal** (1185 m). Das Wallfahrtskirchlein birgt als Kuriosum ein Gemälde der Muttergottes unterm Regenschirm: Symbol für die Beschützerin Maria!

Der weitere Tourenverlauf ist für das untere Etschtal eine Promenade ohnegleichen. Der »Kaiserweg« macht um die Nikolauskirche in **Mittelberg** (1131 m) einen Bogen und senkt sich nach **Lengstein** (972 m). Jetzt verschmälert sich die Straße auf Autobreite. Nordöstlich sehen wir die große Kirche von Lajen. Rechts unserer Route thront auf einer waldbesetzten Porphyrkuppe die weitum sichtbare *Kirche St. Verena.*

Fünf Kilometer nach Lengstein auf den Wegweiser »Barbian« achten! Kastanienwälder bestimmen die Vegetation. Von **Saubach** (832 m) führte der »Kaiserweg« ins Eisacktal nach Kollmann. Wir halten uns aber an das Höhensträßchen. Es schwenkt in eine Talmulde ein, über welche die imposanten, insgesamt 130 Meter hohen *Barbianer Wasserfälle* stürzen.

In **Barbian** (830 m) vor der Kirche links, letztmals bergan, etwa 5 Kilometer. In den Vorblick tritt Kloster Säben. Das **Gasthaus Winterlehof** (1001 m) hängt wie eine Kanzel über dem Eisacktal. Wenige Minuten später mündet die Höhenroute in eine breite Straße, auf der es rechts 2,5 Kilometer hinunter nach **Villanders** (880 m) sind. Letztendlich lassen wir uns durch die Kurven der breiten Straße ins Eisacktal bei **Klausen** (523 m) »schaukeln«. Auf der *Staatsstraße* kurz rechts, dann links in die *Altstadt;* siehe Tour 17.

Nützliche Informationen

Entfernungen: Insgesamt 42 km. Bozen – Unterinn 10,5 km; Unterinn – Klobenstein 5,5 km; Klobenstein – Lengmoos 700 Meter; Lengmoos – Erdpyramiden – Maria Saal 2,5 km; Maria Saal – Lengstein 2,5 km; Lengstein – Barbian 8 km; Barbian – Villanders 7 km; Villanders – Klausen 5 km.
Steigung: 1100 Meter.
Unterkunft: In den Orten und entlang der Strecke.
Camping: Bei *Moritzing* (5 km westlich von Bozen, an der Straße nach Meran): Moosbauer, ganzjährig, Tel. (0471) 918492, Fax 204894.
Besichtigungen: • *Bozen:* Stadt-Museum, Dienstag bis Samstag 9–12 Uhr, 14.30–17.30 Uhr, Sonntag 10–13 Uhr; Schloß Runkelstein, Führungen von Dienstag bis Samstag zwischen 10 und 16 Uhr. • *Lengmoos:* Kommende des Deutschen Ordens, Führungen jeden Dienstag 10.15 Uhr durch Pater Cornelius. • *Klausen:* Stadtmuseum und Lorettoschatz, Anfang März bis Mitte September von Dienstag bis Samstag 10–12 Uhr, 16–19 Uhr.
Fahrradverleih: *Bozen:* Sport Andreatta, Claudia-Augusta-Straße; Velo-Sportler, Weintraubengasse 56. Kostenlose Normal-

Auf der Großen Dolomitenstraße löst eine alpine Attraktion die andere ab: zum Auftakt der Latemar über dem Karersee oberhalb von Welschnofen.

Fahrräder (bis 4 Std.) der Gemeinde, Bahnhofsallee.

Auskunft: Tourismusverein, I-39100 Bozen, Tel. (0471) 970660, Fax 980300. • Tourismusverein Ritten, I-39054 Klobenstein, Tel. (0471) 356100, Fax 356799. • Tourismusverein, I-39040 Barbian, Tel. (0471) 654411, Fax 654260. • Tourismusverein, I-39040 Villanders, Tel. (0472) 53121, Fax 53347. • Tourismusverein, I-39043 Klausen, Tel. (0472) 847424, Fax 847244.

35 Die Große Dolomitenstraße

Zwischen Bozen und dem Pustertal

Tourencharakter: Von Juli bis Anfang September, besonders im August, viel befahren. Günstigste Monate sind Juni, September, Oktober; bei guten Straßenverhältnissen auch noch bis Mitte November. Steigungen am Karerpaß 16% auf 2 km, sonst bis 12%; Vorsicht in den Tunnels! Auffahrt zum Pordoijoch zwischen 8 und 10%. Am Falzaregopaß bis 8%, am Tre-Croci-Paß zwischen 8 und 11 Prozent. Zum Misurinasee kurz 12%, dann 8%.
Rückkehr von Toblach mit der Bahn über Franzensfeste.

Länge der Tour:
146 km.

Sie ist das Nonplusultra aller Dolomitenstraßen: Durchquerung des großartigsten Felsgebirges der Welt von West nach Ost, durch drei Provinzen, von Bozen 110 Kilometer nach Cortina d'Ampezzo. Die hier vorgestellte Strecke ist um landschaftliche Höhepunkte ergänzt, bezieht den Misurinasee und die einzigartigen Drei Zinnen ein und endet in Toblach. Gesamtsteigung fast 4000 Meter! Wände und Türme, kolossale Massive, zerklüftete Felsstöcke säumen wie glänzende Edelsteine das Band der Großen Dolomitenstraße.

Die Idee für das Projekt reifte 1894 anläßlich der Hauptversammlung des Deutschen und Österreichischen Alpenvereins in München. Man gedachte, zum fünfzigjährigen Regierungsjubiläum (1898) Kaiser Franz Josephs eine Dolomiten-Transversale zu schaffen. Als Eröffnungsjahr gilt 1909. Ausbau der Strecke Bozen – Karerpaß – Canazei durch Österreich im Ersten Weltkrieg zwischen 1915 und 1918. Doch es dauerte bis 1960, ehe sie asphaltiert war. Einer der maßgeblichen Initiatoren: Dr. Theodor Christomannos (1854–1911), geboren in Wien als Sohn griechischer Eltern, Gymnasiast in Bozen, seit 1890 Vorstand des Alpenvereins Meran. Sein Denkmal in Gestalt eines überlebens-

großen Adlers – als Symbol starken Willens – äugt oberhalb des Karerpasses, an den Ausläufern des Rosengartens, über unzählige Dolomitengipfel. Der Karerpaß ist unser erstes Hochziel.

Die Straße von **Bozen** (siehe Tour 34) durch das *Eggental* war bereits 1860 angelegt worden. Grandioser Auftakt: **Eggentalschlucht,** tief eingegraben im Porphyr, streckenweise eine ausgesprochene Klamm, Düsternis in bedrückender Enge. Zweifellos die großartigste für den Verkehr erschlossene Schlucht Tirols!

Vor Birchabruck wird das Tal geräumiger. Rosengartenblick! In **Birchabruck** nimmt uns das Welschnofener Tal auf. Der Ferienort **Welschnofen** wird urkundlich erstmals 1286 als »Nova latina« erwähnt, im Gegensatz zu »Nove teutonico« (=Deutschnofen, siehe Tour 39). Um 1350 hört man von »Waelsche Nove«. »Waelsch« war damals kein geringschätziger Ausdruck (wie heute in Südtirol) für Italiener, sondern bedeutete ladinisch, in Anbetracht der Besiedlung durch Rätoromanen aus dem Fassa- und Fleimstal. Am Ortsausgang, unweit des Hotels Post, erinnert die *Sebastianskirche* vor dem Hintergrund des gezackten Latemar an die Pestzeit 1635/36, als hier der Pestfriedhof war.

Abermals ein Paukenschlag: **Karersee,** 250 Meter lang, 125 Meter breit, gesäumt von dunklen Nadelwäldern, als Spiegelbild Rosengarten oder Latemar, je nach dem Standpunkt des Betrachters (Fotografen). Bei Vollwasser 19 Meter tief. Im August erwärmt sich das Gewässer bis 7 °C.

Über den **Karerpaß** und seine alpine Szenerie wird bei Tour 21 berichtet. Jenseits, in der Provinz Trient, liegt das ladinische **Fassatal**. Die Fassaner fühlen sich als Nachkommen der sagenhaften Bregostànes. Im Frühmittelalter war das Tal eine freie Bauernrepublik und soll »Arimans«, Berufssoldaten, unter Waffen gestellt haben, um sich feindlicher Einfälle zu erwehren.

Vich sagen die Ladiner zu **Vigo di Fassa.** Auf einer Graskuppe nördlich des Gemeindesitzes thront das gotische *Kirchlein Santa Giuliana*. Uliane, so die Ladiner, gilt als Beschützerin des Tales und war früher ein gängiger Vorname. Die Fresken der Brixener Schule zählen zu den beachtenswertesten Kunstwerken im ladinischen Raum: u.a. an der Nordwand zehn Motive des Martyriums der Heiligen. Den prächtigen gotischen Schnitzaltar schuf der Bozener Georg Artzt (1494–1552).

San Giovanni di Fassa, ein Verkehrsknotenpunkt, ist Sitz des Ladinischen Kulturinstitutes sowie des fassanischen Dekanates. Bereits 962 ist hier eine Taufkapelle dokumentiert. Beachten Sie in der *Pfarrkirche,* an der linken Chorwand, die aus der Mauer greifende Hand. Sie hält eine Kugel: Symbol für den Zorn des Gönners Silvestro Solda, Hauptmann Kaiser Karls V. im Türkenkrieg, denn in die von ihm 1549 gestiftete Kirchenglocke wurde durch einen Irrtum seiner Frau ein Teil seiner Silberschätze – im Ausmaß der Kugel – eingeschmolzen. Das Hauptaltarbild (Taufe des Johannes) schuf der im Fleimstal überall zu findende Maler Antonio Longo (1748–1820) aus Varese.

Bei **Perà** führt das Valle del Vaioler in den Rosengarten, nach Gardeccia. Die dortigen Gipfel waren das vertraute Betätigungsfeld des großen Bergsteigers und -führers Giovanni Battista (»Tita«) Piaz. Er ruht auf dem Friedhof von Perà, ums Leben gekommen – durch einen Sturz vom Fahrrad! Perà leitet sich vom Ladinischen »Stein« ab, bezogen auf den Felsblock hinter dem Albergo Rizzi.

In **Canazei** (lad. Cianacéi) beginnen die Auffahrten zum Sellapaß und zum Pordoijoch. Wir schlagen die Richtung Pordoijoch ein. Mit zunehmender Höhe erscheint nordwestlich die Parade der Langkofelgruppe. Von rechts: Langkofel, Fünffingerspitze, Grohmannspitze, Innerkoflerturm, Plattkofel. Nördlich die Abstürze des Sass-Pordoi-Stockes. Auf dem **Pordoijoch** (siehe Tour 19) erreicht die *Große Dolomitenstraße* ihren höchsten Punkt (2239 m) und wechselt aus der Provinz Trento in die Provinz Belluno.

Als nächste Talschaft empfängt uns **Buchenstein,** ladinisch Fondom, italienisch Livinallongo. Darüber wird bei Tour 13 das wichtigste erzählt. Und hinter dem **Falzaregopaß** harrt das Ampezzanische mit dem Hauptort **Cortina d'Ampezzo** in einem weiten Talkessel der Östlichen Dolomiten. Zahlreiche Hotelpaläste und Geschäfte verleihen dem Luftkurort und Wintersportplatz, der von 1511 bis 1919 zu Österreich gehörte, städtische Akzente. Rund 7500 Einwohner. Gibt es noch eine Steigerung nach dem, was wir bisher erlebt haben? Mal sehen!

Bei der Auffahrt zum Tre-Croci-Paß rückt der Pomagagnonzug ins Blickfeld. Am **Passo Tre Croci,** zwischen Cristallo- und Sorapisgruppe, stehen am Parkplatz hinter dem Hotel drei Kreuze. Sie erinnern an eine Ampezzanerin, die hier im Jahr 1709 mit ihren zwei Kindern im Schneesturm erfror. Damals war der Weg von Cortina nach Misurina beschwerlich und gefährlich. Heute verläuft über den Paß die Staatsstraße 248. An ihr setzt der **Misurinasee** Akzente, ein typisches Hochgebirgsgewässer, westlich der Cadinigruppe, die sich im See spiegelt. Südlich schauen wir zur riesigen Felsbarriere der Sorapis. Auf dem Misurinasee fanden 1956, als Cortina d'Ampezzo Austragungsort der VII. Olympischen Winterspiele war, die Eisschnellauf-Wettbewerbe statt.

Über den nur etliche Meter über dem Wasserspiegel liegenden **Col Sant'Angelo** treten wir zur Schlußetappe durch das **Höhlensteintal** an. Sie ist ab **Schluderbach** eingehend beschrieben in Tour 10, und führt hinaus nach **Toblach** im Pustertal.

Streckenbeschreibung

Vom *Bahnhof* in **Bozen** (262 m) auf der holprigen *Rittnerstraße* zur Ampel an der Talstation der *Ritten Seilbahn.* An der Straßengabel links halten; Beschilderung »Eggental«. Durch den Stadtteil *Rentsch* und etwas später rechts, auf der *Feigenbrücke* über die *Etsch* nach **Kardaun** (290 m), ein »Tor in die Dolomiten«, hier in die 5 Kilometer lange **Eggentalschlucht.** Ihre erste Stufe stellt uns 16 Prozent entgegen. Härteste Nuß der gesamten Dolomitenstraße! Enge Passagen und schmale Tunnels erfordern Konzentration bei »breitem« Gegenverkehr durch Busse und Lkws!

Hinter **Birchabruck** (872 m) geht es bei 8 Prozent und weniger durch einen 500 Meter langen, unbeleuchteten Tunnel. Kein Luftholen in **Welschnofen** (1182 m), denn die Durchfahrt beträgt 12 Prozent, am Ortsende 10 Prozent. Dafür machen wir nach 5,5 Kilometern Rast am märchenhaften **Karersee** (1519 m). Dichter Nadelwald säumt die morgens noch schattige *Staatsstraße 241.* Oberhalb der 1600-Meter-Marke breitet sich links die Hotel- und Ferienhäusersiedlung **Karersee** aus, deren Aufschwung 1896 mit dem Bau des Grand Hotel einsetzte.

Auf dem **Karerpaß** (1752 m) zwischen Rosengarten und Latemar rollen wir ins Trentino. Südöstlich erscheinen in der Ferne kühne Gipfel der Pala, herausragend das elegante Horn des Cimon delle Pala, links davon die massige Cima Vezzana. Nach einem schwach geneigten Abschnitt nimmt das Gefälle zu. Langsamfahrt durch die im August tourismusüberladenen Orte **Vigo di Fassa** (1393 m) und **San Giovanni di Fassa** (1335 m) nach **Pozza di Fassa** (1310 m) auf der Sohle des vom Avisio durchflossenen **Fassatales.** Mäßig bergan durch das Tal, streckenweise auf Fuß- bzw. Radwegen, 10,5 Kilometer nach **Canazei** (1465 m), dem umtriebigen Hauptort des oberen Fassatales.

Im Angesicht der Pomagagnongruppe geht es von Cortina d'Ampezzo ständig aufwärts zum Tre-Croci-Paß.

Pordoijoch- und Sellapaßstraße sind zunächst identisch. Eine ausholende Schleife geht in sechs zusammenhängende Kehren über. Nach 4 Kilometern sind wir auf **Pian Frataces** (1715 m). Vom kleinen See gegenüber des Albergo Lupo Bianco bieten sich schöne Fotomotive zum scheinbar mauerglatten Piz de Ciavazes, ins Val Lasties und auf die wuchtigen 800-Meter-Wände des Sass Pordoi.

Es folgt die wichtige **Straßengabel** (1805 m). Eine Tafel verewigt einen der erfolgreichsten Radrennfahrer aller Zeiten: Fausto Coppi. Ihm sollten wir nicht unbedingt nacheifern beim Rechtsschwenk in die *Pordoijochstraße* und auf den folgenden 4,5 Kilometern zum **Passo Pordoi** (2239 m).

Hinunter nach **Arabba** (1612 m) müssen wir uns durch 33 numerierte Kehren schlängeln. Weiter mit geringerem Gefälle im *Cordevoletal* durch **Pieve di Livinallongo** (1475 m), **Andraz** (1414 m) passierend, zum Ansatz der Falzaregostraße. Vom Paß trennen uns 10,5 Kilometer, unterteilt in 17 Kehren bei maximal 8 Prozent Steigung.

Steiler – bis 11 Prozent – wird die Abfahrt vom **Falzaregopaß** (2117 m) im Banne der 800 Meter hohen Südwand der Tofana di Rozes durch Lärchenwälder und Wiesen in den größten Tourismusort der Dolomiten, **Cortina d'Ampezzo** (1227 m). Auf der ersten Brücke links über den *Boitebach*. Dann den Tafeln »Misurina/Auronzo« folgen und auf der *Via Cantore* den Talkessel verlassen: 8,

9, 10, schließlich 11 Prozent Steigung knapp 4 Kilometer zum **Ristorante Lago Scin** (1426 m). In diesem Stil gewinnen wir im Tal des *Rio Bigontina* an Höhe. Bei **Rio Geres,** der Talstation der Cristallo-Seilbahn, sind wir in 1693 Meter, in dem **Passo Tre Croci** auf 1809 Meter.

Die »Fieberkurve« der Höhendifferenzen setzt sich fort. Auf der *Staatsstraße 48* etwa 12 Prozent Gefälle zum 4 Kilometer entfernten **Bivio Dogana Vecchia** (1509 m) an der alten österreichisch/italienischen Grenze. Von dort Gegensteigung, von 12 Prozent übergehend in 8 Prozent, 2,5 Kilometer in die lange Mulde des **Lago di Misurina** (1752 m).

Der **Col Sant'Angelo** (1756 m), auch »Misurinapaß« genannt, ist gemessen an zurückliegenden Steigungen ein Klacks. Kurz danach beginnt rechts die *Drei-Zinnen-Straße* zum *Rifugio Auronzo* (2320 m, siehe Abstecher).

Für uns folgt der gemütlichste Streckenteil. Eben dahin 2 Kilometer am linken Rand des Hochtales. Voraus taucht der im Ersten Weltkrieg schwer umkämpfte Monte Piano auf. Im *Val Popena bassa* erreicht das Gefälle der *Staatsstraße 48b* streckenweise 11 Prozent und läuft im **Höhlensteintal** (1432 m) aus. Nun hält man sich an die Rückfahrt der Route 10, von der Plätzwiese über **Schluderbach** nach **Toblach** (1241 m).

Am 1752 Meter hoch gelegenen Misurinasee, ein Glanzlicht der Östlichen Dolomiten, sind die Steigungen der Radtour von Bozen nach Toblach im Pustertal bewältigt.

Nützliche Informationen

Entfernungen: Insgesamt 146 km. Bozen – Welschnofen 20 km; Welschnofen – Karerpaß 9 km; Karerpaß – Vigo di Fassa 10 km; Vigo di Fassa – Canazei 12 km; Canazei – Pordoijoch 13 km; Pordoijoch – Arabba 9 km; Arabba – Falzaregopaß 21 km; Falzaregopaß – Cortina d'Ampezzo 16 km; Cortina – Passo Tre Croci 8 km; Passo Tre Croci – Misurinasee 6,5 km; Misurinasee – Höhlensteintal 6,5 km; Höhlensteintal – Toblach 15 km.
Steigung: Rund 4000 Meter.
Unterkunft: In den Orten u. an der Strecke.
Camping: • In *Bozen-St.-Moritzing:* Moosbauer, ganzjährig, Tel. (0471) 918492, Fax 204894. • Unterwegs in *Pera di Fassa:* Soal, ganzjährig, Tel. (0462) 64519. • In *Pozza di Fassa* zwei Plätze. • In *Canazei:* Marmolada, ganzjährig, Tel. (0462) 61660. • In *Cortina d'Ampezzo* 4 Plätze. • Vor *Toblach:* Toblachersee, ganzjährig, Tel. (0474) 72294 oder 72300.
Besichtigungen: • *Bozen:* siehe Tour 34. • *Vigo di Fassa:* Kirche Santa Giuliana, Führungen im Sommer dienstags 10–12 Uhr. • *San Giovanni di Fassa:* Ladinisches Kulturinstitut, 10–12 Uhr, 15–19 Uhr, Samstag 15–19 Uhr, Sonntag geschlossen.
Abstecher: Nach dem **Misurinasee** (1752 m) auf breiter Asphaltstraße (bis 16% Steigung) 7,5 km zum **Rifugio Auronzo** (2320 m) an der südlichen Basis der Westlichen Zinne. Von dort Schottersträßchen 2 km zum **Rifugio Lavaredo** (2344 m). Abschließend steiniger Fahrweg 1,3 km in den **Paternsattel** (2454 m): prächtigster Aussichtsplatz in die Nordwände der Drei Zinnen.
Fahrradverleih: *Bozen:* Velo Sportler, Weintraubengasse 56; Sport Andreatta, Claudia-Augusta-Straße.
Auskunft: • Tourismusverein, I-39100 Bozen, Tel. (0471) 970660, Fax 980300. • Azienda Autonoma di Soggiorno e Turismo, I-38039 Vigo di Fassa, Tel. (0462) 64093, Fax 64877. • Azienda Autonoma di Soggiorno e Turismo, I-32020 Arabba, Tel. (0436) 79130, Fax 79300. • Azienda Autonoma di Soggiorno e Turismo, I-32043 Cortina d'Ampezzo, Tel. (0436) 440004.

36 Südtiroler Weinstraße

Durch das weinselige Überetsch

Tourencharakter: Im Stadtgebiet von Bozen sowie zwischen St. Michael und Tramin meist starker Verkehr. Steigungen (bis 10%) und Gefälle zwischen Etschbrücke bei Sigmundskron und Entiklar.
Rückkehr nach Bozen von Salurn entweder mit der Eisenbahn oder – idealer – wie bei Tour 40 beschrieben; 36 km.
Länge der Tour: 44 km.

Südwestlich von **Bozen** (siehe Tour 34) erstreckt sich das mediterran akzentuierte, eine Grundstimmung voller Lebenslust ausstrahlende **Überetsch,** wie der Name schon sagt, über der Etsch, rund 200 Meter höher als ihre Talsohle. Es sind bukolische Gefilde, Signale des Südens unter einem heiteren Himmel. Obst, Trauben und Edelkastanien werden in ihrem Gedeihen durch das milde, niederschlagsarme Klima begünstigt und bilden mit eingestreuten zauberhaften Dörfern in alten, manchmal schon zerschlissenen Brokatfalten sowie der Barriere des Mendelkammes die charakteristische Landschaftskomposition. Zahlreiche Häuserfronten sind gekennzeichnet vom sogenannten »Überetscher Stil«, einer schwerfällig erscheinenden und trotzdem eleganten Sonderform der Renaissance, wobei aber auch die Spätgotik nachwirkt. Das Gebiet darf sich einer vielfältigen geschichtlichen Vergangenheit rühmen: Schon Kelten und Illyrer wußten seine Vorzüge zu schätzen. Ab der Mitte des 6. Jahrhunderts siedelten sich Bajuwaren an, deren Sprache lebendig blieb. Wohlhabende Herrschaften bevorzugten das Überetsch seit Menschengedenken: Allein zum Gemeindegebiet Eppan gehören 137 Burgen, Schlösser und Ansitze: Adelsparadies Südtirols! Ein Beispiel stellt das *Schloß Moos-Schulthaus* dar, westlich von **St. Michael,** droben im Ortsteil Pigeno, von Weingärten umgeben. Der Wohnturm verrät ein ehrwürdiges Alter – 750 Jahre, errichtet durch das aus dem Unterinntal zugewanderte Geschlecht der Rottenburger, die u.a. auch auf der Leuchtenburg über dem Kalterer See saßen und ab 1286 das Gericht Kaltern innehatten. Es folgten andere Geschlechter. Im frühen 17. Jahrhundert kam Moos an den Eppaner Juristen Dr. Wilhelm von Lanser, nach dessen Tod 1617 an seine lebenslustige Tochter Salome. Rauschende Feste seien gefeiert worden. Nicht umsonst kursierte in »Michl«, wie St. Michael kurz genannt wird, über Verschwender der Spruch: »Er lebt wie der Lanser im Moos.« Nach Zeiten nachlässiger Behandlung erwarb der Bozener Kaufmann und Kunstmäzen Walther Amonn 1956 die Anlage und ließ sie schonend restaurieren. Dabei stieß man unter der Kalktünche auf qualitätsvolle, ungewöhnlich originelle Fresken. Seit Mai 1985 ist Moos-Schulthaus für die Öffentlichkeit als Museum des mittelalterlichen Lebens zugänglich.

Als Herzkammer des Überetsch gilt **Eppan,** eine Großgemeinde, bestehend aus mehreren Fraktionen auf einer Fläche von 59,69 km^2, wo rund 11152 Menschen leben. Man ist mit gutem Recht stolz auf die 40 Millionen Doppelzentner Obst der durchschnittlichen Jahresproduktion, aber insgeheim noch mehr auf die 14,5 Millionen Liter Wein. Davon entfallen 80 Prozent auf »Roten«, hauptsächlich aus der Vernatschrebe gekeltert, deren Trauben von Mitte September bis Mitte Oktober ihre volle Reife erhalten. Eine Rarität: der »Weiße« aus Weißburgundertrauben, der »Strahler«, wie ihn die Weinbauern nennen. Apropos Raritäten: Dazu gehört mittlerweile auch der Speck. Was in den Geschäften, Gasthöfen und Jausenstationen üblicherweise angeboten wird, ist ein in Fabriken hergestelltes Produkt. Versuchen Sie einmal, um den Unterschied gegenüber der Massenware zu schmecken, den Speck vom Metzger Franz Windegger beim Hauptplatz in St. Michael!

Zum generellen Inbegriff der Weinseligkeit in Südtirol hat sich **Kaltern** entwickelt, unterstützt vom vorzüglichen Ruf des Kalterer Sees. »Vinum de Caldario« lesen wir erstmals in einer Urkunde von 1220, indes dürfte der »Kalterer« wenigstens tausend Jahre älter sein, denn die Besiedelung durch

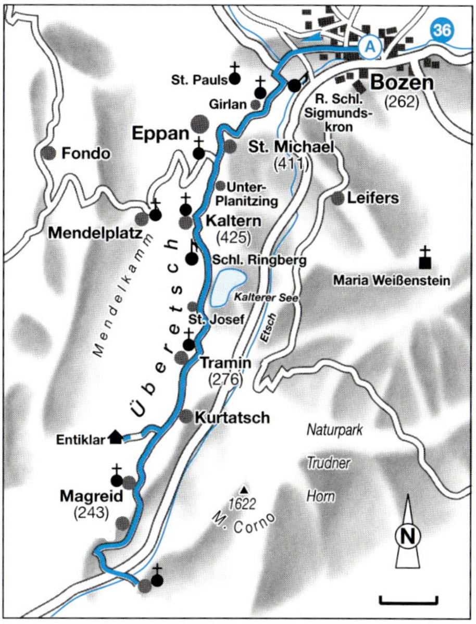

Römer setzte während der Mitte des ersten nachchristlichen Jahrhunderts ein. Wie in Eppan überwiegt auch hier der »Vernatsch«: granatrot, samtweich mit einem zarten Hauch von Mandelgeschmack. Allerdings: Was unter dem Etikett »Kalterer See« verkauft wird, muß nicht am See gewachsen sein! Lehrreiches vermittelt das *Südtiroler Weinmuseum* im Zentrum. Probieren können Sie den »Kalterer« im *Drescherkeller,* im *Rottenburgerkeller,* im *Ebenheimkeller,* im *Schloßkeller,* im *Torgglkeller,* den leutseligsten Schenken. Die Popularität Kalterns führte zu Verhältnissen, wie sie das an sich reizende Städtchen wahrlich nicht verdient hat, von der jedoch die Geschäftsleute profitieren. Während der Ferienmonate, an Wochenenden, im Spätherbst beim Törggelen, des Verkostens des »Nuien«, des gerade ausgegorenen neuen Weines, wälzen sich Unmengen von Besuchern durch die Hauptstraße, bedrängt vom Verkehr, den Einbahn-Regelung und neue Parkplätze außerhalb kaum abschwächen konnten. Doch »Fluchtwinkel« gibt es noch genug, abseits in pittoresken Gäßchen. Der klassizistische Stil der *Pfarrkirche Maria Himmelfahrt* ist für das Überetsch ein Unikat, ebenso der gotische »Campanile«, der freistehende Glockenturm. Der barocke Hochaltar besteht aus buntem Marmor, gekrönt in Volutenrahmung von dem 1744 gemalten Rosenkranzbild, einer Schöpfung des Cavalesers Michelangelo Unterperger. Ein Werk des Tirolers Joseph Schöpf sind die 1792/93 entstandenen Deckengemälde im Chor (Marienkrönung, Patriarchen, Propheten), im Langhaus (Martyrium des hl. Vigilius) und am Triumphbogen. Damit verließ der Meister, ein Schüler Martin Knollers, das Frühklassizismus-Konzept der Gesamtanlage und folgte dem Tiroler Barock.

In **Tramin** hat man ein klein wenig Abstand gewonnen von der Hektik trotz klangvollem Namen des »Weintempels«. Über »Tramingum« hören wir 1484 von dem in das Heilige Land pilgernden Pater Felix Faber, daß der Ort »groß« ist, »und rings um ihn gedeihen feine Weine, die man nach Schwaben ausführt und Traminger nennt«. Meinte der Dominikaner den »Gewürztraminer«? Mit seinen Trauben sind nur zwei Prozent der Südtiroler Rebfläche besetzt. Etwas ganz Besonderes also – aromatisch, voller Rasse, würzig. Sie müssen ihn selbst kosten, vielleicht in einer der Probierstuben im Dorf. Beim *Rathausplatz* versteckt sich in einem ehemaligen Kleinbauernhaus das *Dorfmuseum.* »Herr im Hause« ist der Turm der *Pfarrkirche Quiricus und Julitta*: 83,5 Meter, höchster gemauerter Kirchturm Tirols. Meisterwerke im Gotteshaus sind neben dem 1789 entstandenen Altarbild (»Quiricus und Julitta verehren die Gottesmutter«) Martin Knollers die Chorfresken des 15. Jahrhunderts. An der rechten Seitenwand, unterhalb des »Weltgerichtes«, die makabre Darstellung der Legende der Patrone: Im Obergeschoß eines Gebäudes hält ein heidnischer Richter den dreijährigen Sohn Quiricus auf dem Schoße, der zu seiner Mutter Julitta drängt. Erzürnt wirft der Richter das Kind über die Stiegen (links), wo es auf der untersten Stufe tot liegt. Im rechten Teil ist oben die Geißelung der Julitta dargestellt, darunter ihre Folterung; Schergen ziehen die Haut ab. Schließlich wird sie (rechts) enthauptet. Bedeutungsvoller werten Experten das hochgelegene, romanisch-gotische *Kirchlein St. Jakob* in Kastelaz bzw. die Apsisfresken aus der zweiten Hälfte des 13. Jahrhunderts, in erster Linie die miteinander kämpfenden Fabelwesen; Kirchenschlüssel im Haus nebenan. Alle zwei Jahre (1997, 1999) zieht am Fastnachts-Dienstag der »Egetmann« durch Tramin: skurriler, von den Mitwirkenden derb inszenierter Hochzeitszug des »Egetmannhansl«, einer Strohpuppe mit schwarzem Rock, Zylinder und weißen Handschuhen, in einer Kutsche fahrend.

Hinter Tramin empfängt uns der eigentliche Süden Südtirols. Die Ortschaften **Kurtatsch** und **Margreid** lehnen an den Hängen des Mendelkammes und schlummern – touristisch betrachtet – im Dornröschenschlaf. Wohltuende Ruhe! Viele der einstigen Häuser adeliger Familien sind als solche kaum mehr erkenntlich – im Gegensatz zu **Entiklar,** hervorgegangen aus dem mittelalterlichen Turm im Südtrakt des Ansitzes.

Der mühelose Ausklang unserer Radtour läßt Freiraum für Erinnerungen, zaubert Gedanken hervor, fördert einen weiten Gesichtskreis, dessen Höhen die *Salurner Klause* wie ein Paukenschlag unterbricht. In ihrem Schatten liegt **Salurn,** das bei Tour 40 ausführlich vorgestellt wird, mit Schwerpunkt *Haderburg.*

Streckenbeschreibung

Vom *Bahnhof* in **Bozen** (262 m) westlich zum *Verdiplatz* und halbrechts in die *Marconistraße.* Gelbe, schwarz beschriftete Schilder künden bereits die »Südtiroler Weinstraße/Strada del Vino« an. Auf der Loretobrücke über die aus dem Sarntal fließende *Talfer;* sie mündet ein Stück unterhalb in den Eisack. Weiter durch die von Pappeln gebildete *Drususallee.* Nach der *Agip-Tankstelle* geht es mit dem Ampel-Rückstau links. Hier beginnt die **Südtiroler Weinstraße.** Vorerst herrscht noch unangenehmer Verkehr. Im Vorblick erscheint Sigmundskron. Beiderseits der Straße große Lagerhäuser der Obstgenossenschaften. Es folgen ein beschrankter Bahnübergang und die *Etschbrücke.* Wenig später, 6 Kilometer vom Bahnhof, wendet sich die *Weinstraße* ansteigend nach links. Der Verkehr läßt nach! Eine blaue Tafel verrät die Entfernungen zu den Orten an der Weinstraße. Gleich nach einer Linkskurve zweigt links das Teer-

Kaum woanders entlang der Südtiroler Weinstraße erlebt man eine »Jausn« romantischer als im Ansitz Entiklar mit seinen Eigenbauweinen.

sträßchen (1 km) ab, zuletzt steil durch das Tor in den unteren Hof der **Burgruine Sigmundskron** und zur *Gaststätte.* Sie wird seit 1977 von der Familie Dösel aus Bad Reichenhall vorzüglich betrieben; Montag Ruhetag. Leider kann die wehrhafte Oberburg vorläufig nicht besichtigt werden!

Auf der *Weinstraße* hält die Steigung (ca. 8%) an. Den Vorblick füllt der Mendelkamm mit dem markanten Gantkofel aus. Links der Straße stehen die Gebäude der *Weinkellerei Schreckbichl,* eine der umsatzstärksten Südtirols.

In **Girlan** (434 m) ist die erste Steigung geschafft. Wir schlängeln uns durch die Gäßchen des im Kern urtümlichen Weindorfes. Abwärts zur Ampelkreuzung – links die Genossenschaftskellerei – und geradeaus ins Zentrum von **St. Michael** (411 m): Hauptort der aus mehreren Fraktionen bestehenden Gemeinde **Eppan.**

Vom Dorfplatz links und den Ort auf schmaler, häufig überlasteter Ausfahrt verlassen. Nach 1,5 Kilometern fädeln wir uns vor dem *Restaurant Kreuzwegerhof* rechts wieder in die *Weinstraße* ein; auf der linken Seite ein Radweg. Sie passiert das malerische Ensemble von **Unterplanitzing** (405 m). Mäßiges Auf und Ab leitet an den Ortsanfang von Kaltern, wo sich die Kellereien reihen. Wir nehmen die zweite Rechtsabzweigung (Bahnhofstraße) und kommen direkt zum Hauptplatz in **Kaltern** (425 m).

Entsprechend der »Einbahn« verabschieden wir uns durch die *Trutschstraße.* Steil abwärts zur Umgehungsstraße. Da tritt der tiefblaue Spiegel des *Kalterer Sees* ins Blickfeld, überragt von der Ruine der Leuchtenburg. Rechts der Straße der herrschaftliche *Ansitz Ringberg,* ein gutes Speiserestaurant. Im Nobel-Hotel *Seeleiten* bei der Häusergruppe **St. Josef** (228 m) weilte schon die deutsche Fußball-Nationalmannschaft. Eben dahin mit langgezogenen Kurven. Erschrecken, wenn zum wiederholten Male ein Auto mit BZ-Nummer daherrast! Das hochgelegene Kirchlein St. Jakob in Kastellaz erscheint unübersehbar im Vorblick. Hinauf nach **Tramin** (276 m), das heißt vollends hoch zum *Kirchplatz,* denn die mit Ampeln bestückte Durchgangsstraße vermittelt ein Zerrbild des Weindorfes.

Am Ortsende steht rechts der Straße das gotische **St. Valentin.** Früher war die Kirche von Weinbergen umgeben, bis im 17. Jahrhundert ein Pestfriedhof geschaffen und 1797 der Friedhof aus dem Zentrum hierher verlegt wurde. An der linken Straßenseite bietet die Holzbude der *Schotter-Bar* gegrillten Schnell-Imbiß. Rechts oberhalb der Straße liegt auf einer kleinen Terrasse das Weindorf *Kurtatsch* (333 m).

Genau 2 Kilometer nach der Schotter-Bar zeigt rechts bei einem Bildstock ein Schild »Entiklar«. Das ist mein Vorschlag für eine zünftige, stilgerechte Einkehr, auch wenn es zum romantischen, efeuumrankten **Ansitz Entiklar** (256 m, Sonntag geschlossen) 300 Meter steil bergauf geht. An schönen Tagen sitzt man an Holztischen im Freien unter schattenspendenden Bäumen, sonst in den mittelalterlichen Gewölben der Oswaldstube oder des Wolkensteinkellers. Die Familie Tiefenbrunner schenkt ihre eigenen, vielfach prämierten Weine aus zum »Jausnbrettl« mit Speck, Salami, Kaminwurz oder Käse.

Anschließend abwärts bzw. rechtshaltend entlang der gemauerten Bachrinne – im Vorblick die Madrutwand – zur Weinstraße und rechts nach **Margreid** (243 km), das den Reigen der Rebenoasen fortsetzt, allerdings auch intensiv Obst anbaut. Ähnliches gilt für das 3 Kilometer entfernte, wie eine Insel auf dem Talboden liegende **Kurtinig** (212 m). Es ist die südlichste deutsche Ortschaft rechts der Etsch. Im ansprechenden Dorfkern links halten, durch die Eisenbahnunterführung und danach tischeben parallel zur Autobahn in Richtung der Salurner Klause. Beim Bahnhof links und ins Zentrum von **Salurn** (224 m).

Nützliche Informationen

Entfernungen: Insgesamt 44 km. Bozen – Girlan 11 km; Girlan – St. Michael 3 km; St. Michael – Kaltern 5,5 km; Kaltern – Tramin 9,5 km; Tramin – Entiklar 5,5 km; Entiklar – Margreid 2 km; Margreid – Salurn 7,5 km.
Steigung: Etwa 250 Meter.
Besichtigungen: • *Bozen,* siehe Tour 34.
• *Eppan-St.-Michael:* Schloß Moos-Schulthaus, Führungen Ostern bis Allerheiligen außer Montag 10, 11, 16, 17 Uhr.

• *Kaltern:* Südtiroler Weinmuseum, Ostern bis Allerheiligen außer Montag 9.30–12 Uhr, 14–18 Uhr, Sonn- und Feiertage 10–12 Uhr. • *Tramin:* Dorfmuseum, April bis November Dienstag bis Freitag 10–11 Uhr, 16–18 Uhr.
Unterkunft: In Bozen sowie an der Strecke.
Camping: • *Bozen-St. Moritzing:* Moosbauer, ganzjährig, Tel. (0471) 918492, Fax 204894. • *Bei Kaltern:* Gretl am See, 19.3.–2.11., Tel. (0471) 960244, Fax 960011; St. Josef am See, 1.4.–3.11., Tel. (0471) 960170.
Fahrradverleih: • *Bozen:* Velo-Sport, Weintraubengasse 56. Sport Andreatta, Claudia-Augusta-Straße. Kostenlose Normal-Fahrräder (bis 4 Std.) der Gemeinde, Bahnhofsallee. • *Kaltern:* Sport Clazzer; Hotel Thalhof (St. Josef am See).
Auskunft: • Tourismusverein, I-39100 Bozen, Tel. (0471) 970660, Fax 980300.
• Tourismusverein, I-39057 Eppan, Tel. (0471) 662206, Fax 663546.
• Tourismusverein, I-39052 Kaltern, Tel. (0471) 963169, Fax 963469.
• Touristik Komitee Der Süden Südtirols, I-39044 Neumarkt, Tel. (0471) 812373, Fax 820453.

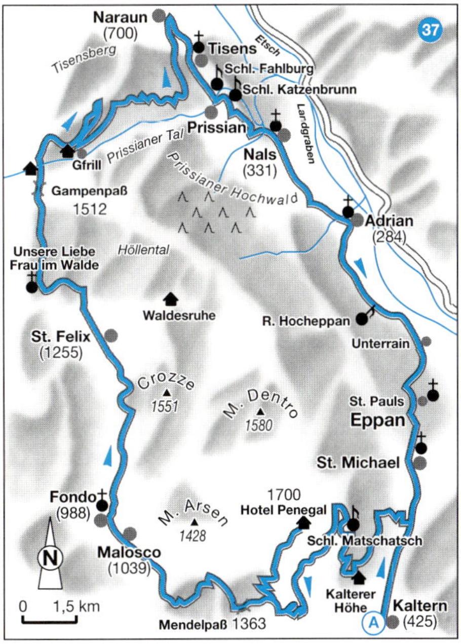

37 Mendelpaß und Gampenpaß

In die »Teutschgegent« am Nonsberg

Tourencharakter: Außerhalb der Sommerferien wenig Verkehr. Maximalsteigungen zum Mendelpaß 10%, auf den Penegal 18%, am Gampenpaß 8%. Die gesamte Rundfahrt ist nur von Trainierten an einem Tag zu schaffen!
Erleichterung: Ab dem Kalterer Ortsteil St. Anton (510 m) mit der Mendelbahn zur Bergstation (1364 m) unweit des Passes; erste Fahrt 7 Uhr, eigene Fahrradkarte lösen.
Die Tour kann in jedem Ort an der Strecke begonnen werden!
Länge der Tour: 89 km.

Vom **Überetsch,** der Landschaft voller Genußfreuden und Lebenslust um Eppan und Kaltern, ist der **Mendelpaß** zusammen mit dem **Penegal** die schärfste Herausforderung für leistungshungrige Radfahrer: rund 1300 Höhenmeter. Um das Jahr 1600 war der Zugang in den Mendelpaß noch ein »böser und steiler Weg«. Die Mendelstraße erfuhr erst Ende des 19. Jahrhunderts einen Ausbau, für militärische Zwecke. Inzwischen ist sie eine gewöhnliche Paßstraße, allerdings im oberen Teil mit extrem scharfen Haarnadelkurven und etlichen Engstellen am Steilfels. Eine Alternative vermittelt die 1903 nach vierzehnmonatiger Bauzeit in Betrieb genommene Mendelbahn ab Kaltern-St.-Anton, denn sie befördert auch Fahrräder. Über solche Angebote können Sportler nur verächtlich lächeln! Für sie zählt einfach die Kraft in den Beinen und eine leichte »Maschine« oder ein dementsprechendes Mountainbike. Und es zählt in der Regel alleine das Erreichen des Penegal. Kein Wunder: Wo immer man sich auch befindet im Überetsch: Mendelkamm und Penegal ziehen die Blicke wie magnetisch an. Diese wuchtige Barriere, Schutz vor schlechtem Westwetter, bildet einen harten Kontrast zu den Obst-

Der Penegal vermittelt ein weitgreifendes 360-Grad-Panorama. Hier der Ausschnitt nordwestlich zu den Vinschgauer Bergen.

und Weingärten an ihrer Basis, von der Mischwälder zum blanken Mendeldolomitfels hochziehen. Von dort oben einmal in die Welt schauen, von besagtem Penegal, einem der reizvollsten Südtiroler Balkone! Überwältigendes Panorama vom Aussichtsturm auf der Kuppe über dem *Hotel Facchin!* Und wenn man vom Hotel an das hölzerne Geländer tritt, fasziniert der schwindelnde Blick in die Tiefe. Wie eh und je entragen den Ortschaften die Kirchtürme, den Kalterer See umschlingt ein Rebenkranz. Doch über Bozen stören Smogwolken. Bei Ostwind dringt das Summen des Verkehrs auf der Südtiroler Weinstraße zur Höhe. Neubaugebiete drängen in Kulturflächen.

Jenseits der »Mendel«, dem italienischen Passo della Méndola, kommen wir in die trentinische, fächerförmig von Bergen gesäumte **Alta Anaunia – Nonsberg.** Hauptort bzw. Sitz der Comunità dell'Alta Anaunia ist das im Kern altertümliche **Fondo,** wo 1188 die erste Pfarre Erwähnung findet.

Ab 1265 bis zum Ende des Ersten Weltkriegs gehörte der gesamte Nonsberg zu Tirol. Danach blieb der nördlichste Teil bei Südtirol: Deutsch-Nonsberg, besiedelt im 7. Jahrhundert von Bajuwaren. Sie rodeten und kultivierten die »Teutschgegent am Nonsberg«, wie es im 13. Jahrhundert hieß. Die »Deutschen Gemeinden« – St. Felix, Unsere Liebe Frau im Walde, Laurein, Proveis – waren für die Tiroler Grafen gewissermaßen Wall gegen italienische Zuwanderung über den Gampenpaß. **St. Felix** und **Unsere Liebe Frau im Walde,** zusammen eine Gemeinde mit 718 Einwohnern, werden von der Radtour berührt. Wenn Sie zufällig am letzten Augustsonntag den »Gampen« hochstrampeln, lohnt sich der kurze Abstecher zum Felixer Kirchtag und Dorffest. **Unsere Liebe Frau im Walde** soll die älteste

Blick vom Belvedere auf Malosco (rechts) und Fondo (links), dem Hauptort der Provinz Nonsberg jenseits des Mendelpasses.

Siedlung des Deutsch-Nonsberg sein. Bereits 1184 betreute ein Kloster ein kleines Hospiz für Reisende über den Paß, dessen Trasse bis 1939 durch den Ort verlief. Die neue Straße rückte das Dörfchen ins Abseits. Schon früher war die Wallfahrt zu dem Mitte des 15. Jahrhunderts aus Gußmasse geformten Gnadenbild – Maria mit dem Kinde – im verglasten Rokokoschrein des Hauptaltares in Vergessenheit geraten.

Mit dem Erreichen des **Gampenpasses** sind die nennenswerten Steigungen geschafft. Die Abfahrt bis **Naraun** und das **Tisenser Mittelgebirge** (siehe Tour 32) vermitteln optisches Erleben. Auf dem Etschtalboden, durch **Nals** und **Andrian,** holen wir dann Schwung für die letzte Bergstrecke hinauf nach **St. Pauls** (siehe Tour 33). Die letzten 8 Kilometer über **St. Michael** nach **Kaltern** sind nur mehr ein »Katzensprung«.

Streckenbeschreibung

Vom *Hauptplatz* in **Kaltern** (425 m) durch die Fußgängerzone hinauf zum *Rottenburger Platz.* Rechts davon noch kurz bergan – Beschilderung »Bozen« – und abwärts auf der *Maria-Theresien-Straße* zur *Südtiroler Weinstraße,* die beim putzigen Restaurant Herrenhof erreicht wird.

Zunächst bleibt es bei »Richtung Bozen«. Vorbei an den Weinkellereien am *Bahnhofsplatz;* Mittwoch-Vormittag Krämermarkt. Wir passieren die malerische Häusergruppe **Unterplanitzing** (434 m). Nach insgesamt knapp 4 Kilometern, beim *Mode-Markt* (405 m), erwartet uns links die Auffahrt zur »Mendel«. Erste Höhenmarke: »500«. Zwei Kilometer weiter, beim **Restaurant Kalterer Höhe,** wo die direkte Zufahrt mündet, haben wir 170 Höhenmeter dazugewonnen.

Laubwald – vorwiegend Eichen und Kastanien – begleitet die Straße. *Matschatsch* (881 m) bleibt zurück. Nach 4 Kilometern ist die Trasse aus den senkrechten Felsen gesprengt und erstmals weitumfassend aussichtsreich. »9 Kehren« verkündet ein Schild. Bis zum Paß! Doch die haben es in sich: 10 Prozent ab Kehre 7, enge Kurvenradien.

Mit dem Erreichen des **Mendelpasses** (1363 m) sind wir in der Provinz Trient/Trento. Vom Scheitel 300 Meter weiter, worauf rechts die schlecht asphaltierte **Penegalstraße** abzweigt: anfangs 12 Prozent, danach auf eine Länge von 300 Metern sogar 18 Prozent. Und nach einem »Flachstück« (10%) nochmals 17 Prozent, ehe die Steigung wieder auf 12 Prozent zurückgeht. Endpunkt: *Hotel Facchin* (1700 m) unterhalb der Kuppe des **Penegal** (1737 m).

Wieder auf der **Mendelstraße,** geht es abwärts durch lichte Lärchenwälder mit Hotels und Ferienhäusern, etwa 6 Kilometer. Dann rechts (nicht links der Beschilderung folgen!) und kopfsteingepflastert durch die Sträßchen der Ortschaft **Malosco** (1039 m), über die im Mittelalter eine Burg wachte, in das umtriebige **Fondo** (988 m).

Wir orientieren uns wieder an Hinweistafeln »Merano/Passo Palade«. Die Gegensteigung bleibt naturgemäß nicht aus. Durch einen Tunnel (140 m). Entlang der Straße hat die Provinz mustergültige Rastplätze angelegt. Die Ortschaft *Tret* (1160 m) wird am oberen Rande berührt. **St. Felix** (1255 m) bleibt links unterhalb der Straße liegen, am alten Saumweg zum Gampenpaß, ebenso wie **Unsere Liebe Frau im Walde.** Einkehr an der Straße bietet das *Restaurant Pfitscher.* Einen Kilometer danach zeigt sich unverhofft die Laugenspitze (Gipfelkreuz). Und nach 3 Kilometern haben wir den **Gampenpaß** (1520 m, Gasthaus) gewonnen.

Die Nordrampe senkt sich in das Etschtal, durchmißt die bewaldeten Flanken des *Prissianer Tales.* Beim *Gasthaus Gfriller Hof* sieht man schwach südöstlich das hornähnliche Haupt des Gantkofels. Bozen wird sichtbar. Das Aussichtsplätzchen rechts der Straße bei einem hölzernen Wetterkreuz lädt zu optischem Genießen ein.

Gegenüber der Tankstelle in **Naraun** (700 m) biegt man rechts ab und ist nach 1,5 Kilometern in **Tisens** (635 m). Es folgt das enggassige **Prissian** (617 m). Vorbei an der *Fahlburg* und dem gutbürgerlichen *Gasthof zum Mohren.* Die bedachte Holzbrücke bringt uns über den *Prissianer Bach.* Aufpassen! Gleich nach dem Martinskirchlein steht links das *Schloß Katzenzungen* (620 m).

Ein Gefälle von 14 Prozent führt, vorbei am *Nalserbacher Weinkeller,* der ab 16 Uhr ausschenkt, in das Wein- und Obstbauerndorf **Nals** (331 m). Anschließend hält man sich an die Schilder »Andrian/Eppan«. Damit sind wir auf der Etschtalsohle. Zu Füßen steiler Waldhänge und am Rande eines Meeres von Obstbäumen zieht das kaum befahrene Sträßchen nach **Andrian** (284 m). Auf dem Platz vor der *Weinstube Sichelburg* nicht links (Wegweiser »Eppan«), sondern geradeaus und mit der *Wolfsthurnstraße* weiter, bis links die *Eppaner Straße* abzweigt. Halbrechts vorne erscheinen die Burgruine Hocheppan und der »Kreidenturm«. Durch die Ende des 19. Jahrhunderts kultivierten »Möser« zur Häusergruppe **Unterrain** (247 m). An der Straßengabel rechts, nun wieder spürbar bergan, geradeaus und zunehmend steiler, zuletzt mittels zweier Kehren an der *Pizzeria Vajolet* in die malerische Ortseinfahrt von **St. Pauls** (394 m).

Auf dem *Kirchplatz* geradeaus und nach **St. Michael** (411 m), dem Hauptort der Großgemeinde Eppan. Kurz vor dem Hauptplatz, rechts, verkauft Franz Windegger den nach Empfinden des Autors besten Metzgerspeck weit und breit.

Geradeaus auf der schmalen, häufig mit Autos vollgestopften Ortsausfahrt. Nach 1,5 Kilometern fädeln wir uns vor dem Restaurant Kreuzwegerhof rechts in die *Südtiroler Weinstraße* ein (oder nehmen auf der linken Seite den Radweg) und lassen uns vom Verkehr nach **Kaltern** (425 m) treiben.

Nützliche Informationen

Entfernungen: Insgesamt 89 km. Kaltern – Kalterer Höhe 8 km; Kalterer Höhe – Mendelpaß 10,5 km; Mendelpaß – Penegal 4,5 km; Penegal – Fondo 12 km; Fondo – Gampenpaß 15 km; Gampenpaß – Tisens 16,5 km; Tisens – Nals 4,5 km; Nals – Andrian 3,5 km; Andrian – St. Pauls 7 km; St. Pauls – St. Michael 2 km; St. Michael – Kaltern 5,5 km.
Steigung: Etwa 2100 Meter.
Unterkunft: In den Orten sowie an der Strecke.
Camping: Bei *Kaltern:* Gretl am See, 19.3.–2.11., Tel. (0471) 960244, Fax 960011; St. Josef am See, 1.4.–3.11., Tel. (0471) 960170.
Besichtigung: *Kaltern,* siehe Tour 36.
Fahrradverleih: *Kaltern:* Sport Clazzer; Hotel Thalhof (St. Josef am See).
Auskunft: • Tourismusverein, I-39052 Kaltern, Tel. (0471) 963169, Fax 963469. • Tourismusverein Unsere Liebe Frau im Walde/St. Felix, Tel. (0463) 886220, Fax 886313. • Tourismusverein, I-39010 Tisens, Tel. (0473) 90822, Fax 91010. • Tourismusverein, I-39010 Nals, Tel. (0471) 678619, Fax 678141. • Tourismusverein, I-39057 Eppan, Tel. (0471) 662206, Fax 663546.

38 Um den Kalterer See

Radeln und Baden

Tourencharakter: Ausgenommen die Straße Kalterer See – Kaltern wenig befahrene Strecke. Steigungen bis 8% von Kaltern (425 m) nach Altenburg (614 m) sowie vom Kalterer See bis 9% nach Kaltern.
Länge der Tour: 25 km.

Nirgendwo anders spürt man eindringlicher die Erlebnisqualitäten des Radfahrens und des Weines. Der herrlichste, für Radler erreichbare First im Nahbereich des Kalterer Sees liegt auf einer dem Mendelkamm vorgesetzten Mittelgebirgsterrasse südwestlich von **Kaltern** (siehe Tour 36) bei den Häusern von **Altenburg.** Es ist der ehemalige Burgplatz, zu dem es links an der Kirche vorbei nur etliche Meter sind. Da leuchtet er uns zu Füßen wie ein riesiger Edelstein, hingebreitet in einem Kranz von Reben, der Kalterer See: Oberfläche 140 Hektar, zwei Kilometer lang, bis eineinhalb Kilometer breit, größte Tiefe sieben Meter. Er stellt für den Süden Südtirols die meistbesuchte Landschaftsattraktion dar. Hoch über dem See sitzt die Ruine der um 1200 erbauten Leuchtenburg wie eine Laterne auf dem Rücken des Mitterberges, der das Überetsch vom Etschtal trennt. Im Wasser tummeln sich Hechte, Karpfen, Äschen, Forellen und Aale. Das sat-

Über dem Kalterer See bäumt sich gewaltig der Mendelkamm auf, unterbrochen vom Mendelpaß; rechts der Penegal.

te Blau wird durchpflügt von bunten Surfsegeln, die die »Ora« jagt, ein Südwind, der, wenn er einsetzt, von Mittag bis Sonnenuntergang anhält und an heißen Tagen eine erfrischende Brise bringt. Hauptprobleme des Sees sind die natürliche Verlandung durch das Vordringen des südlichen Schilfgürtels und das üppige, infolge Übersäuerung durch Schadstoffe rasche Wachstum der Unterwasservegetation, dem von Zeit zu Zeit ein Mähboot Einhalt gebietet.

Mit diesen Eindrücken und Informationen machen wir uns an die Weiterfahrt, nicht ohne vorher einen Blick auf die gotische *Vigiliuskirche* zu werfen. Das Außenfresko an der Westseite zeigt die hl. Kummernus als bärtige Figur am Kreuz. Diesen Bart habe ihr Gott wachsen lassen als Schutz vor lüsternen Männerblicken.

Bei der Steilabfahrt in die **»Söll«** streifen wir das 1260 erstmals erwähnte Kirchlein *St. Mauritius.* Ihr 1987 restauriertes Kreuzigungsfresko (mit hl. Vigilius) wird in die Zeit um 1370 datiert und gefällt vor allem durch die ausdrucksstarken Köpfe. Noch mehr Kunstgenüsse hält **Tramin** (siehe Tour 36) parat. Dem folgt profanes Schwelgen, vielleicht beim »Gewürztraminer«, in wogenden Obstgärten, am oder im **Kalterer See.**

Streckenbeschreibung

Vom *Hauptplatz* in **Kaltern** (425 m) das Fahrrad schiebend hinauf zum *Rottenburger Platz* vor die *Franziskanerkirche St. Claudia,* einer Schenkung der Landesfürstin Claudia von Medici 1639 an den Bettelorden. Entsprechend den Einbahntafeln kurz links, dann rechts (Mendelstraße), bis links der *Maria-von-Mörl-Weg* abzweigt. Er leitet 250 Meter zur breiten Europastraße. Auf ihr rechts. Vorerst begleiten uns Pensionen, Hotels, Privathäuser. An der Gabelung links Richtung Altenburg, die Sportzone passieren. Es folgt eine Flachstück, etwa 1,5 Kilometer. Dann, im Waldschatten, die letzte Steigung nach **Altenburg** (614 m), genau gesagt am *Gasthof Sonneghof* links zur *Kirche* und zum *Balkon* über dem Kalterer See.

Bei der Wirtschaft *Altenburger Hof* geht es links. Nach 1,5 Kilometern fällt das Teersträßchen steil im Wald 400 Meter ab, schätzungsweise 18 Prozent, holprig mit engen Kurven, in die **»Söll«**, eine hochgelegene Fraktion von Tramin. Gleiches gilt für Kastellaz, das uns sein interessantes romanisches Kirchlein St. Jakob auf Distanz präsentiert.

Aus der Dorfmitte von **Tramin** (276 m) zur Durchgangsstraße. Links, nach der Ampel am Ortsausgang rechts, Richtung »Auer«, und durch die Obstgärten bis an die Porphyrfelsen des Mitterberges. Beim *Innerhof* scharf links; Hinweis »Klughammer«. Wir machen einen Bogen um das streng bewachte Munitionsdepot der »Alpini«. So gut wie kein Verkehr! Bald schimmert links zwischen den Bäumen durch der Kalterer See. Wo rechts die Straße von Laimburg mündet, fährt man spitzwinkelig links in den *Seerundweg.* Die Linksabzweigung zum Seehotel Ambach wird nicht beachtet. Nach 600 Metern links. In der Rechtskurve geradeaus, mit dem Wanderweg Nr. 3 noch 1 Kilometer zu den Gasthöfen, Hotels und Badeplätzen am **Kalterer See** (214 m).

Mit Einbahnregelung am *Restaurant Seegarten* vorbei und zur *Südtiroler Weinstraße.* Rechts weiter bergan, vorerst maximal 8 Prozent, wobei man das noble *Restaurant Ringberg* im gleichnamigen Ansitz passiert. Drei Kilometer nach dem See biegt man links ein in die steiler nach **Kaltern** (425 m) hochführende Straße.

Nützliche Informationen

Entfernungen: Insgesamt knapp 25 km. Kaltern – Altenburg 6,5 km; Altenburg – Tramin 3,5 km; Tramin – Kalterer See 10 km; See – Kaltern 4,5 km.
Steigung: 400 Meter.
Unterkunft: In den Orten und an der Strecke.
Camping: *Kaltern:* Gretl am See, 19.3.–2.11., Tel. (0471) 960244, Fax 960011; St. Josef am See, 1.4.–3.11., Tel. (0471) 960170.
Besichtigung: *Kaltern,* siehe Tour 36.
Straßen-Variante: In den Obstgärten nordöstlich von Tramin nicht links Richtung »Klughammer« abbiegen, sondern auf der Straße zum *Imbißkiosk.* Danach links, auf der Ostseite des Mittelberges im Etschtal nach **Laimburg** (241 m), einer Landwirtschaftsschule sowie landwirtschaftlichen Versuchsanstalt. Jetzt steil auf geteertem Bergsträßchen empor in den **Kreither Sattel** (382 m).

Unterhalb des Sattels beginnt links der Wanderweg (35 Min.) zur Ruine Leuchtenburg. Das Sträßchen senkt sich und mündet in die *Uferstraße,* dort, wo sie bei der beschriebenen Rundfahrt scharf links verlassen wird. Mehraufwand 2 Kilometer sowie 150 Höhenmeter.
Fahrradverleih: *Kaltern:* Sport Clazzer; Hotel Thalhof (St. Josef am See).
Auskunft: • Tourismusverein, I-39050 Kaltern, Tel. (0471) 963169, Fax 963469.
• Tourismusverein, I-39030 Tramin, Tel. (0471) 860131, Fax 860820.

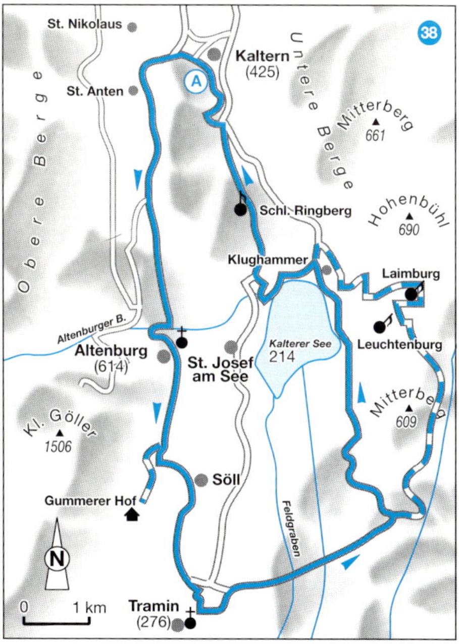

39 Über den Regglberg

Aldein – Deutschnofen – Maria Weißenstein

Tourencharakter: Relativ verkehrsarme Strecke. Bis Aldein Maximalsteigung 12%. Nach Deutschnofen, hinter dem Gasthaus zur Kehr, geschotterter, stellenweise steiniger Forstfahrweg, abschließend nach Maria Weißenstein 20% auf knapp 1,5 km.

Länge der Tour:
49 km.

Unter **Regglberg** versteht man gemeinhin die Höhen südöstlich von Bozen, nordöstlich der Straße Auer–Cavalese, zwischen Etschtal und Latemar. Die Landschaft erhielt ihren Namen wahrscheinlich durch den der lateinischen Verwaltungssprache entlehnten Ausdruck »regulae« (Ortsteile). Ortsteile, Orte, Dörfer, Weiler, Einzelhöfe sind weit verstreut über den Regglberg. Sie entsprechen bajuwarischen Siedlungsnormen. »Hessen«, wie früher die Regglberger von ihren Nachbarn genannt wurden, spricht wohl für einen späteren Zuzug von Norddeutschen. Lärchen- und Fichtenwälder prägen die bewegte Hochfläche. Äcker, Wiesen und Weiden zeugen von funktionierender, vielfältiger Landwirtschaft, wenn auch der Getreideanbau zu Gunsten der Milchwirtschaft zurückging.

Der Glanz des Mittelgebirges ist **Maria Weißenstein.** Es bildet einen der höchsten urbanen Plätze des Regglberges, könnte Bühne sein, als Kulissen Latemar und Rosengarten. Größte Marien-Wallfahrtsstätte Tirols, betreut von einem Dutzend Serviten (Ordo servorum Maria), Mönchen des 1223 in Florenz durch sieben Kaufleute ins Leben gerufenen Bettelordens. Anno 1548, datiert die Legende, war der Bauer Leonhard – Hofname »Weißensteiner« – wunderbar von einer Geisteskrankheit geheilt worden und hatte zum Dank der Gottesmutter eine Kapelle versprochen. Beim Aushub fand er eine kleine Pietà. So – oder ähnlich – geschehen 1553. Bald strömten Wallfahrer herbei, Erlösung von ihren Leiden oder Fürbitte heischend von Maria. Steigende Pilgerzahlen veranlaßten Fürstbischof Sigmund Alfons Graf Thun in Trient, eine Kirche zu schaffen: ab 1654, Weihe 1673. Für die Betreuung der Wallfahrt holte man 1718 zehn Servitenpatres der Tiroler Ordensprovinz. Rund 200 Jahre war Maria Weißenstein eine Oase volkstümlichen, hingebungsvollen Glaubens. Dann (1787) veranlaßte Kaiser Joseph II. die Säkularisierung von Kloster und Wallfahrt. Das Gnadenbild hatte der Kurat von Leifers klammheimlich in seine Kirche geholt, hoffend, von dessen Verehrung zu profitieren. Doch die Pilger und Prozessionen ignorierten Leifers, zogen daran unbeirrt vorbei nach Maria Weißenstein. Davon überzeugte sich Bischof Franz Luschin 1826 persönlich. Sein Nachfolger Johann Nepomuk von Tschiederer (1766- 1860), ein Bozener übrigens, brach den Bann und rief die Serviten zurück. Anstelle des Gnadenbildes, das die Leiferer nicht mehr herausgaben, trat eine originalgetreue Kopie. Im Auftrag des Vatikan erfuhr sie 1885 ihre feierliche »Krönung«. Die Schmerzensmutter, den Leichnam ihres göttlichen Sohnes im Schoße haltend, ziert den Hochaltar der Klosterkirche. Der kaminartige Kapelleneinbau der linken Seitenwand sei der Platz, wo der »Weißensteiner« die Pietà gefunden habe. Links neben der Kapelle die illustrierte Legende und an der Decke unter der Empore das Motiv »Auffindung des Gnadenbildes«. Ein Anbau des Klosters hortet die zahllosen Votivgaben.

Als erste Ortschaft auf der Tour empfängt uns **Aldein,** oberhalb der Straße in freier Hanglage. Das kurze Steilstück lohnt sich! Gegenüber der *Pfarrkirche St. Jakobus* verkörpert das *Gasthaus zur Krone* einen typischen Ansitz des 17. Jahrhunderts, seit 1720 Eigentum der Familie Franzelin. Über der Türe der holzgetäfelten Gaststube hängt ein Bild von Andreas Hofer. In der Rückseite der Raiffeisenkasse am Kirchplatz vermittelt das *Dorfmuseum* sozusagen die Einführung für Maria Weißenstein.

Themen sind das Wallfahrtswesen und die Heiligenverehrung der Barock- und Rokokozeit. In diesem Zusammenhang stehen Reliquienschreine und Bildtafeln, liturgische Geräte und Gewänder.

Deutschnofen erscheint im Gegensatz zu »Nova latina« (Welschnofen), das »Welsche« (Ladiner) aus dem Fassa- und Fleimstal kolonisiert hatten, in den ältesten Urkunden als »Nove teutonica«. »Teutonica« dürfte für die bajuwarischen Siedlersippen sprechen, welche die von Rätoromanen gerodeten Alm- und Weidegebiete okkupierten. Die Abgeschiedenheit Deutschnofens vor dem Bau der Straße hören feine Ohren heute aus vereinzelten Wörtern der Mundart. Die Gemeinde zählt 3290 Einwohner, das Dorf 2000. Eine Pfarre findet bereits 1265 Erwähnung. Friedhof und *Kirche* hängen ähnlich einem Söller über dem Brantental, erlauben einen Blick zum Eggentaler Horn im Latemar. Das Gotteshaus besitzt als Kunstdelikatesse im neugotischen Hochaltar vier Reliefs – Geburt Christi, Anbetung der Könige, Jesus im Tempel, Tod Mariens – aus dem sogenannten, um 1452 geschnitzten »Bozener Altar« des Meisters Hans von Judenburg. *Haus Thurn* (Rathaus), Gerichtssitz von 1341 bis 1827, birgt das Heimatmuseum; geöffnet Mittwoch, Freitag 15 bis 18 Uhr. In der Sagenwelt ist Deutschnofen die Heimat zweier ungeheuer starker Männer. Der Starkwölfl, so groß wie ein Haus, besiegte mit bloßen Händen einen Bären, dann das Riesenweib »Russin« trotz deren glühender Eisenstangen. Als Leifers von einem giftigen Drachen bedroht wurde, riefen

Die Frontfassaden der Kirche und des Klosters Maria Weißenstein auf den Mittelgebirgshöhen des Regglbergs. Maria Weißenstein ist die bedeutendste Marien-Wallfahrt Tirols.

die Verängstigten den Hünen, und er tötete das Mordsvieh. Am Heimweg, auf der Schulter einen zentnerschweren Sack mit Roggen als Lohn, hob er einen Eisenpflug aus der Erde und schlug damit Nüsse von den Bäumen. Der andere Kraftmensch hieß Titsch. »Er sollte die Stadt Wien von einem ungut gewordenen riesenhaften Hofnarren befreien«, schreibt der Brixener Heimatkundler Hans Fink. Dafür winkte ihm die Gunst der Kaisertochter. Als er an der Donau eintraf, begrüßte er den gefürchteten Riesen mit einem Handschlag, daß diesem alle Finger zerquetscht waren. Die Prinzessin als Siegespreis lehnte er mit den Worten ab, »man habe in Deutschnofen schönere Weiber als in Wien«. Überzeugen Sie sich selbst!

Streckenbeschreibung

In Anbetracht der Tatsache, daß ab Auer (260 m) im Eisacktal nahezu ununterbrochen schwere Laster unter Zurücklassung fürchterlicher Auspuffschwaden die Schleifenstraße Richtung Cavalese hochkriechen und die Eisenbahn ins Fleimstal schon 1962 stillgelegt wurde, sei der **Brückenwirt** (755 m) als Start und Ziel empfohlen, 9,5 Kilometer von Auer an besagter Straße.

Hinunter zu der 1964 eröffneten *Aldeiner Brücke,* die den in schwindelnder Tiefe rauschenden Hohlenbach überspannt. Beiderseits sind 1993 zum Geländer noch Gitter angebracht worden, um Selbstmorde zu verhindern, wie sie bis dahin ein paarmal geschahen.

Dann beginnt über 11 Kilometer die anhaltende Steigung zwischen 10 und 12 Prozent durch eine dekorative Wiesen- und Waldlandschaft. Die breite Straße weicht dem alten Aldein links aus. Wir indes biegen rechts ab, steil empor 500 Meter zum Kirchplatz in **Aldein** (1225 m).

An der Rückseite der Raiffeisenkasse auf dem geteerten Fahrweg hinab zur Umgehungsstraße und rechts. Steigungen und Flachstücke wechseln bis nach **Petersberg** (1389 m). Links in die Straße Richtung Deutschnofen. Mühelos rollen wir die nächsten 4,5 Kilometer ins Tal des *Brantenbaches* (1200 m). Die Gegensteigung beträgt 8 Prozent. Deutschnofen wird sichtbar. An der Kreuzung links (Mittwoch Markt) und 1 Kilometer in den Dorfkern von **Deutschnofen** (1357 m).

Zurück, an der Kreuzung geradeaus durch einen neuen Ortsteil. Achthundert Meter bergan und geradeaus abwärts. Links haltend zum **Gasthaus zur Kehr** (1250 m, Montag geschlossen). Nun übernimmt uns die *Forststraße Alte Säge,* begleitet von Kreuzwegstationen, über Zuflüsse des Brantenbaches, vorbei an einem *Quellbrunnentrog.* Links stürzt der *Rohrbach* wasserfallähnlich über Felsen. An der Linksabzweigung (nach Rohrbach) geht es rechts abwärts, ganz kurz, denn nach der zweiten Brücke setzt links das Steilstück an. Ich habe, um ehrlich zu sein, das Radl geschoben! An der Kreuzung rechts und zu einer Informationstafel. Rechts führt ein Fußweg 5 Minuten zur *Leonhardskapelle* und zur *St.-Peregrinus-Klause,* wo einst Eremiten lebten. Wir halten uns links, nun weniger steil, erneut links, zu jener Stelle (Bildstock), an der Maria dem Bauern Leonhard den Platz für die Kapelle gewiesen haben soll. Wir sind auf dem großen Parkplatz von **Maria Weißenstein** (1521 m), hingerissen von der Prachtschau auf die Dolomiten.

Abschließend auf der direkten Straßenroute über **Petersberg** (1389 m) und **Aldein** (1225 m) zum **Brückenwirt** (755 m).

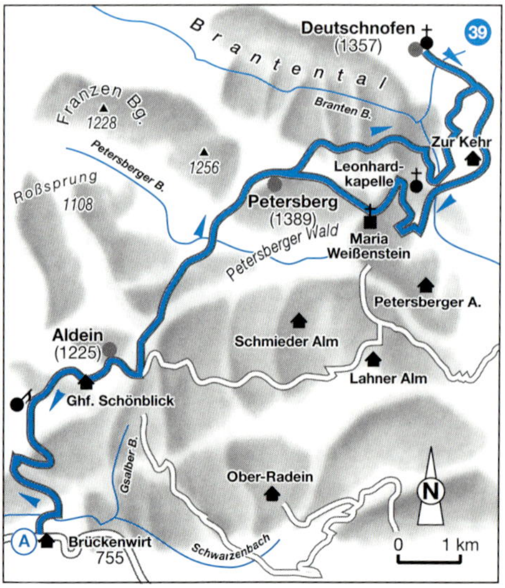

Nützliche Informationen

Entfernungen: Insgesamt 49 km. Brückenwirt – Aldein 11,5 km; Aldein – Petersberg 5,5 km; Petersberg – Deutschnofen 6,5 km; Deutschnofen – Maria Weißenstein 7 km; Maria Weißenstein – Brückenwirt 18,5 km.
Steigung: 1150 Meter.
Unterkunft: In den Orten und an der Strecke, u.a. in Maria Weißenstein.
Camping: *Auer:* Markushof, 1.4.–31.12., Tel. (0471) 810025, Fax 810603; Wasserfall, 15.3.–5.11., Tel. (0471) 810519.
Besichtigungen: • *Aldein:* Dorfmuseum, Juli/August am Dienstag und Sonntag 16–18 Uhr, Donnerstag 19.30–21 Uhr, sonst Mai bis September Dienstag und Sonntag 16–18 Uhr. • *Deutschnofen:* Heimatmuseum, Mittwoch und Freitag 15–18 Uhr.
Auskunft: • Tourismusverein, I-39040 Aldein, Tel. (0471) 886800, Fax 886666.
• Tourismusverein, I-39050 Deutschnofen, Tel. (0471) 616567, Fax 616727.

40 Das Unterland

An der Etsch zwischen Salurn und Bozen

Tourencharakter: Abgesehen von der Staatsstraße, verkehrsarm; keine nennenswerten Steigungen. Die Schotterstrecken (Etschdamm) sind auch für schmale (nicht schlauchlose) Reifen geeignet. Zwischen Salurn und Bozen ist ein spezieller Radweg projektiert, der 1995/96 beschildert sein soll.
Rückkehr von Bozen nach Salurn entweder per Bahn oder auf der Südtiroler Weinstraße durch das Überetsch (44 km), wie für die Tour 36 beschrieben.

Länge der Tour:
36 km.

»Unterlandler«, das sind die Leute »unterhalb« von Bozen, südlich bis Salurn, im **Unterland,** zu dem streng geographisch das Überetsch gehört. Davon abgesehen, bildet die obstgesegnete Talschaft der Etsch einen in sich geschlossenen Raum, auch ethnologisch, denn mehr als die Hälfte der Bewohner, eingerechnet die südlichen Bozener Stadtteile, sind Italiener.

»Von Sigmundskron der Etsch entlang, bis zur Salurner Klaus'...«, heißt es in einem vielgesungenen Lied. In Form der Salurner Klause schnürt sich das Etschtal dramatisch zusammen, so daß gerade noch Fluß, Schienenstrang, Autobahn und Staatsstraße hineinpassen. Südlichste deutsche Sprachgrenze! Indes sprechen in **Salurn** fast 60 Prozent der Einwohner italienisch, wie der Bürgermeister Giancarlo Scannavini, Kandidat der Partei »Democrazia Cristiana«. Selbst die Atmosphäre ist »un po' tipico italiano«. »Salurnis« dokumentiert der langobardische Chronist Paulus Diaconus anläßlich der dort im Jahr 580 geschlagenen Schlacht zwischen Franken und Langobarden. Älter sind die 125 Bestattungen eines römischen Gräberfeldes. Salurn war übrigens Geburtsstätte des Zwerges Clemens Perkeo: um 1720 Hofnarr des Kurfürsten Philipp von der Pfalz im Heidelberger Schloß.

Während des Mittelalters warf die *Haderburg* ihr wachsames Auge auf den Verkehr durch die grandiose Felsenge: Pforte gen Süden für Heere und deutsche Könige bei ihren Krönungszügen nach Rom. In gespenstischer Blässe, leblos, maskenhaft verschwimmen vor dem Hintergrund des Geiersberges ihre Mauern auf scheinbar unnahbarem Felszahn hoch über dem Ort. Es war einmal – in der Haderburg ein trinkfroher Rittersmann, allweil einen vollen Humpen vor sich auf dem Eichentisch. Am liebsten zechte er mit den »Nörggelen«, Zwergen, die zur Weinlese aus unterirdischen Verstecken krochen und den Bauern bei der Verarbeitung der Trauben auf die Finger schauten... Frühestens um 1200 saßen auf der Burg Ritter; Edelfreie von Salurn. Was könnte sie alles erzählen, die Stolze, Einzigartige: Von der Eroberung durch Ludwig von Brandenburg, zweiter Gemahl der Tiroler Landesfürstin Margarethe. Von den Florentiner Bankiers de Rossi, Finanziers des Tiroler Hofes. Sie behoben die Kriegsschäden bzw. hatten die Burg von 1355 bis 1426 zum

Auer ist der wichtigste Verkehrsknotenpunkt des Unterlandes. Hinter dem Wall des felsdurchsetzten Mitterberges erhebt sich der Mendelkamm.

Pfand. Philipp Melanchthon, Freund und Mitstreiter Martin Luthers, genoß auf seiner Romreise 1531 Gastfreundschaft, als Leonhard von Völs Pfandnehmer war. Sein ältester Sohn Melchior sympathisierte nämlich mit Protestanten. Möglicherweise ist darin auch der Grund für den Besuch des Wiedertäufers Onophrius Griesstetter zu sehen, der 1537 in Brixen auf dem Scheiterhaufen endete.

Schließlich half die Haderburg dem chronisch unter Geldmangel leidenden Habsburger Erzherzog Ferdinand Karl aus der Misere. Er verkaufte sie (samt den Burgen Enn, Kaldiff, Monreale) 1648 an den Venezianer Pietro Zenobbio für 336000 Gulden, offensichtlich inklusive erblichen Grafenstandes, in den Zenobbio ein Jahr später erhoben wurde. Seine Nachkommen – die Grafen Zenobbio-Albrizzi – sind noch immer Besitzer. Neugierig gemacht, möchten Sie jetzt bestimmt wissen, wie man die Haderburg »erklimmt«, allerdings ohne Radl: Am Südrand von Salurn, vom Festplatz an der Staatsstraße, geht es hinter dem Gasbehälter durch den Schutzzaun und steil hoch hinauf in die Untere Vorburg. Von dort hilft eine Eisenleiter zum felsigen Sattel zwischen Burg und Hangflanke. Links, zuletzt an Eisenklammern mit Hauruck in die Burg.

Auf Seitenstraßen nördlich erreichen wir in **Laag** den historischen Ortskern, zu dem die stereotype Durchgangsstraße einen harten Kontrast bildet. Einst kräuselten sich hier die Wellen eines Sees – »magnum lacum«, notierte der Mönch Gottschalk 1035 in seinem Reisebericht, und noch 1326 liest man vom »Lagger-See«. Rechts oben dräut der für diesen Teil des Etschtales charakteristische, 300 Meter hohe Felsausbruch der Madrutwand, Madruter Platte oder Ursulawand genannt.

Wie keine andere Kommune hat das behäbige Etsch-Städtchen **Neumarkt** in den neunziger Jahren qualitativ gewonnen, vornehmlich durch die Fußgängerzone in den historischen »*Lauben*« mit Erkerfronten; Ende August »*Laubenfest*«. Eine vielbeachtete, niveauvolle Veranstaltung sind im Juli die »*Unterlandler Freilichtspiele*«. Und sogar ein *Heimatmuseum* leistet sich das 1189 durch das Bistum Trient gegründete Neumarkt. Es war bis 1859 wichtigste Poststation des Unterlandes. Den Chor der *Pfarrkirche St. Nikolaus* würdigt Probst Weingartner »als eines der besten Werke der hochgotischen Kirchenarchitektur in Südtirol«. Die Fresken wurden zum Teil erst 1987 aufgedeckt, zum Beispiel im südlichen Seitenschiff die Evangelistensymbole mit Spruchbändern (Gewölbe) sowie die hll. Georg und Nikolaus (Südwand) aus dem ersten Viertel des 15. Jahrhunderts.

Halt in **Vill,** dem Vorort von Neumarkt an der alten Talstraße, bei der stilreinen spätgotischen, dreischiffigen *Liebfrauenkirche*! An der Turmfassade versieht der hl. Christophorus seit dem 17. Jahrhundert bildhaft seine Fährmannspflicht. Sui generis: das vergitterte Sakramentshäuschen. Die Fresken sind rund 400 Jahre alt. Links des Eingangs der spätantike Grabstein eines Ehepaares aus der Zeit um 400. Vill ist nämlich identisch mit der Straßenstation »Endidae« der römischen »Via Claudia« vom Po zur Donau.

Die *Staatsstraße* führt anschließend zu Füßen des geheimnisvollen Burgberges *Castelfeder* vorbei, des »Arkadiens Tirols«, dessen Besiedlungsspuren rund 3600 Jahre in die Vergangenheit greifen.

Bei den ersten Häusern von **Auer** steht die im frühen 16. Jahrhundert errichtete *Pfarrkirche St. Peter,* der jüngste Bau, wenn man so sagen will, denn 1975 legte man darunter die Grundmauern eines kleineren, romanischen Gotteshauses frei. Erklärung für die sieben Stufen, auf denen man in die Kirche absteigt. Das in dramatisch bewegtem Halbdunkel gehaltene Altarbild – Auferstehung Christi – signierte 1621 Martinus Theoffil. Zehn Gemälde erzählen mit deutschen und lateinischen Bildtexten die Vita des hl. Johannes Nepomuk aus Prag. Die zehnte, größere Szene (»Glorie des Heiligen«) zeigt die Ansicht von Auer im Jahr 1732. Verglichen mit heute, muß es damals paradiesisch gewesen sein! Mitte August veranstaltet Auer die »Apfeltage«.

Der Verkehrsstrom zwingt uns auf eine ruhige Seitenstraße. Sie leitet geradewegs in das Obst- und Weinbauerndorf **Branzoll,** wo allerdings auch die Porphyr-Steinindustrie eine wirtschaftliche Rolle spielt, wie die Steinbrüche östlich der Ortschaft zeigen. Hervorgegangen ist Branzoll, das heute 2009 Einwohner hat, aus einer römischen Siedlung; Funde des 1./2. Jahrhunderts im *Rathaus.* Vom Mittelalter bis in die zweite Hälfte des 19. Jahrhunderts war es ein wichtiger Einbindeplatz der Holzflößerei sowie Kopfstation der Schiffahrt etschaufwärts. Ab hier mußte umgeladen werden in Flachkähne, die Pferde nach Bozen treidelten. Auch **Leifers** war »Hafenstadt«, woran die Exponate im kleinen *Schiffsmuseum* in der Filzistraße 19 erinnern. Wer Interesse an übergroßen Modellen von Kriegsschiffen hegt, fragt nach Luis Clementi. Er zeigt gerne seine einmalige Sammlung in der Garage. Leifers war jahrhundertelang Ausgangsort der Wallfahrten nach Maria Weißenstein (siehe Tour 39). Das Original der Weißensteiner Pietà hütet, wie bei Tour 39 gesagt, die abseits der Durchgangsstraße gelegene neuromanische *Pfarrkirche St. Anton und Nikolaus.*

Zum »Schlußspurt« nach **Bozen** erübrigen sich Erklärungen. Pflichtübung! Indes füllen die Sehenswürdigkeiten der Südtiroler Metropole gut und gerne einen Tag (siehe Tour 34).

Streckenbeschreibung

An der frühbarocken *Pfarrkirche St. Andreas* in **Salurn** (226 m) rechts vorbei, zunächst Richtung »Gfrill/Buchholz«. Nach 1,2 Kilometern biegt man links in die *Mühlenstraße* ein. Eben dahin durch Obst- und Weingärten, vorbei an der *Jausenstation Baita Garba* und dem schloßähnlichen *Ansitz Karneid.* An der folgenden Gabelung rechts, über den *Laukusbach* und zu Füßen steiler Felsbastionen. Kurz auf geschottertem Sträßchen, dann wieder geteert nach **Laag** (213 m).

Auf der Hauptstraße rechts. Etwa 150 Meter nach dem *Touristenhotel* die Straße links verlassen, auf sandigem Weg durch die

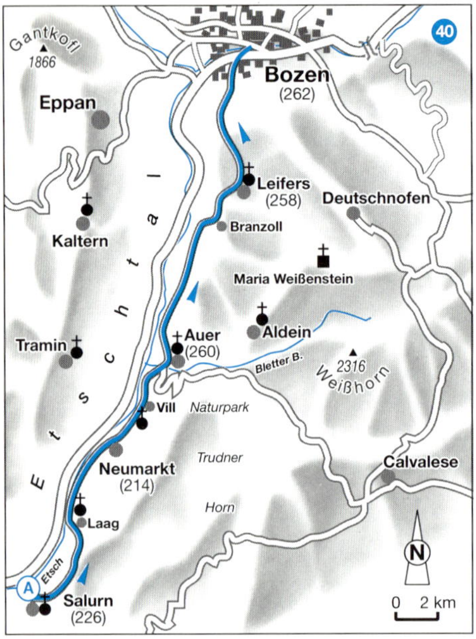

Obstgärten zum nahen *Etschdamm,* auf dem das Radeln wieder Spaß macht. Vor der Brücke sieht man rechts hinter Obstbäumen *St. Florian,* eine der ältesten Kirchen des Unterlandes, bis ins 17. Jahrhundert Mutterpfarre der jenseits der Etsch gelegenen Dörfer Margreid und Kurtinig. Ein Abstecher befriedigt nur Kunstexperten: Chor in trentinischer Romanik, prächtige Apsis; Schlüssel im Bauernhaus nebenan.

Wir bleiben auf dem *Etschdamm.* Rechts drüben an der Hangbasis wandelt ein Elektrizitätswerk die Wasser aus dem Stramentizzo-Stausee im Fleimstal zu Strom um. Bei der Neumarkter *Etschbrücke* rechts nach **Neumarkt** (214 m), in die *»Lauben«.* Fußgängerzone bis zur Ampel beim *Hotel Post!* Dort steigen wir wieder auf's Radl. Anschließend durch die Fraktion *Vill.* Es erscheint die Kuppe von Castelfeder mit der Kapellenruine einer verschwundenen Burg. Vorsicht beim Einfädeln in die Autobahn-Ausfahrt sowie in die hektisch befahrene Staatsstraße! Zum Glück gibt's rechts eine schmale Spur für Radler.

In **Auer** (260 m) zur *Ampelkreuzung.* Geradeaus noch 150 Meter Richtung Bozen. Am *Café Central* links in die *Bahnhofstraße.* Unmittelbar vor dem *Gasthof Bahnhof* geht es rechts in den *Branzoller Weg.* Abermals durch Obstgärten und in das vom Etschtalverkehr unberührte **Branzoll** (238 m). Durch den Ort zur Umgehungsstraße.

Stockender Verkehr in **Leifers** (258 m). Wir bleiben auf der *Durchgangsstraße,* vorbei am *Camping Steiner.* Bald bietet sich rechts der Fußweg als Radweg an. Auch im weiteren Verlauf ist zu wählen zwischen Fußweg und Straße. Ein Bozener Vorort löst den anderen ab. Man folgt den weißen Tafeln »Centro«. Etwa 8 Kilometer nach Leifers biegen wir vor dem Virgl-Tunnel links ab. Durch die Unterführung und rechts zum Bahnhof **Bozen** (262 m).

Nützliche Informationen

Entfernungen: Insgesamt 36 km. Salurn – Laag 5 km; Laag – Neumarkt 7,5 km; Neumarkt – Auer 4,5 km; Auer – Branzoll 7 km; Branzoll – Leifers 3 km; Leifers – Bozen 9 km.

Steigung: Unbedeutend.

Unterkunft: In den Orten und an der Strecke.

Camping: • *Auer:* Markushof, 1.4.–31.12., Tel. (0471) 810025, Fax 810603;. Wasserfall, 15.3.–5.11., Tel. (0471) 810519.
• *Leifers:* Steiner, 20.3.–8.11., Tel. (0471) 950105, Fax 951572.

Besichtigungen: • *Neumarkt:* Heimatmuseum (Museum für Alltagskultur), Dienstag bis Freitag 16–18 Uhr, Sonntag 10–12 Uhr.
• *Leifers:* Schiffsmuseum, 17–19 Uhr.
• *Bozen:* siehe Tour 34.

Auskunft: • Tourismusverein, I-39040 Salurn, Tel. (0471) 884279.
• Touristikkomitee Der Süden Südtirols, I-39044 Neumarkt, Tel. (0471) 812373, Fax 820453.
• Tourismusverein, I-39100 Bozen, Tel. (0471) 970660, Fax 980300.

Allgemeine Radkunde

Von Rudolf von Bitter

Das richtige Rad

Das richtige Rad zu den vorgestellten Touren oder die richtige Tour für Ihr Rad? Selbstverständlich kann jeder mit dem Rad fahren, mit dem er gerne fahren möchte. Unter dem Stichwort »Tourencharakter« finden Sie Angaben über den Schwierigkeitsgrad der jeweiligen Radtour.

Rennräder oder **Rennmaschinen** sind ausgelegt für Fahrten auf Asphalt, nicht für Feldwege und Kiesstraßen. Für Feld- oder Wirtschaftswege sind breitere Reifen und robustere Rahmen als bei Rennrädern üblich empfehlenswert. Wer trotzdem mit dem Rennrad fahren will, macht sich auf der Karte kundig, wie er Feld- und Waldwege auf befestigten Straßen umgehen kann.

Ein **Mountainbike** empfiehlt sich für Radtouren durchs Gebirge. Die Zahnkränze und Kettenblätter sind für extreme Steigungen gedacht. Grundsätzlich kann man mit einem Mountainbike alle Touren bewältigen.

Ein **Touren- oder Trekkingrad** ist am besten geeignet für Touren, die teils über befestigte Straßen, teils über Feld- und Waldwege führen. Die breiteren Reifen und die robuste Ausstattung bei Felgen und Speichen erlauben es, auch auf holprigen Wegen zu fahren, die Gangschaltung mit ihren Mehrfach-Kettenblättern und -Zahnkränzen ermöglicht schnelles, bequemes Fahren auf Straßen und erleichtert das Bewältigen von Steigungen. Das Tourenrad verfügt (genauso wie das Mountainbike) über einen stabilen, aber nicht zu schweren Rahmen, der auch mit etwas mehr Gepäck nicht ins Schlingern kommt.

Beim **Kauf eines Fahrrads** sollte man sich überlegen, daß ein Fahrradfachhändler auch Servicearbeiten ausführt, wobei er seine Stammkunden in der Regel bevorzugt. Außerdem wird er die richtige Rahmenhöhe und -länge bestimmen.

Wichtig ist, die **richtigen Bremsen** am Fahrrad zu haben: Rücktrittbremse und die heutzutage handelsüblichen Cantilever-Bremsen bringen das Rad auch bei Regen zum Stehen, was man von alten Felgenbremsen nicht immer sagen kann.

Pflege und Reparaturen

Robuste Fahrräder benötigen nicht allzuviel Pflege. Wer sein Fahrrad nicht ständig benutzt und dabei darauf achtet, daß die Bremsen wirken und das Licht funktioniert, sollte beides hin und wieder kontrollieren. Genauso sollte man regelmäßig nachsehen, ob die Reifen nicht spröde werden. Man sieht das an feinen Rissen, vor allem, nachdem das Rad unaufgepumpt herumgestanden hat. Man sollte dafür sorgen, daß die Schalt- und Bremszüge sowie die Mechanismen von Schaltung und Bremsen geschmiert sind und die Laufräder sich frei und ungehindert drehen. Mit einer gut geölten Kette und fest aufgepumpten Reifen hat man dann viel Freude am Fahrrad. Falls unterwegs doch eine Panne passiert, kann man sich oft selbst helfen. Im folgenden werden ein paar Handgriffe erläutert.

Das richtige Fahrrad – richtig eingestellt

Am **Sattel** lassen sich Höhe und Neigung regulieren. Je nach Modell verstellt man die Neigung unter der Sitzfläche mit einem Inbusschlüssel oder mit einem Gabelschlüssel. Die Höhe wird mit dem Klemmbolzen am oberen Rand der Sattelmuffe eingestellt. Entweder mit dem Schnellspannhebel oder einem passenden Gabel- oder Inbusschlüssel die Sattelstütze lockern und den Sattel nach oben oder unten bewegen. Die Höhe des Sattels stimmt, wenn die Ferse bei durchgestrecktem Bein auf dem Pedal ruht (das testet man, indem man sich an eine Wand stützt).

Auch der **Lenker** ist verstellbar. Als Faustregel gilt: Zwei Drittel des Körpergewichts trägt der Sattel, ein Drittel der Lenker. Sonst werden entweder die Arme schnell müde vom Abstützen oder man muß auch bei geringen Steigungen aus dem Sattel. Den Klemmbolzen des Lenkers mit Inbus- oder Gabelschlüssel lockern (vier Umdrehungen genügen oft), das Rad vorne hochheben, mit dem Hammer zur Lockerung der Klemmbolzenkeile auf den Klemmbolzen klopfen, Lenker so weit herausziehen oder hineindrücken wie nötig.

Für asphaltierte Straßen sind schmalere **Reifentypen** empfehlenswert, weil der Rollwiderstand geringer ist. Breitere Reifen sind geländegängiger und dämpfen Fahrbahnunebenheiten besser.

Werkzeug und Ersatzteile

Luftpumpe, Flickzeug mit Ersatzventil, 3 Reifen- oder Mantelheber und diverse Gabelschlüssel (auf die Größe achten) für die Räder – wenn sie nicht mit dem handlichen Schnellspannhebel ausgerüstet sind – oder einen Schlüssel für verschiedene Mutterngrößen (einen sogenannten »Knochen«) braucht man für alle Fälle. Schraubendreher, ein Speichenschlüssel, eine Kombizange und Inbusschlüssel machen das Werkzeug komplett.

Auf alle Fälle ist es praktisch, ein paar **Ersatzteile** mitzuführen, die weder schwer noch sperrig sind: Schlauch, Ersatzventil (»Blitzventile« machen das Pumpen leichter), Bremsklotz, Brems- und Schaltzug, Erste-Hilfe-Speichen mit Speichenspanner, Taschenlampe.

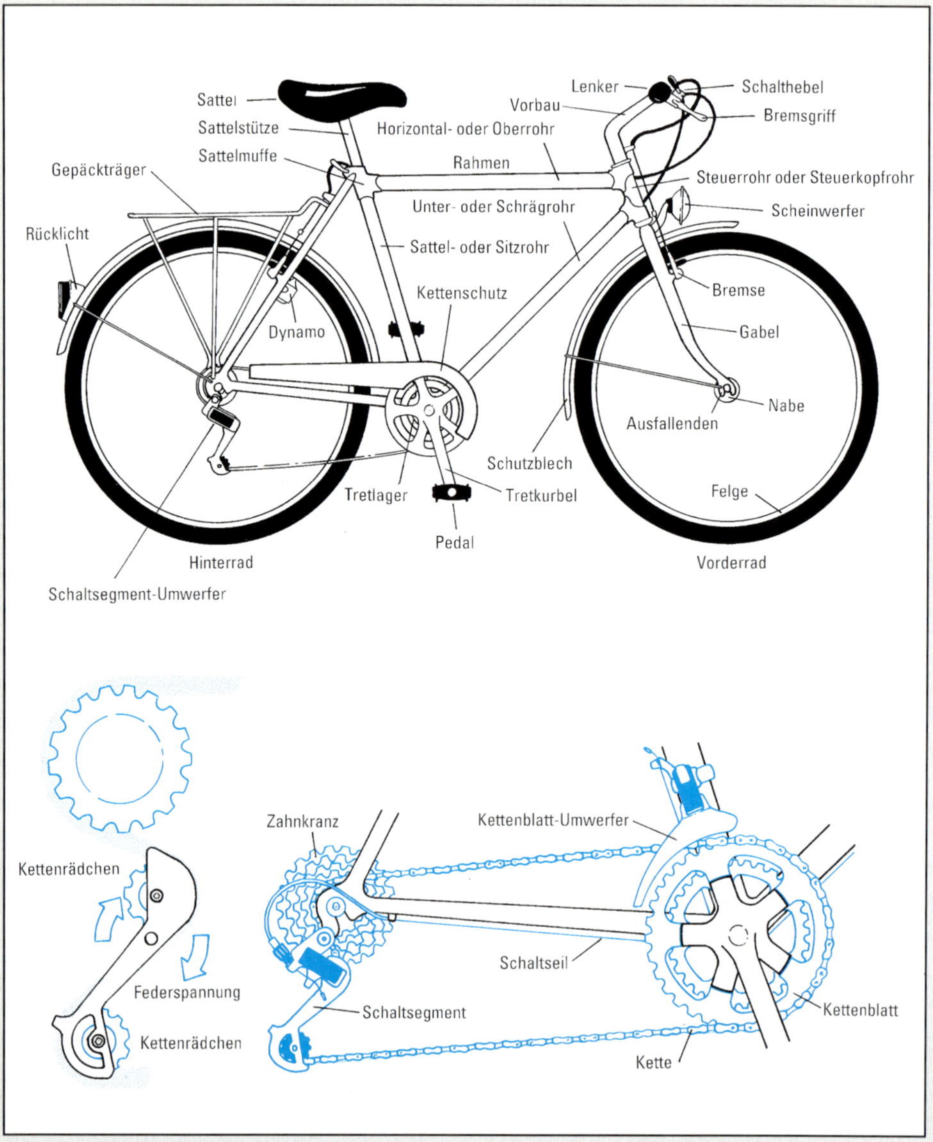

Das Fahrrad und seine Bestandteile.

Ein platter Reifen

Ein platter Reifen kommt häufiger vor, wenn Schlauch und Mantel schon etwas älter sind. Zur Vorsorge sollte man vermeiden, über spitze Gegenstände zu fahren. Auf den Landstraßen fliegen alle kleinen Glassplitter und Eisenteile an den Straßenrand – fahren Sie also mit einem halben Meter Abstand vom Bordstein. Damit bringen Sie die Autofahrer auch weniger in Versuchung, Sie auf engen Landstraßen trotz Gegenverkehr zu überholen.

Wenn der Reifen platt ist: *Zuerst* nachsehen, ob das Ventil nicht lose ist. Bildet sich bei aufgepumptem Reifen eine Blase am Ventil, nachdem man es (mit Spucke) angefeuchtet hat, sollte man den Ventilschlauch (oder das Ventil) auswechseln. Bleibt der Reifen platt, stellt man das Fahrrad auf den Kopf und sucht bei erneut aufgepumptem

Reifen nach der undichten Stelle. Haben Sie die schadhafte Stelle gefunden, markieren Sie sie. Dann hebeln Sie den Reifen aus der Felge, wie im nächsten Absatz beschrieben. Zupfen Sie das Stück Schlauch, in dem das Loch ist, heraus und flicken Sie das Loch wie beschrieben. Ist die Stelle nicht zu finden, muß das Rad abmontiert werden.

Rad abmontieren

Bevor Sie anfangen, suchen Sie sich eine Stelle aus, an der Sie auch die Muttern und Schrauben wiederfinden, die sonst wegkullern. Legen Sie abmontierte Kleinteile in die Haube der Klingel oder in eine Mütze. Lösen Sie erst die Felgenbremse, stellen Sie dann das Fahrrad auf den Kopf. Zur Schonung der Bremsgriffe kann man Badezeug oder Regenjacke unter den Lenker legen.

Vorderrad: Moderne Räder haben einen Schnellspanner mit einem Hebel, den man nur umzulegen braucht, und schon kann man das Rad aus seiner Halterung nehmen. Bei älteren Rädern muß man beidseitig die dicke Mutter lösen (nicht abschrauben; Schlüssel in der richtigen Größe einpacken), um das Rad abzunehmen.

Hinterrad: Wie beim Vorderrad Hebel umlegen oder Muttern lösen. Bei Kettengangschaltung schaltet man zuerst die Kette auf das kleinste Ritzel, dann biegt man den Kettenstraffer nach vorn, so daß man genügend Spiel hat, die Kette vom Zahnkranz abzuheben und so über die Achse zur Seite zu schieben, daß das Rad abgenommen werden kann. Bei Nabenschaltung muß man die Kette über das Ritzel drücken, um die Kette hinten von der Achse lösen zu können.

Haben wir das Rad lose in der Hand, pumpen wir es ein bißchen auf. Mit dem Mantel- oder Reifenheber fahren wir vorsichtig unter den **Mantel** *(Reifendecke)* und hebeln ihn über den Felgenrand. Mantelheber haben meistens eine Öse, mit der man sie an einer Speiche einhängen kann. Mit dem zweiten Mantelheber wiederholen wir dasselbe 10 cm weiter, dasselbe mit dem dritten Mantelheber. Den mittleren Mantelheber können wir jetzt abnehmen und wieder ein Stückchen weiter die Reifendecke über den Felgenrand heben – bis sich der Mantel auf der einen Seite lockert und von Hand von der Felge zu ziehen ist.

Jetzt können wir den Schlauch unter dem Mantel hervorschieben und -ziehen, bis er nur noch am Ventil in der Felge hängt. Ventil abschrauben und den Schlauch abnehmen. Ventil wieder aufsetzen, aufpumpen und nach dem Loch suchen. Feine Löcher findet man nicht so schnell mit bloßem Auge. Den Luftzug der entweichenden Luft spürt man am besten, wenn man den Schlauch nahe an das eigene Auge hält. Mit einem feuchten Handrücken kann man ebenfalls den Luftzug erfühlen. Schneller geht es in einer Schüssel Wasser, die in der Natur allerdings nicht zur Hand ist. Aber vielleicht ist in der Nähe ein

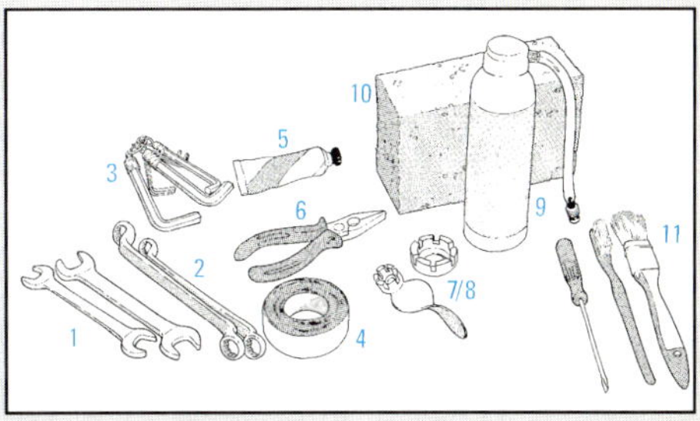

Werkzeug zur Pflege des Fahrrades.

1 Gabelschlüssel
2 Rundschlüssel
3 Inbusschlüssel
4 Reifen-Klebeband
5 Reifenkitt
6 Kombizange
7/8 Speichenschlüssel
9 Reifenflickspray
10 Schwamm
11 Alte Pinsel und Zahnbürsten

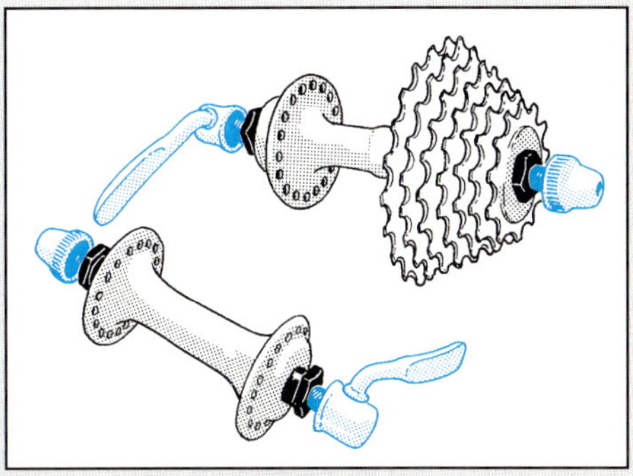

Vorderradnabe und Hinterradnabe mit Siebenfachzahnkranz, jeweils mit Schnellspannvorrichtung.

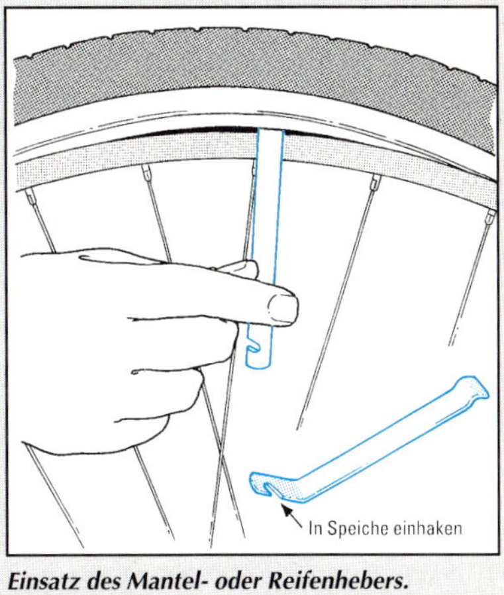

Einsatz des Mantel- oder Reifenhebers.

Bach, ein Teich oder eine tiefe Pfütze. Das Loch verrät sich durch Luftblasen.

Um das Loch herum den Schlauch leicht aufrauhen (beim Flickzeug gibt es dafür ein durchlöchertes Blechstück oder Sandpapier), Gummierlösung dünn auftragen, warten, bis die Lösung grifftrocken ist, Flicken vom Schutzpapier abziehen, auflegen und festdrücken. Schlauch wieder einlegen (beim Ventil anfangen) und unter den Mantel schieben, leicht aufpumpen, damit er schön gerade liegt, und den Mantel wieder auf die Felge drücken. Wenn es nicht anders geht, wieder mit dem Mantelheber. Vorsicht: dabei nicht neue Löcher in den Schlauch quetschen! Reifen aufpumpen. Wenn Sie noch Pause machen wollen, lassen Sie das Rad solange abmontiert – falls es nicht geklappt hat, müssen Sie nicht noch mal von vorne anfangen.

Eine Bremse versagt

Bei Nässe ist der Bremsweg länger als bei Trockenheit! Abgenützte Bremsklötze daher rechtzeitig ersetzen. Dabei soll die offene Seite des Bremsklotzhalters nach hinten weisen, damit der Klotz nicht bei der ersten Bremsung herausrutscht.

Ist der Bremsweg immer noch zu lang, stellen Sie die Bremse nach. Drücken Sie die beiden Bremsbacken so zusammen, daß noch 3 mm Abstand zur Felge bestehen, damit die Bremsen nicht zu hart greifen. Dann die beiden Muttern der Nachstellvorrichtung am Seilzug so drehen, daß die Bremsbacken sich allein da halten, wo Sie sie zuerst hingedrückt haben. Da die Bremssysteme je nach Fabrikat verschieden sind, sollte sich jeder sein eigenes Fahrrad-Bremssystem ansehen.

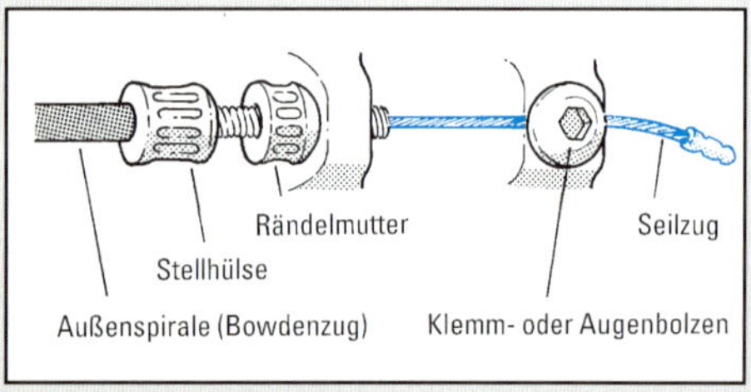

Nachstellen des Seilzuges.

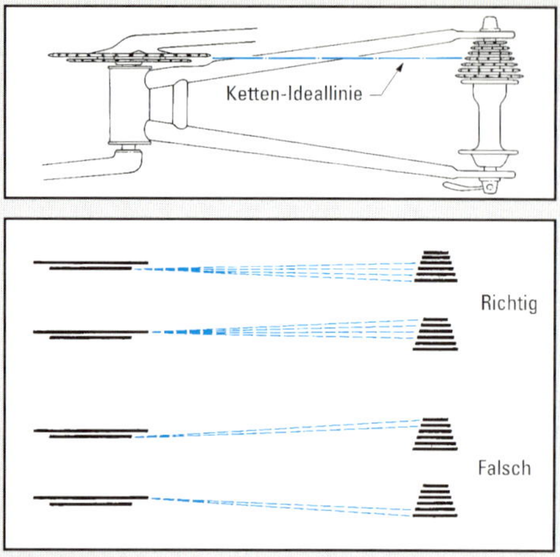

Richtige und falsche Art der Schaltung (Kettenlinie).

Die Kette

Eine verdreckte oder angerostete Kette ist starr und kostet unnötig viel Kraft. Regelmäßiges Schmieren oder Ölen beugt vor. Ein Bad in Petroleum (die Kette vom Zahnkranz in eine Schale mit Petroleum hängen lassen, wenn Sie nicht montieren wollen) löst den Dreck. Mit einer alten Zahnbürste säubern. Anschließend mit Kettenfett Glied für Glied behandeln.

Bevor Sie losfahren, vergewissern Sie sich, daß die Kette die **richtige Spannung** hat. Bei einer Kettengangschaltung überprüft man das nach folgenden Kriterien: Hängt die Kette vorne auf dem kleinen Kettenblatt und hinten auf dem kleinsten Ritzel, soll sie nicht durchhängen. Hängt die Kette auf dem jeweils größten Kettenblatt und größten Ritzel, soll sie trotzdem noch S-förmig durch den Schaltarm mit seinen beiden Kettenrädchen verlaufen, um ihn nicht zu überdehnen. In diesen Positionen sollten Sie nie fahren!

Schaltung

Die Größe der Kettenblätter und die Abstufung des Zahnkranzes mißt sich nach der Anzahl der Zähne. Die **Übersetzung** ist um so größer, je größer der Unterschied zwischen Kettenblatt und Ritzel des Zahnkranzes in Zähnen ist. Das heißt, pro Tretkurbelumdrehung ist der zurückgelegte Weg am größten, wenn die Kette auf dem größten Kettenblatt vorne und auf dem kleinsten Ritzel am Hinterrad liegt. Die vielen Gänge, die ein Rad hat, differenzieren die Übersetzung zumeist zu einer kleinen Übersetzung hin und erleichtern so das Bergauffahren.

Wenn Sie extreme Bergtouren vorhaben, können Sie das kleinere Kettenblatt austauschen und eines mit weniger Zähnen einsetzen. Anhand der Zeichnung sehen Sie, wie Sie nicht schalten sollten: größtes bzw. kleinstes Kettenblatt und größtes bzw. kleinstes Ritzel soll man nicht kombinieren. Solche »Extrem«-Schaltungen verursachen Reibungswiderstände und überbeanspruchen dadurch das Material.

Mit dem **Kettenblatt-Umwerfer** bewegen Sie die Kette von einem Kettenblatt zum anderen. Wenn Sie nur noch das mittlere und ein äußeres Kettenblatt erreichen oder die Kette am Umwerfer schleift, müssen Sie nachjustieren. Der Umwerfer soll hoch genug angebracht sein, damit er nicht das große Kettenblatt berührt.

Mit dem Schaltarm am hinteren Schaltwerk transportieren Sie die Kette über die Ritzel unabhängig von der Stellung der Kette auf den Kettenblättern.

Das Licht fällt aus

Als Lichtanlage haben die Hersteller alle möglichen Konstruktionen entwickelt. Das Prinzip ist immer dasselbe: Der Dynamo stellt den Strom her, der über Kabel zum Glühbirnchen geleitet wird. Ein Massekabel entfällt, dazu ist der Rahmen da. Als erstes nach der **Glühbirne** sehen. Bleibt es trotz intakter Birne dunkel, die **Kabelverbindungen** im Lampengehäuse und am Dynamo überprüfen (Wackelkontakt? Kann man mit einer Batterie prüfen). Leuchtet das Licht, liegt es am Dynamo, leuchtet es nicht, liegt es an den Kabeln, die man überprüfen und notfalls ersetzen muß. Hat der **Dynamo** genügend Reibung am Reifen? Eventuell befestigen. Ein lockerer Dynamo kann außerdem in die Speichen fallen und einen Unfall verursachen.

Wenn das alles nichts nützt, und Sie stehen bei Dunkelheit am Straßenrand, dann lassen Sie Ihre Tourenbegleiter mit funktionierendem Licht vor und hinter sich fahren. Besonders für den nachkommenden Verkehr ist es wichtig, daß Sie **von hinten gesehen werden**. Sind Sie allein und ohne Taschenlampe, mit der Sie nach hinten leuchten können, dann weichen Sie nach Möglichkeit auf den Gehsteig aus.

Fahrtechniken

Der **Fußballen** liegt über der Pedalachse. Daß Sie beim Heruntertreten des Pedals die meiste Kraft aufwenden und beim Steigen des Pedals die geringste, ist klar. Rennradler haben mit Rennhaken und Pedalklammer die Möglichkeit, das Pedal aufwärts zu ziehen und nach vorn zu schieben. Normale Radler können sich von den Rennradlern immerhin abschauen, wie sie das Pedal unten nach hinten drücken und dazu den Fuß mit der Spitze abwärts kippen (»runder Tritt«).

Wiegetritt nennt man die Technik, bei Steigungen, die trotz kleinen Gangs nicht mehr zu schaffen sind, aus dem Sattel aufzustehen und das jeweils obere Pedal mit dem Körpergewicht und Zug am Lenker nach unten zu stemmen.

Ein weiteres Detail der Fahrtechnik ist die **Auswahl der Übersetzung**. Die Gänge sind vor allem dazu da, den Bewegungsablauf gleichmäßig zu halten. Zu kleine Übersetzung bekommt der Muskulatur genauso wenig wie zu große Übersetzung. »Weiches Pedalieren« ist der schöne Ausdruck für diesen Vorgang.

Aus mechanischen Gründen soll man **nicht in Extremschaltungen** fahren, also kleines Kettenblatt und kleinstes Ritzel am Zahnkranz oder großes Kettenblatt und größtes Ritzel kombinieren. Die Kette liegt dann schräg und produziert anstrengende Reibungswiderstände. Ideal ist es, wenn die Kette gerade verläuft.

Bremsen sollte man stets gleichzeitig hinten und vorne. Besonders bei Bergabfahrten kann zu abruptes Bremsen zu Stürzen führen. Ebenso sollte man schon vor und nicht erst in einer Kurve bremsen, weil man in der Kurve das Gleichgewicht verlieren kann. Bei Nässe gilt dies erst recht. Nehmen Sie in Kurven das innere Pedal nach oben – wenn in der Kurve ein Pedal den Boden berührt, berührt der ganze Radler den Boden.

Gepäck/Zubehör

Praktisch ist die traditionelle **Hinterradtasche** auf dem Gepäckträger über dem Hinterrad. Diese Tasche kann man als Doppeltasche oder als Einzeltasche erhalten. Auf jeden Fall sollte die Innenseite (zum Rad hin) verstärkt sein, damit es keine Ausbeulungen gibt, die die Fahrt behindern. Zugleich sollte die Tasche nicht zu weit vorn hängen, weil sie sonst die Fersen stört.

Für die Karte ist die kleine **Lenkertasche** nützlich. Genausogut können Sie aber auch vorne einen Gepäckträger anbringen (lassen) und einen **Korb** darauf befestigen, in den Sie Karte, Führer, Flasche, Pullover, Badezeug und was sonst schnell zur Hand sein soll, hineinlegen. Bei viel Gepäck ist ein **Doppelständer** sinnvoll. Luftpumpe und Trinkflasche im Trinkflaschenhalter haben ihren festen Platz am Sattel- oder am Unterrohr.

Schutz vor Diebstahl: Am sichersten ist das massive Bügelschloß aus Stahl, aber das wiegt auch viel. Spiralkabel mit eigener Halterung unter dem Sattel sind praktisch, man muß lediglich die Zugkraft der Spirale überwinden. Um das Vorderrad zu sichern, kann man es abnehmen und an das Hinterrad schließen. Auf alle Fälle ist es gut, sein Rad an einen Laternenpfahl oder etwas Ähnliches anzuschließen.

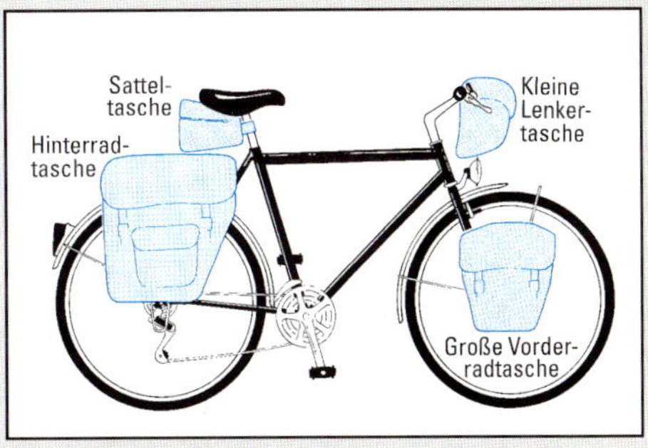

Das bepackte Fahrrad mit Gepäckstücken zur Auswahl.

Anhang

Allgemeine nützliche Reiseinformationen

Anschnallen: Es besteht gesetzliche Anschnallpflicht im Auto.

August: Im August ist Südtirol, vornehmlich die Gebirgstäler, zu meiden. Während dieser Zeit – besonders um Maria Himmelfahrt – scheinen die Orte vor Urlaubern aus den Nähten zu platzen. Auf allen Straßen, selbst auf abgelegenen und schmalen, herrscht dann beängstigender Verkehr! In St. Christina/Grödnertal wurden am 17. August 1994 innerhalb von 24 Stunden mehr als 10000 durchfahrende Fahrzeuge registriert.

Auskunft: Südtirol Tourismus, Pfarrplatz 11, I-39100 Bozen, Tel. (0471) 993808, Fax 993899, geöffnet Montag bis Freitag 9–12.30 Uhr, 15–17.30 Uhr. Dort ist auch die Informationsstelle des Südtiroler Alpenvereines.

Autobahn: Mautpflichtig. Auch bargeldlose Bezahlung möglich, mit der VIACARD (beim ADAC erhältlich), einer Art Scheckkarte zu 50000, 100000 und 150000 Lire, oder gängigen Kreditkarten. Strecke Brenner – Bozen (1994) 7500 Lire, für Fahrzeuge mit einachsigen Anhängern 9000 Lire, bei zweiachsigen Anhängern (Tandemachse) 50–60% Zuschlag.

Banken: Öffnungszeiten gewöhnlich Montag bis Freitag 8.30–13.30 Uhr, 15–16 Uhr. Eurocheques werden bis zu 300000 Lire genommen. Mit der EC-Karte an Automaten auch Bargeld. Wechselstuben, Reisebüros, Hotels etc. geben einen niedrigeren Kurs als Banken!

Benzin: Diesel (1994 ca. 1270 Lire) ist um etwa 40 Pfennige billiger als »Super« bzw. 30 Pfennige billiger als »Bleifrei«.

Bergrettung: Der Bergrettungsdienst (ital. Soccorso Alpino) obliegt in der Provinz Bozen dem Alpenverein Südtirol (AVS) und dem Club Alpino Italiano (CAI), unterstützt durch das Weiße Kreuz sowie das Militär. Meldestellen sind neben öffentlichen Fernsprechern u.a. Berggasthöfe, Hütten, Carabinieriposten.

Botschaften: • Generalkonsulat der Bundesrepublik Deutschland in Bozen, Tel. (0471) 971744; direkte Rückfrage Mailand, Tel. (02) 6554434. • Generalkonsulat der Republik Österreich in Bozen, Tel. (0471) 970394; direkte Rückfrage Mailand, Tel. (02) 4812066. • Botschaft der Schweiz in Rom, Tel. (06) 8036415.

Camping: Die Plätze sind bei der jeweiligen Radtour vermerkt.

Eurocheques: Werden von Hotels, Gasthöfen, Campingplätzen und größeren Geschäften gerne genommen bzw. Kreditkarten vorgezogen.

Feiertage: 1. und 6. Januar, Ostermontag, 25. April (Befreiung vom Faschismus bzw. Nationalismus), 1. Mai, 15. August (Maria Himmelfahrt), 1. November, 8. Dezember (Maria Empfängnis), 15. und 26. Dezember. Als Feiertage gelten auch der erste Junisonntag (Proklamation der Republik) und der erste Novembersonntag (Tag der Nationalen Einheit).

Führerscheinentzug: In einem solchen Fall (siehe auch Tempolimit und Verkehrsbestimmungen) unbedingt die Quittung über die Einziehung aufheben. Sie gilt als Ersatz für den Führerschein, solange dieser in Italien ist.

Krankenschein: Auslandskrankenscheine sind gültig, werden jedoch erfahrungsgemäß von den Ärzten abgelehnt. Am besten Ausland-Zusatzversicherung abschließen!

Netzspannung: 220 Volt; Zwischenstecker für alle Fälle mitnehmen!

Notruf: 113.

Pannenhilfe: 116 (Automobile Club d'Italiano, abgekürzt ACI).

Post: Postämter sind üblicherweise von 8–14 Uhr geöffnet, Samstag bis 13 Uhr.

Tabak/Tabacchi: Ein schwarzes Schild mit weißem T kennzeichnet die Verkaufsstellen für Tabakwaren, Zeitungen, Briefmarken, Telefonkarten, Busfahrkarten, Schreibwaren etc.

Tankstellen: Außer an Autobahnen gewöhnlich zwischen 12.30 und 15 Uhr geschlossen; ab Samstagmittag und am Sonntag reduzierte Bereitschaftsdienste.

Telefon: Vorwahl nach Deutschland 0049, anschließend Ortsnummer ohne die erste 0. Nach Österreich 0043, in die Schweiz 0041. Gespräche von öffentlichen Telefonzellen mit 100-, 200- und 500-Lire-Münzen oder mit Telefonkarten zu 5000, 10000 oder 15000 Lire (perforierte linke obere Ecke abreißen!), die in Bars und Tabakgeschäften erhältlich sind.

Tempolimit: Wenn nicht anders beschildert, auf Autobahnen 130 km/h; Wohnmobile über 3,5t 100 km/h auf Autobahnen, außerorts 80 km/h; Pkw mit Anhänger auf Autobahnen 80 km/h, außerorts 70 km/h. Überschreitungen bis 10 km kosten 50000–200000 Lire je nach Verkehrssituation; bis 40 km/h 500000–2000000 Lire plus Fahrverbot in Italien.

Verkehrsbestimmungen und Geldbußen: Das italienische Straßenverkehrsgesetz brachte 1993 ei-

ne »schmerzhafte« Erhöhung der Geldbußen und drastische Maßnahmen der Polizei: keine Warntafel (50x50 cm, rot-weiß reflektierend oder mit vier »Katzenaugen«) bei überstehender Ladung oder bei Mißachtung der Vorfahrt bis 400 000 Lire; fehlendes Nationalitäten-Kennzeichen 100 000 Lire; einfache Parkverstöße, zu wenig Sicherheitsabstand, mangelhafte Beleuchtung 50 000 bis 200 000 Lire; Pkw auf Forststraßen oder gesperrten Straßen 120 000 Lire.
Wer nicht zahlen kann, bekommt den Führerschein als Sicherheit für das ausstehende Bußgeld abgenommen. (Die Quittung über die Einziehung gilt als einstweiliger Führerscheinersatz!)
Versicherungskarte: Grüne Versicherungskarte ist Pflicht. Zeitlich begrenzte Vollkaskoversicherung ratsam!
Zahlungsmittel: Lira. Zur Zeit (1995) leicht umzurechnen: 1000 Lire sind ungefähr 1 DM.

Empfehlungen des Autors zum Rad

Wie bereits in der »Allgemeinen Radkunde« ausgeführt, hängt die Entscheidung für Touren- bzw. Trekkingrad, Mountainbike oder Rennrad in erster Linie von dem zu befahrenden Gelände ab. Für die Touren in Südtirol gilt: Auf guten Straßen und ohne größeres Gepäck hat die »Rennmaschine« mit Lenkertäschchen und Wasserflasche sportlich interessante Vorteile. Sobald jedoch der Straßenbelag schlecht, die »Ladung« schwer ist oder gar Schotterwege in Anspruch genommen werden, kommen nur Fahrräder mit breiten Reifen in Frage, sogenannte Touren- bzw. Trekkingräder, noch besser Mountainbikes (MTB), jeweils mit 18 oder 21 Gängen. Auf den Gebirgsstrecken Südtirols sind Cantilever-Bremsen eigentlich ein Muß; die Rücktrittbremsen eignen sich allenfalls in Verbindung mit zwei Felgenbremsen. Da es bei Radtouren in Südtirol oft durch Tunnels geht, darf auch eine Beleuchtung nicht fehlen.

Nützliche Informationen für Radfahrer

Anreise
Sofern diese nicht mit dem Rad geschieht (München–Bozen rund 330 km), muß das Fahrrad als Reisegepäck vorausgeschickt (seit 1994 besondere Verpackungsmaßnahmen) und am Zielbahnhof abgeholt werden. Der Transport aus Süddeutschland dauert etwa eine Woche.
Beste Anreise per Pkw mit Fahrrad-Dachständer oder Kofferraum-Träger!
Ausgangspunkte
50 Prozent der beschriebenen Radtouren haben einen Bahnhof.

Beförderung
In Südtirol entweder mit der Eisenbahn (dementsprechende Züge sind im amtlichen Fahrplan mit einem Fahrrad-Symbol versehen; Auskünfte an den Bahnschaltern) oder in öffentlichen Linienbussen sowie in Seilbahnen, sofern diese nicht voll besetzt sind.

Verkehrsbestimmungen: Bei Fahrrad-Heckträgern unbedingt Warntafel (50×50 cm, rot-weiß reflektierend oder mit »vier Katzenaugen«) anbringen! Bei Nichtbeachtung Geldbußen bis 400 000 Lire.
Fahrradverleih
In fast allen Ausgangsorten können Fahrräder (meist Mountainbikes) geliehen werden. Siehe Hinweise im Text unter »Nützliche Informationen«.
Jahreszeiten
Beste Jahreszeiten sind Mai bis Mitte Juli sowie Anfang September bis Spätherbst. August meiden! Bei Paßfahrten die Tafeln in den Talorten bezüglich der Wintersperren beachten!
Unterwegs
Schutzhelm tragen! Zweckmäßige Kleidung; denken Sie bei schwitzendem Körper auch an die Abfahrt! Brille gegen Mücken! Mineralienreiche Getränke nicht vergessen!

Verdiente Rast für »Maschine« und Fahrer nach langer Bergstrecke, hier an der Stilfser-Joch-Straße.

Kartenmaterial

Als ausgesprochene Straßenkarte genügt die Hallwag-Karte 1:175000, Blatt Südtirol/Gardasee. Differenziertere Angaben vermitteln Karten im Maßstab 1:50000 (z.B. Freytag & Berndt, Kompass), deren Blätter ganz Südtirol abdecken.

Literatur

Born/Wessel: Südtiroler Weinatlas. Verlagsanstalt Athesia, Bozen.

Denzel, Eduard: Großer Alpenstraßenführer. Verlag Harald Denzel, Innsbruck.

Dumler, Helmut: Wanderungen zu Burgen und Schlössern in Südtirol. Bruckmann, München.

Dürr, Bettina: Schroeder Reiseführer Südtirol. Bruckmann, München.

Exel, Reinhard: Die Mineralien Tirols. Band 1. Verlagsanstalt Athesia, Bozen.

Fink, Hans: Verzaubertes Land. Volkskult und Ahnenbrauch in Südtirol. Verlagsanstalt Athesia, Bozen.

Geser, Rudolf: Radtouren Südtirol, Dolomiten, Gardasee. BLV Verlagsgesellschaft, München.

Gruber, Karl: Die Wallfahrten Südtirols. Verlagsanstalt Athesia, Bozen.

Heilfurth, Gerhard: Bergbaukultur in Südtirol. Verlagsanstalt Athesia, Bozen.

Heißel, Werner: Südtiroler Dolomiten. Geologischer Führer. Gebr. Borntraeger, Berlin–Stuttgart.

Innerhofer, Josef: Die Kirche in Südtirol. Verlagsanstalt Athesia, Bozen.

Kittel/Mathis: Südtirol (Bildband). Bruckmann, München.

Kofler, Oswald: Rebenlandschaft Südtirol. *ders.:* Fassadenschmuck in Südtirol. *ders.:* Brunnen in Südtirol. Verlagsanstalt Athesia, Bozen.

Kompatscher, Anneliese: Die Küche in Südtirol. Verlagsanstalt Athesia, Bozen.

Kühebacher, Egon: Die Ortsnamen Südtirols. Verlagsanstalt Athesia, Bozen.

Langes, Gunther: Südtiroler Landeskunde. Band 3 Überetsch und Bozener Unterland. Band 4 Burggrafenamt und Meran. Band 6 Ladinien. Verlagsanstalt Athesia, Bozen.

Mahlknecht, Bruno: Südtiroler Sagen. Verlagsanstalt Athesia, Bozen.

Mai, Willi: Märchen aus Südtirol. Verlagsanstalt Athesia, Bozen.

Mangold/Hosp: Südtirol. Porträt eines Landes und seiner Menschen. Verlagsanstalt Athesia, Bozen.

Ortner/Mayr: Südtiroler Naturführer. Naturdenkmäler in Südtirol. Verlagsanstalt Athesia, Bozen.

Rampold, Josef: Südtiroler Landeskunde. Band 1 Vinschgau. Band 2 Pustertal. Band 5 Eisacktal. Band 7 Bozen. Verlagsanstalt Athesia, Bozen.

Tourismuswerbung Südtirol: Mountainbike. Mountainbike-Touren von 53 Orten aus; kurz umrissene Streckenbeschreibung mit Höhenunterschieden und Kilometern. Kostenlos erhältlich: Pfarrplatz 11–12, I-39100 Bozen, Tel. (0471) 993808, Fax 993899.

Waldthaler, Tilmann: Südtiroler Bergradtouren für Genießer. *ders:* Bergradtouren in Südtirol. Verlagsanstalt Athesia, Bozen.

Weingartner, Josef: Die Kunstdenkmäler Südtirols. Band 1 Eisacktal, Pustertal, Ladinien. Band 2 Bozen und Umgebung, Unterland, Burggrafenamt, Vinschgau. Verlagsanstalt Athesia, Bozen.

Register

Die geradestehenden Ziffern verweisen auf die Textseiten, die *kursiven* auf die Seiten mit Abbildungen.

Abteital 66
Afens 28
Ahrntal *45*
Aldein 176, 178
Alpe (Berggasthaus) 145
Alt Prags 58
Altenburg 173, 175
Andraz (Burg) 67, 69
Andrian 149, 152, 172, 173
Antholz-Mittertal 48
Antholz-Niedertal 48
Antholz-Obertal 48, 49
Antholzer See 46, 48, 49
Arabba 68, 70, 92, 162
Armentarola 69
Aschl 140
Astfeld 23, 26
Auer *180*, 181, 182
Aufhofen 42, 44
Außerpichl 52
Außerprags 58
Bad Salomonsbrunn 48
Bad Salt 125, 127
Bad Schörgau 26
Barbian 157, 158
Baumannschwaige 100
Birchabruck 102, 160, 161
Boymont (Burg) *151*, 153
Bozen 141, 154, 157, 160, 161, 165, 166, 182
Branzoll 181, 182
Brenner 15, 18
Brennerbad 15, 18
Brixen 70, 73, 75, 76, *77*, 79
Brixener Dolomitenstraße 75 f
Brixener Höhenstraße 78 f
Brückele (Hotel) 58
Brückenwirt 178
Bruneck 40, 44
Buchenstein 67, 92, 161
Burgeis 113
Canazei 161
Castelfeder 181
Churburg 116, *118*, 120
Cortina d'Ampezzo 161, 162
Corvara 66, 68, 91
Deutschnofen 177, 178
Dietenheim 42, 44
Dörfel 39
Dreischusterhütte 59, 61
Durnwald 54
Dürrensee 56, 58
Dürrensteinhütte 58
Eggen 103
Eggentalschlucht 160, 161
Ehrenburg 36, 37, 39
Eishof 133
Elvas 73, 74
Elzenbaum 23, 25
Entiklar 166, *167*, 168
Enzianhütte 125, 127
Eppan 165
Eppircher Lahner 103
Erdpyramiden (Ritten) 156, *156*, 157
Erz-Aufbereitungsanlage (Ridnaun) 17, *18*, 19
Eschenlohe (Burg) *142*, 144
Fanealm 32, *32/33*, 34
Feldthurns 78, 79, *80*
Fischerhäuser 106, 107
Flaas 140, 141
Fondo 170, *171*, 172
Franzenshöhe 121, 122
Frommeralm 98, 99
Gais 42, 44
Gampenalm 85
Gampenpaß 172
Gand 125, 127
Gasse 18, 19
Girlan 168
Glieshöfe 113, 114
Glurns 116, 120, 122, 123
Gomagoi 122
Gomion 137
Gossensaß 15, 18
Gostner Graben 83, 84
Graun 105, 106, *109*
Gröden 87, *89*
Grödner Joch 90, 91
Große Dolomitenstraße 159 f
Grüner Baum (Gasthof) 140
Gsies 50
Gufidaun 82, 83
Haderburg 179
Hafling 138, 140
Haidersee 106, 107
Halslhütte 76
Heilig Geist 44, 45
Heiligkreuzkofel *63*
Hocheppan (Burg) *151*, 153
Hofern 35
Höhlensteintal 56, 58, 161, 163
Innerfeldtal 59, *60*, 61
Innichen 59
Issing 35, 38
Jaufenpaß 19, *21*, 22
Jenesien 140, 141
Johanniskofel *25*, 26
Juval (Burg) 133
Kalterer See 174, *174*, 175
Kaltern 165, 168, 172, 173, 174, 175
Kampidell 140
Kapeiern 54
Kapron 106, 107
Kardaun 161
Karerpaß 160, 161
Karersee 99, *158*, 160, 161
Karthaus 131, 132
Kasern 44
Katharinaberg *130*, 132, 133
Katzenzungen (Schloß) 146
Kehr (Gasthaus) 178
Kematen 27, 28
Klausen 82, 83, 157
Klausener Hütte 80
Klobenstein 155, 157,
Kolfuschg 90, 91
Kompatsch 96
Korb (Schloß) 151
Kreither Sattel 175
Kuens 21, 136, 137
Kuppelwies 144
Kurtatsch 166
Kurtinig 168
Laag 180, 182
Laatsch 117, 120
Lafenn 140
Laimburg 175
Lajen 86, 88
Lajener Ried 86
Lana 144, 145, 147, 148, 149, 152, 153
Landro 56, 58
Langtaufers 106, 107, *108*
Latemar 98, *103*, *104*, *158*
Latzfons 79
Lavazéjoch 104
Leifers 181, 182
Lengmoos 156, 157
Lengstein 158
Leonburg 145, 147, *147*, 148
Leuchtenburg 175
Lichtenberg 123
Lüsen 71, 72, *73*, 74, 75, 76
Lüsener Alpe 70, 74
Luttach 43, 44
Maiern 18, 19
Malosco *171*, 172
Mals 110, *112*, 113, 114
Malser Haide 106, 113
Mareit 18, 19
Margreid 166, 168
Maria Saal 158
Maria Schmelz 125, 127
Maria Weißenstein 176, *177*, 178
Marienberg 111, 113
Martell 124 f
Matsch 113, *114/115*, 114
Melag 107, *108*
Mendelpaß 169, 172
Meran 21, 133, 138, 140
Meransen 31, 32, 34, *34*
Miglanzhof 83, 84
Missian *150*
Misurinasee 161, 163, *163*
Mittelberg 156, 158
Mitterberg *180*
Mitterkaser 132, 133
Mölten 140
Montal 36, 39
Moos 137
Moos-Schulthaus (Schloß) 164
Morter 124, 126
Mühlbach 31, 32
Mühlegg 43
Mühlen 43
Müstair 117, 120, 123
Nals 147, 148, 149, 152, 172, 173
Naturns 128
Natz-Schabser Hochfläche 73, 74
Neumarkt 180, 182
Niederdorf 55, 58
Niederrasen 47, 48
Niedervintl 35, 38
Nigerhütte 99
Nigerpaß 98, 99
Nonsberg 170
Nordheim 23, 26
Obereggen 102, 103, *103*
Obermontani (Burg) 125, *126*,
Oberrasen 47, 48
Oberschnauders 80
Obertalmühle (Gasthof) 148
Ofenpaß 120
Olang 47, 48
Ortler *119*
Palmschoß 76
Pankrazer See 144
Paolinahütte 99
Pardell 78, 79
Passo di Campolongo 68, 70, 92
Passo di Falzarego 67, *69*, 69, 161, 162
Passo di Valparola 67, *68*, 69

Passo Pordoi 91, 92, *92*, 161, 162
Passo Tre Croci 161, 163
Paternsattel 164
Peitlerkofel *64/65*, *76*
Penegal 169, *170*, 172
Pens 23, 26
Penser Joch 23, *24*, 26
Perà 160
Petersberg 178
Petschied 75, 76
Pettasettas 114
Pfalzen 35, 38
Pfandlerhof 137
Pfitscher Joch 27, *29*, 30
Pfitschtal 27, *28*
Pflaurenz 39
Pflerschtal *15*, 16, 18
Pfossental *129*, 131
Pian Frataces 162
Pian Schiavaneis 91, 93
Pieve in Livinallongo 67, 69, 162
Pikolein 64, 66
Plan de Gralba 91
Planeil 111, 112, 114
Planeiler Alm 112
Plätzwiese 54, 55, *57*, 58
Plose 78
Pomagagnongruppe *162*
Pozza di Fassa 161
Prad 122
Pragser Dolomiten *55*
Prettau 43, 45
Prissian 146, 148
Pustertaler Sonnenstraße 35f
Rableid 132, 133
Ranui 83, 84, *84/85*
Rasener Möser 47, 48
Ratteis 129, 132
Regglberg 176
Reifenstein (Burg) 23, 25
Reiterjoch 102, 103, *104*
Reschen 105, 106
Reschener Alm 108
Reschensee 107, *109*
Ridnauntal 17, *17*,
Riffian 21, 136, 137
Rif. Auronzo 164
Rif. Lavaredo 164
Ritten 153 f
Rodeneck (Burg) *12*, 72, 74
Rojen 110
Roneralm 74
Rosengarten *7*, *100/101*
Rosengarten-Straße 98f
Rosengartenhütte 99
Runkelstein (Burg) 25
Säben 78
Saltaus 20, *134*, 136, 137
Salten 140
Saltria 96
Salurn 166, 168, 179, 182
San Giovanni di Fassa 160, 161
Sand i. Taufers *40/41*, 43, 44
Sandwirt 20, 22, 137
St. Andrä 76
St. Felix 170, 172
St. Georg 75, 76
St. Georgen 44
St. Gertraud 144, 145
St. Jakob (Ahrntal) 45
St. Jakob (Brixen) 75, 76
St. Jakob (Gröden) *87*
St. Jakob (Pfitsch) 27, 28
St. Johann 43, 44
St. Josef 168
St. Kassian 66, 69
St. Leonhard 20, 22, *135*, 137
St. Magdalena (Gsies) 51, 54
St. Magdalena (Villnöß) 83
St. Martin (Ahrntal) 43
St. Martin (Gadertal) 63, 66
St. Martin (Gsies) 51, *53*, 54
St. Martin (Passeier) 20, 136, 137
St. Michael (Eppan) 150, 164, 165, 168, 172, 173
St. Nikolaus 144, 145
St. Pankraz 143, 144
St. Pauls (Eppan) 150, *151*, 152, 153, 172, 173
St. Peter (Ahrntal) 45
St. Peter (Villnöß) 83, 84
St. Sigmund 38, 39
St. Ulrich 87, 90, 96
St. Valentin (bei Pfalzen) 36, 38
St. Valentin (Kaltern) 168
St. Valentin (Reschen) 106, 107
St. Valentin (Villnöß) 83, 84
St. Walburg 144
St. Zyprian 98, 99
Santa Maria 122, 123
Sarner Schlucht 24, 26
Sarnthein 24, 26
Saubach *154/55*, 156, 158
Schindelholz 52
Schlangenfichte 35, 38
Schluderbach 58, 161, 163
Schluderns 116, 120
Schlüterhütte 85
Schnalstal 128, *131*
Schöneben 110
Sebatum 36, *36*, 38
Seiser Alm, 94, *95*, *96/97*, 96
Sella-Runde 90 f
Sellajoch 91, 93
Sellajochhaus 93, *93*
Sexten 60, 61
Sextental 60, *61*
Sigmundskron (Burg) 168
Söll 174, 175
Sonnenburg 35, 38
Staller Sattel 49, *49*
Starkenfeldhütte 74
Stein (Pfitschtal) 27
Stein (Pflerschtal) 18
Steinhaus 43, 45
Stern 68
Sterzing 16, 19, 22, 23, 25, 27
Sterzinger Jaufenhaus 22
Stilfser Joch 121, 122, *122*, *123*,
Stilums 80
Stuls 135, 137
Südtiroler Weinstraße 164f
Taisten 50, 52, *52*
Talschlußhütte (Gsies) 54
Talschlußhütte (Sexten) 62
Tartsch 112, 114, 120
Tartscher Bühel 112
Taufers (Burg) *40*, 44
Taufers (Münstertal) 117, 120, 122, 123
Taufers (Tauferer Tal) 43
Terenten 35, 38
Theis 82, 83
Thurn (Schloß) 63, 66
Timmelsjochstraße 137, 138
Tisens 145, 146, 148, 172
Tisenser Mittelgebirge 172
Toblach 56, 58, 161, 163
Toblacher See 58
Tomanegger 141
Tra i Sassi (Fort) 67, 69
Trafoi 122
Tramin 166, 168, 174, 175
Trinksteinhütte 46
Trostburg 88, 89, 90
Tschamintal 99
Tscheinerhütte 99
Tschögglberg 140
Tschötscher Heide 78, 79
Überetsch 164 f, 169
Ulten 142 f
Umbrailpaß 122, 123
Unsere Liebe Frau im Walde 170, 172
Unterengadin 120
Unterinn 155, 157
Unterland 179f, *180*
Untermoi 63, 64, 66
Unterplanitzing 168, 172
Unterplanken 54
Unterrain 152
Uttenheim 42, 44
Vals 32, 34
Vigo di Fassa 160, 161
Vill 181
Villanders 157, 158
Villnößtal *80/81*, 81, *84/85*
Vogelweiderhof 86
Völlan 148
Vöran *139*, 140
Vorderkaser 132, 133
Waidbruck 86, 88
Walten 20
Weißbrunn-Stausee 145
Weißenbach 26
Weißer Knott 121, 122
Weißkugelgruppe *108*
Welsberg 50, 52, 54
Welschellen 62, 64
Welschnofen 160, 161
Wiesen 27, 28
Wolkenstein 91, 93
Würzjoch 63, 66, 75, 76
Zanser Alm 83, 84
Zischgalm 103
Zoggler Stausee 144
Zufallhütte 125, 127, *127*
Zufrittsee 125, 127, *127*
Zumis 74
Zwischenwasser 62, 64
Zyprianerhof 99